LA DÉCOUVERTE DU MONDE

Edward H. Dahl et Jean-François Gauvin

avec la collaboration de Eileen Meillon et de Peter van der Krogt

LA DÉCOUVERTE DU MONDE

La collection de globes anciens du Musée Stewart de Montréal

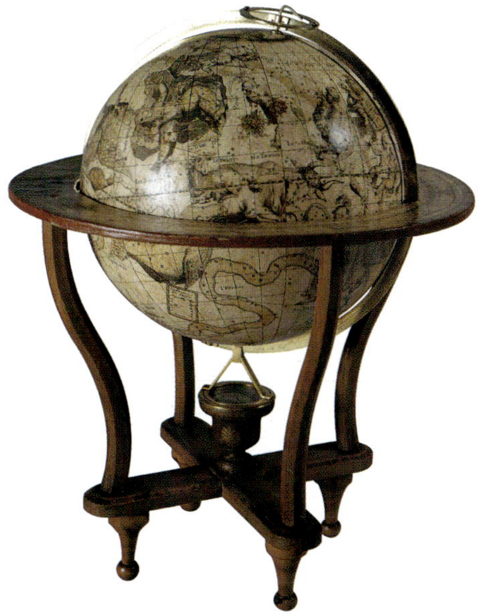

ÉDITIONS
Privat

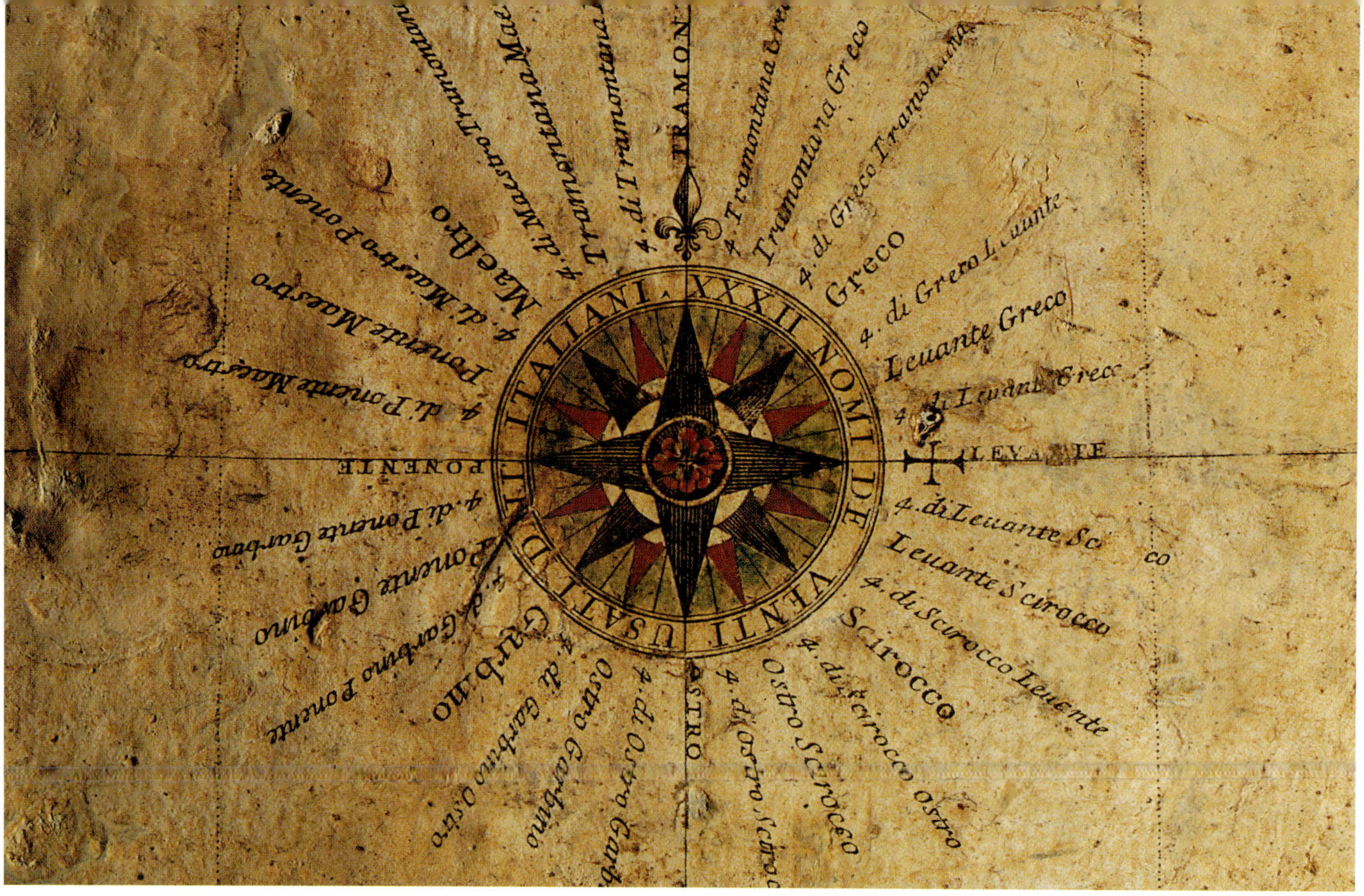

Image de première de couverture : Globe terrestre de Vincenzo Coronelli (1688)

Coordination éditoriale : Hélène Rudel-Tessier et Denis Vaugeois

Maquette et mise en pages : Folio infographie à Montréal

Photographe : Denis Farley (pour le compte du Musée Stewart)

Conception et réalisation de la couverture : Petits Papiers à Toulouse (31000)

Photogravure de la couverture : Quat'Coul à Toulouse (31000)

ISBN 2-7089-8164-1

Dépôt légal : octobre 2001

Préface

Les globes anciens présentent l'avantage d'être à la fois des objets d'art et de science. Une passion naturelle pour ces derniers s'est emparée de mon mari, qui était profondément attaché à l'histoire de son pays. Il était fasciné par les récits des explorateurs européens à la recherche de nouveaux horizons et par les grandes découvertes que stimulait la quête de nouvelles connaissances. En 1968, nous acquérions nos premiers globes pour le Musée Stewart: une paire de globes terrestre et céleste signée par Matthäus Greuter, un des premiers fabricants de globes d'importance en Italie. Le globe terrestre, daté de 1632, présente très clairement la Nouvelle-France et la ville de Québec, s'appuyant sur les travaux cartographiques publiés en 1613 par le grand explorateur Samuel de Champlain.

Le plus vieux globe de la collection est aussi le plus spectaculaire, une véritable œuvre d'art. Fabriqué dans la ville royale de Blois en 1533, ce globe céleste a été complété deux ans avant que Jacques Cartier remonte le cours du Saint-Laurent jusqu'à Montréal. Je me rappelle encore notre émerveillement quand nous avons vu le globe de Blois pour la première fois. Après autant d'années, il n'a rien perdu de son lustre.

La collection de globes a continué de s'agrandir. Pour leur importance scientifique, leur qualité esthétique, leur rareté et leur diversité, des globes de provenances diverses et de périodes différentes ont été rassemblés. Les matériaux qui les composent sont tout aussi variés, allant des bois rares jusqu'au verre soufflé. Nous avons aussi acquis des globes de toutes les dimensions: des globes de poche au globe imposant fabriqué par Vincenzo Coronelli en 1688 et qui affiche un diamètre de 108 centimètres. C'est mon préféré. Les sphères armillaires et les planétaires complètent cette collection, car ils servent à la compréhension du fonctionnement de l'univers.

Les globes ne voyagent pas facilement. Les livres, oui. Pour leur immense contribution à l'avancement de la connaissance de notre collection, nous voulons remercier sincèrement les coauteurs de cet ouvrage, Edward Dahl, jusqu'à récemment spécialiste de la cartographie ancienne aux Archives nationales du Canada, et Jean-François Gauvin, notre conservateur des collections scientifiques. Ce livre, *Sphaerae Mundi*, apporte à notre collection une profondeur scientifique inégalée. Nous tenons à exprimer notre plus chaleureuse reconnaissance au travail de soutien et d'assistance de notre bibliothécaire et conservatrice des cartes anciennes, Eileen Meillon. Je m'en voudrais de ne pas souligner la contribution exceptionnelle de Peter van der Krogt, historien des globes et des cartes de l'Université d'Utrecht, et de Robert Derome, professeur d'histoire de l'art à l'Université du Québec à Montréal. C'est Denis Farley qui a relevé le formidable défi de photographier toute la collection afin que nous puissions tous être émerveillés par les innombrables splendeurs de ces œuvres. Enfin, je tiens à évoquer le travail d'équipe de tous les membres de notre personnel, essentiel à la bonne conduite et à la réussite d'un projet de cette envergure.

La collection de globes anciens est une des plus importantes du Musée Stewart qui se consacre à la connaissance de l'histoire du Nouveau Monde. Aujourd'hui, à l'aube d'un nouveau millénaire, ils nous permettent de contempler et de célébrer l'évolution des connaissances associées à notre univers.

J'espère que vous aimerez parcourir les textes et les images de cet ouvrage et que vous serez aussi enthousiasmé que je le suis par la richesse et la beauté des globes de notre musée.

Madame David M. Stewart, président
Musée Stewart de Montréal

Avant-propos

Rares sont les conservateurs qui ont eu le privilège de passer une année complète plongés dans une collection de globes anciens afin d'en faire une étude systématique, une exposition et enfin un livre. C'est en cette circonstance que cet ouvrage vint à voir le jour.

Pour quelques-uns d'entre nous, que le Musée Stewart ait patiemment assemblé au fil du temps une collection significative de globes anciens datés de 1530 à 1850 (approximativement) relevait du secret de Polichinelle. Son envergure et sa richesse, toutefois, ont été pour tous une véritable surprise. La collection s'avère en effet plus grande et les œuvres plus complexes et moins bien connues que nous nous l'imaginions au départ. De même, la vaste collection d'objets associés aux globes conservée au Musée Stewart — gravures, peintures, cartographie terrestre et céleste ainsi que livres anciens publiés par des fabricants de globes — nous a permis de considérer les globes dans une perspective élargie. Notre étude prit dès lors une ampleur beaucoup plus importante que nous l'avions d'abord envisagé.

Notre objectif était d'écrire un ouvrage pouvant séduire ceux et celles qui souhaitent étendre leurs connaissances non seulement des globes anciens, mais aussi d'un large éventail de sujets naturellement liés tels les explorations et la cartographie, l'astronomie et le tracé des constellations, les objets antiques composés de matériaux parfois rares ainsi que — dimension non moins importante — les arts décoratifs. La collection se prêtant très bien à une division par foyer d'origine, nous avons découpé le noyau central du livre en six chapitres, chacun consacré à un pays européen. Ils débutent tous par une introduction sur la production de globes du pays en question, suivie d'une analyse individuelle des globes correspondants issus de la collection. Nous avons réduit au minimum les descriptions muséologiques et les détails bibliographiques (le Musée Stewart encourage toutefois les demandes éventuelles à ce sujet). L'auteur, les dates, la fabrication du globe, les sources utilisées pour la représentation cartographique et la place du globe dans l'histoire de la fabrication des globes sont abordés. Il est bien rare qu'un globe ne comporte pas un élément particulièrement intéressant ou intrigant ; le cas échéant, cet élément fut toujours noté et expliqué. Lors de l'analyse des globes terrestres, nous avons cru bon de mettre l'accent sur la cartographie de la Nouvelle-France, du Canada et de l'Amérique du Nord afin de donner à cet ouvrage une orientation originale qui puisse se démarquer de la littérature actuelle.

Tout au cours du projet, Eileen Meillon, bibliothécaire et conservatrice des cartes anciennes du Musée Stewart, a été une collaboratrice précieuse. Elle a effectué la recherche et écrit le texte et les vignettes présentant le globe terrestre de Coronelli, aidé à la traduction et à la révision des textes anglais, dépisté des références et des ouvrages peu connus en plus d'une foule d'autres tâches essentielles à la réalisation de l'ouvrage.

Au cours de cette dernière année, nous avons eu le grand bonheur d'avoir comme principal conseiller Peter van der Krogt, l'un des plus grands spécialistes en la matière au monde. Son affabilité et sa générosité sans bornes nous amenèrent à discuter longuement, lors d'une première rencontre à Delft (Pays-Bas) puis d'une seconde à Montréal, d'un certain nombre de problèmes et de leur trouver des solutions ; par-dessus tout, il nous donna l'assurance que la démarche scientifique adoptée et les sources utilisées étaient appropriées. Nous sommes donc très fiers d'avoir pu obtenir sa collaboration pour la rédaction de l'introduction générale sur les globes.

Les globes sont des artefacts complexes, le produit d'efforts intellectuels acharnés de la part d'artisans habiles et créatifs. Il n'y a pas encore assez d'écrits consacrés aux globes anciens, et bien que des études académiques significatives aient été publiées par le passé, nous serons plus que satisfaits et récompensés d'apprendre que notre initiative a contribué à une appréciation et à une compréhension plus profonde de ces œuvres magnifiques.

Introduction

Peter van der Krogt*

> On appelle *globe céleste* & *globe terrestre*, deux instrumens de Mathématique, dont le premier sert à représenter la surface concave du ciel avec ses constellations ; & le second la surface de la terre, avec les mers, les îles, les rivieres, les lacs, les villes, &c. Sur l'un & l'autre, l'on trouve décrites plusieurs circonférences de cercle qui répondent à des cercles que les Astronomes ont imaginés pour pouvoir rendre raison du méchanisme de l'univers.

Ainsi débute l'article intitulé « Globe » que le réputé cartographe et faiseur de globes français Didier Robert de Vaugondy rédigea pour la non moins célèbre *Encyclopédie ou Dictionnaire raisonné des sciences, des arts et métiers* (1751-1780), alors sous la direction de Denis Diderot et Jean Le Rond d'Alembert. L'auteur procède, un paragraphe plus loin, à une précision à propos de l'importance du vocable « globe » puisque « le *globe* & la sphere different, en ce que le *globe* est plein & la sphere évuidée », référant ensuite le lecteur à l'article « Armillaire » pour une explication plus complète du concept de « sphere ». Robert de Vaugondy ne s'attarde point dans cet article aux détails historiques. L'objectif premier consiste plutôt à traiter de la construction de ces instruments, ce qu'il fait avec habileté et circonspection en divisant son discours en deux parties, « l'une purement géométrique, & l'autre méchanique ».

Si, naguère, les globes terrestres et célestes furent surtout utilisés à titre d'instruments de calcul et d'observation astronomiques, plus tard, c'est avant tout la véracité de leur représentation cartographique tridimensionnelle qui s'imposa comme seul et unique objet d'attention. Les globes terrestres ont un grand avantage sur les cartes « traditionnelles », car il est impossible de représenter la Terre, de forme sphérique, sur une surface plane sans entraîner une quelconque déformation spatiale. Pour une petite région, ces déformations sont négligeables. Par contre, si la superficie représentée s'avère très grande, tel un continent, voire la planète entière,

* Historien de la cartographie, Programme de recherche Explokart, Faculté des sciences géographiques, Université d'Utrecht, Pays-Bas.

elles seront alors très importantes. La nature des déformations est tributaire de la méthode selon laquelle la sphère a été projetée sur la surface bidimensionnelle. Certaines projections modifient la forme d'une région ou d'un territoire alors que d'autres jouent plutôt sur leurs dimensions relatives. Par exemple, le Groenland, qui, selon certaines projections, semble aussi colossal que l'Amérique du Sud, est en réalité huit fois plus petit. Couchées sur un globe, de telles distorsions n'existent tout simplement pas. Un globe, également, reflète presque idéalement la position géographique et la taille des différentes régions de la planète. L'inconvénient du globe, cependant, demeure la difficulté avec laquelle il est possible de le manipuler, car afin d'obtenir des globes pourvus de grandes échelles, les dimensions diamétrales enflent à un point tel qu'ils ne peuvent être que maladroitement utilisés. Un diamètre de 31 centimètres, la plus courante des dimensions pour un globe, représente une échelle de 1/40 millionième, soit un rapport d'un centimètre pour 400 kilomètres.

À l'instar du globe terrestre sur lequel on reporte à l'échelle une représentation de la Terre, c'est de même une représentation de la « sphère » céleste qui se voit reproduite sur le globe céleste. Aujourd'hui, nous savons tous que le ciel n'est pas de forme sphérique et que les étoiles sont localisées à des distances astronomiques les unes des autres même si, vues de la Terre, elles paraissent collées les unes contre les autres. Par le

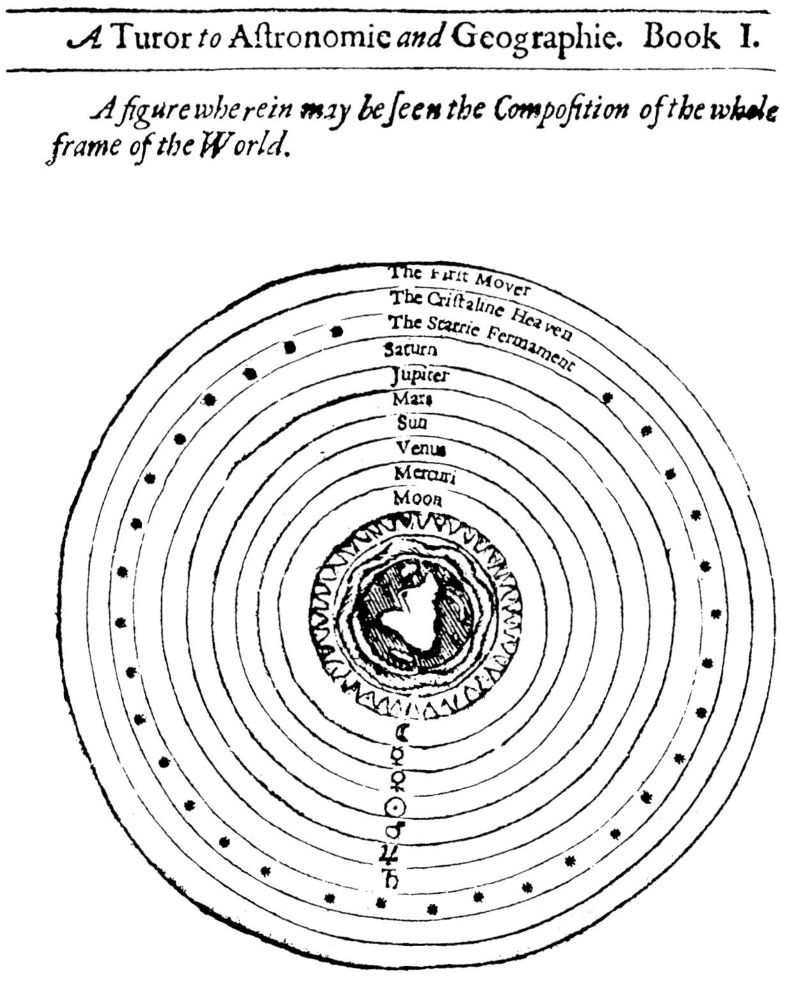

Figure 1. Cette gravure tirée de A Tutor to Astronomie and Geographie [...] *(1670) de Joseph Moxon illustre la conception ptolémaïque du système du monde. Les quatre éléments — la terre, l'eau, l'air et le feu —, successivement dessinés à partir du centre de l'illustration, sont suivis des sept planètes alors connues et d'une sphère encore plus grande, le firmament (« The Starrie Fermament »), qui ceint tout l'Univers physique. Les globes célestes étaient construits pour représenter cette dernière sphère, dite aussi des étoiles fixes. (Joseph Moxon,* A Tutor to Astronomie and Geographie; or, an easie and speedy way to know the use of both globes, cœlestial and terrestrial, *Londres, 1670. Musée Stewart — RB G-1670.)*

passé, ce phénomène n'était pas bien entendu. Les étoiles, croyait-on jadis, auraient été « fixées » sur une énorme sphère englobant la Terre, appelée voûte céleste ou firmament (fig. 1). À l'intérieur de cette boule creuse se retrouvaient la Terre, la Lune, le Soleil et les planètes. Les astronomes regroupèrent ensuite en constellations les étoiles situées à la surface du firmament, dont les personnages et les appellations tirent souvent leur origine de la mythologie ; au sein des cartes et des globes célestes, les constellations correspondent aux formes humaines et animalières qu'elles évoquent. Durant les XVIe et XVIIe siècles, ces dessins étaient parfois tellement détaillés et rehaussés de couleurs qu'il en devint presque impossible de discerner les étoiles.

Un globe céleste typique présente un point de vue du firmament qui correspond à un observateur situé *à l'extérieur*, en dehors de cette sphère dite des étoiles fixes. Cela a pour conséquence que les constellations dessinées sur le globe sont vues comme réfléchies dans un miroir. Autrement dit, on devrait, en toute logique, étudier un globe céleste en se mettant à l'intérieur de celui-ci, puisque à titre d'observateurs situés sur la Terre, nous nous trouvons à l'intérieur de la sphère évoquant le firmament. L'effet d'une telle représentation (de l'extérieur) est le suivant : les figures des constellations « regardent » vers la Terre. En contemplant, de la sorte, la voûte céleste de l'extérieur, l'on voit ces figures de dos. Un artiste attitré à la représentation de ces images ne pouvait non plus rien y changer, puisque la position des étoiles était aussi, par définition, située en fonction de son emplacement sur la forme corporelle de la constellation : l'étoile, par exemple, située « dans le bras gauche d'Orion ». Sur un globe, si les figures illustrant les constellations devaient être dessinées de manière à ce qu'elles regardent (plutôt qu'elles ne tournent le dos) celui qui les examine, les « positions corporelles » des étoiles ne correspondraient plus à la réalité telle que décrite par les astronomes.

Les globes, terrestres et célestes, ont été fabriqués à partir de la fin du XVIe siècle jusqu'à la fin du XVIIIe siècle essentiellement dans le but de réaliser plus facilement nombre de calculs astronomiques et afin de clarifier certains concepts cosmologiques, principalement pour l'enseignement des sciences. Dans cette perspective, presque tous les fabricants de globes éditèrent des manuels d'emploi. L'utilisation faite des globes selon la conception que Ptolémée avait du monde — une Terre immobile autour de laquelle tourne le Soleil — s'écartait considérablement de l'utilisation associée à la conception copernicienne, d'après laquelle la Terre tourne autour d'un Soleil immobile. Ces deux conceptions eurent leurs partisans jusque tard dans le XVIIe siècle. Le manuel d'emploi des globes de Willem Jansz. Blaeu porte d'ailleurs le titre approprié et judicieux de *Tweevoudigh Onderwijs van de Hemelsche en Aerdsche Globen* (1634) (Double enseignement pour les globes terrestre et céleste). Les partisans de chacun des deux camps opposés pouvaient, dès lors, utiliser un seul et même manuel. Blaeu put ainsi fournir globes et manuels associés à tous ses clients sans aucune adaptation conceptuelle requise (qu'ils fussent ptoléméens ou coperniciens). Les motifs commerciaux, dans ce cas-ci, primèrent sur ses opinions cosmologiques personnelles. Outre leur utilisation scientifique, mentionnons que beaucoup de globes, sinon la plupart, furent acquis par la bourgeoisie nantie sans vraiment se soucier de leurs valeurs scientifiques. C'était un signe que le maître de céans faisait preuve d'érudition : une paire de globes constituait un formidable symbole de statut social.

La fabrication d'un globe

Tous les matériaux desquels on put tirer une sphère solide et tridimensionnelle — bois, or, argent, cuivre, ivoire, verre, etc. — furent utilisés pour la fabrication de globes. La carte se dessinait, se peignait ou alors se gravait directement sur la sphère. Pour des fins commerciales, cependant, ces méthodes s'avérèrent trop coûteuses. Des matériaux meilleur marché (papier et plâtre) s'utilisèrent dès lors pour la construction du globe tandis que des cartes imprimées en fuseaux étaient simplement collées sur celuici. Afin de confectionner la sphère même, on utilisait une tige de bois ronde qui lui servait d'axe principal. Ensuite, on préparait un grand nombre de pièces en papier mâché humide ayant la forme des segments d'une pelure d'orange. Ceux-ci étaient cloués à chacune des extrémités de l'axe principal jusqu'à ce que l'on obtienne une boule bien solide. Puis cette dernière était recouverte d'une couche de plâtre lissé de façon à obtenir une forme aussi sphérique que possible. Cette coquille de papier mâché et de plâtre est relativement mince. Par exemple, un globe de Blaeu d'un diamètre de 23 centimètres ne possède une enveloppe complète plâtre-papier mâché que d'un demi-centimètre d'épaisseur.

La topographie, la toponymie et tous les autres éléments caractéristiques d'une carte se gravaient à l'inverse sur une plaque de cuivre pour ensuite être imprimés sur papier. L'impression de la carte se faisait en douze segments (ou plus), appelés fuseaux, pouvant par la suite être collés sur une sphère (fig. 2). Cela témoigne de la grande dextérité dont il fallait faire preuve pour arriver à coller ces fuseaux sur une sphère de sorte que tout corresponde parfaitement. Le papier devait aussi être quelque peu étiré et déformé afin d'obtenir une forme sphérique, rendue possible du fait que les différents fuseaux étaient humidifiés par la colle utilisée. Le globe ainsi préparé était ensuite monté dans un support. Celui-ci consiste en les éléments suivants : *l'anneau* ou *cercle du méridien*, ou *méridien équinoxial*, habituellement coulé en laiton et dans lequel le globe peut tourner sur son axe ; les côtés de ce méridien sont gravés de l'échelle des degrés, et au pôle Nord, se fixe un *cadran horaire* muni d'un pointeur ; ce dernier se trouve sur le prolongement de l'axe de rotation et tourne simultanément avec le globe (sur plusieurs globes des XVIIe et XVIIIe siècles, les cadrans horaires et pointeurs ont été perdus parce qu'ils ne se voulaient pas des accessoires fixés de manière permanente). Le méridien équinoxial se place à l'intérieur d'un anneau de bois horizontal, la *table d'horizon*, sur laquelle on retrouve diverses données, tels les signes du zodiaque, les mois, les points cardinaux, etc. Le méridien se place de telle sorte qu'il puisse facilement pivoter au centre de la table d'horizon. Cette configuration permet donc à l'axe du globe d'être ajusté à tous angles désirés. Par exemple, afin de connaître quelles étoiles sont visibles de Montréal, il suffit d'orienter l'axe de rotation du globe céleste en un angle de 45°30′, soit la latitude de Montréal. La partie du globe se retrouvant au-dessus de l'horizon est la partie du ciel visible à Montréal (elle apparait au-dessus de l'horizon, d'où le nom de table d'horizon pour cet anneau). En faisant tourner le globe, on voit alors toutes les étoiles et toutes les constellations séjournant dans le ciel étoilé de Montréal. Le pointeur indique l'heure durant laquelle telle section du globe pourra être observée.

Les globes grecs et arabes

Le plus ancien globe fut vraisemblablement un globe céleste puisqu'il était impossible d'associer, *de visu*, la Terre à une sphère (bien que certains savants pussent tout de même en concevoir la sphéricité). Au contraire, la voûte céleste ressemble parfaitement à une demi-sphère et il aurait été logique pour quiconque de supposer que cet hémisphère s'étirait jusqu'en dessous de la Terre (quelle fût plate ou non): or le ciel pouvait être comparé à une sphère complète. Le savant grec Eudoxe de Cnide a probablement été le premier à se représenter le ciel de forme sphérique.

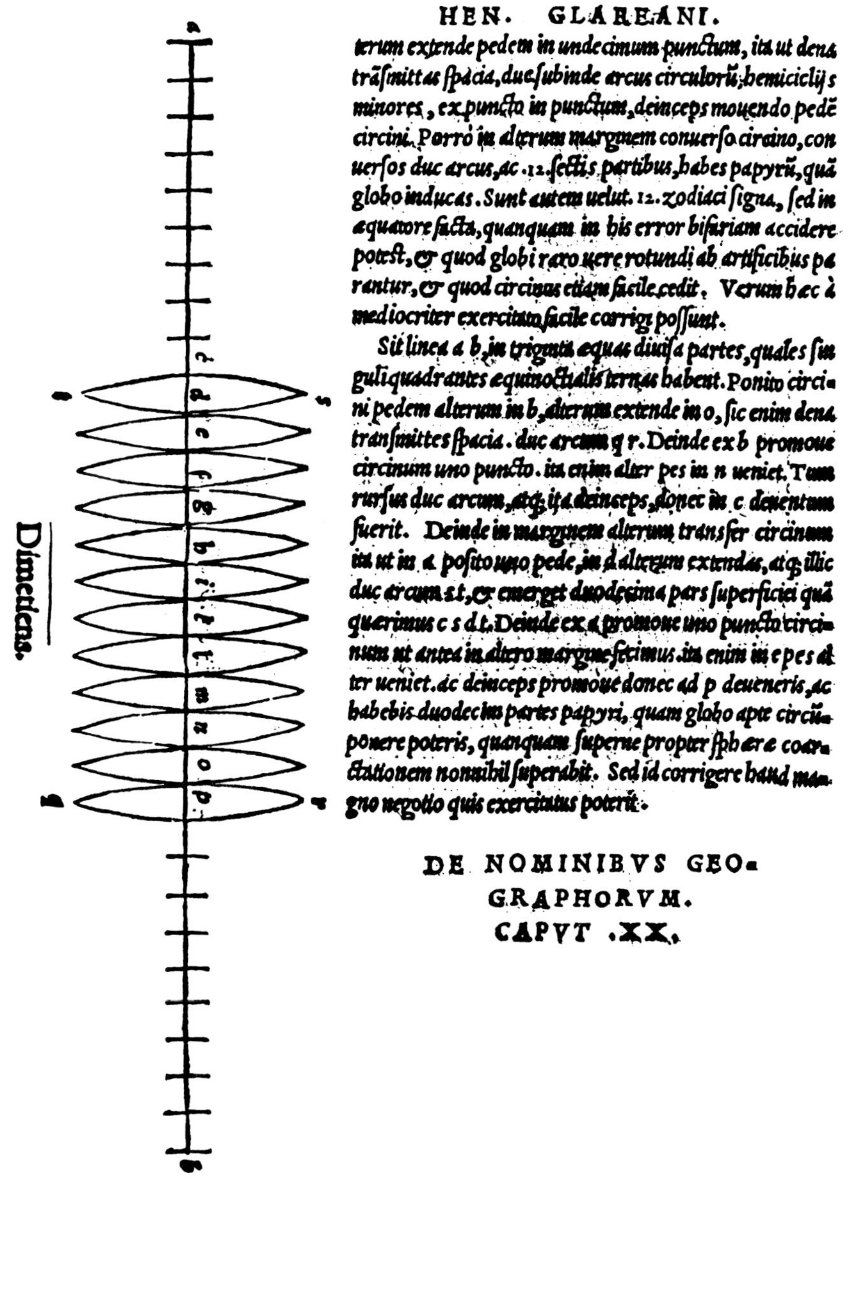

HEN. GLAREANI.

terum extende pedem in undecimum punctum, ita ut dena trāſmittas ſpacia, duc ſubinde arcus circulorū; hemicicliis minores, ex puncto in punctum, deinceps mouendo pedē circini. Porrò in alterum marginem conuerſo circino, conuerſos duc arcus, ac .12. ſectis partibus, habes papyrū, quā globo inducas. Sunt autem uelut. 12. zodiaci ſigna, ſed in æquatore facta, quanquam in his error bifariam accidere poteſt, & quod globi raro uere rotundi ab artificibus parantur, & quod circinus etiam facile cedit. Verum hæc à mediocriter exercitato facile corrigi poſſunt.

Sit linea a b, in triginta æquas diuiſa partes, quales ſinguli quadrantes æquinoctialis ternas habent. Ponito circini pedem alterum in b, alterum extende in o, ſic enim dena tranſmittes ſpacia. duc arcum q r. Deinde ex b promoue circinum uno puncto. ita enim alter pes in n ueniet. Tum rurſus duc arcum, atq; ita deinceps, donec in c deuentum fuerit. Deinde in marginem alterum transfer circinum ita ut in a poſito uno pede, in d alterum extendas, atq; illic duc arcum s t, & emerget duodecima pars ſuperficiei quā quærimus c s d t. Deinde ex a promoue uno puncto circinum ut antea in altero margine fecimus. ita enim in e pes alter ueniet. ac deinceps promoue donec ad p deueneris, ac habebis duodecim partes papyri, quam globo apte circūponere poteris, quanquam superne propter ſphæræ coarctationem nonnihil ſuperabit. Sed id corrigere haud magno negotio quis exercitatus poterit.

DE NOMINIBVS GEOGRAPHORVM.
CAPVT .XX.

Figure 2. La première indication imprimée faisant référence à la fabrication de segments pour la réalisation d'un globe (appelés fuseaux) apparut dans un petit traité de géographie publié à Bâle, en 1527, par Henricus Glareanus. Le tracé géographique devait être gravé à l'envers sur une plaque de cuivre formée de douze segments ou plus (tel qu'illustré sur la gravure ci-contre), pour ensuite être imprimé, découpé et collé sur une sphère. (Illustration tirée de Henrici Glareani poeta laureati de geographia liber unus, *Bâle, 1528. Gracieuseté du Rijksmuseum « Nederlands Scheepvaart Museum », Amsterdam, C.42.)*

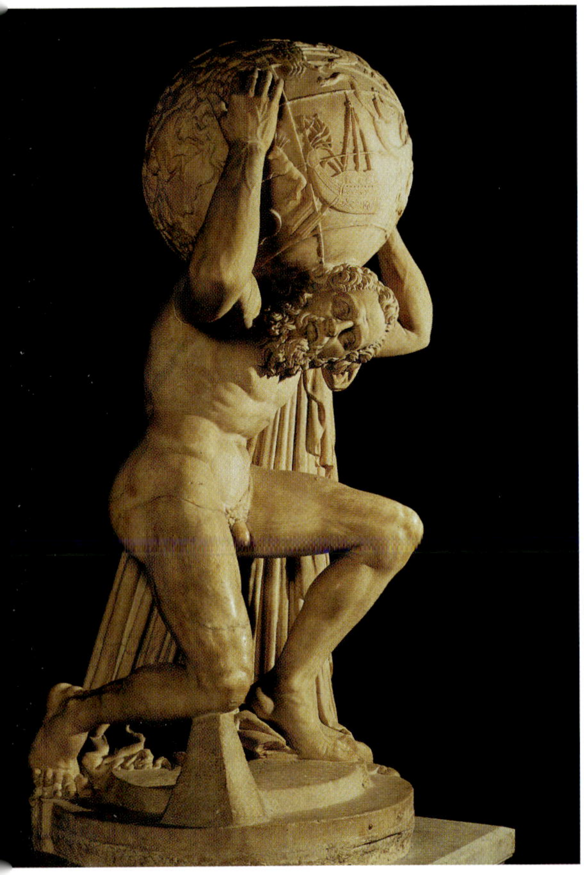

Figure 3. L'Atlante Farnese, *un des deux seuls globes célestes de l'ère antique à avoir survécu, est une représentation en marbre du mythique Atlas, soutenant sur ses épaules l'orbe céleste. Cette statue date de la fin du second siècle de notre ère. Le globe dépeint en relief 43 constellations, mais aucune étoile individuelle. (Museo archeologico nazionale, Naples. Photographie : Scala/Art Resource, New York.)*

Claude Ptolémée joua un rôle important dans l'histoire des globes. En deux ouvrages, il exposa les connaissances géographiques et astronomiques de son temps : la *Géographie* situe 8000 lieux géographiques tandis que l'*Almageste* positionne plus de 1000 étoiles au sein de 48 constellations. L'*Almageste* fut pendant de nombreux siècles la base des globes célestes.

Deux globes célestes de l'ère classique sont connus : l'*Atlante Farnese*, à caractère purement décoratif (fig. 3), et le globe de Mainz, conçu pour être à la fois fonctionnel et décoratif. L'*Atlante Farnese* est une représentation en marbre du titan Atlas soutenant le firmament sur ses épaules. Il fut retrouvé à Rome en 1575 et il rejoignit la collection du cardinal Alessandro Farnese. Sur le globe céleste, d'un diamètre de 65 centimètres, le dessin des constellations est exécuté en relief. Sont également représentés l'écliptique, l'équateur, les tropiques, les cercles polaires et les colures. Les étoiles ne figurent pas sur le globe. La localisation du point vernal correspond à celui de l'*Almageste* de Ptolémée calculé pour les environs de l'an 150, ce qui nous permet de conjecturer que le globe fut construit après cette date.

Le globe de Mainz, quant à lui, demeure le seul globe céleste complet issu de l'Antiquité. Cette œuvre se situe à l'époque de l'Empire romain, entre les années 150 et 220 après J.-C., et trouverait supposément son origine en Asie mineure. Le globe, d'un diamètre de 11 centimètres, possède les 48 constellations de Ptolémée quoiqu'elles ne correspondent pas parfaitement avec l'*Almageste*. Cet artefact, selon toute vraisemblance, ne fut pas construit comme un ouvrage scientifique propre, mais plutôt avec l'intention d'en faire un élément décoratif, ayant servi dans ce cas-ci de couronne sur le style d'un cadran solaire.

Les Grecs fabriquèrent aussi, très certainement, des globes terrestres. Au IIIe siècle avant J.-C., le géographe Ératosthène calcula la circonférence de la Terre grâce aux angles d'incidence des rayons solaires. Ses résultats, fort peu éloignés de la circonférence réelle, permirent aisément de déterminer les dimensions (diamètre, aire, volume) de la Terre. Conséquemment, les géographes grecs, familiers après tout qu'avec le bassin méditerranéen, réalisèrent qu'une toute petite parcelle du monde leur était connue. La nécessité de construire un globe terrestre ne suscita pas un grand intérêt puisque la majeure partie de ce globe eût dû être remplie de pays imaginaires ou simplement laissée vierge.

La civilisation suivante dont l'intérêt pour l'astronomie mena à la fabrication de globes fut celle des Arabes. Inspirés par les écrivains grecs, notamment Ptolémée, les savants arabes conçurent des globes célestes dès le début du Moyen Âge. Apparemment, ils ne fabriquèrent point de globes terrestres.

L'astronomie joua un rôle scientifique très important au sein du monde chrétien, car il s'agissait de l'unique méthode de détermination exacte du temps, alors indispensable à la planification du calendrier des fêtes religieuses, Pâques en particulier. La représentation de la voûte céleste sur un globe devint un des moyens privilégiés de tels calculs. Il n'est donc pas étonnant de constater que les premiers globes célestes en Europe occidentale se soient retrouvés dans les monastères. Le plus ancien de ces globes connu à ce jour appartint au cardinal Nicolas de Cues. Ce cardinal acheta à Nuremberg, en 1444, un grand nombre de traités et d'instruments scientifiques, parmi lesquels vint un globe céleste, probablement réalisé aux alentours de 1350. Il fut dessiné en complet accord avec les intructions fournies par l'*Almageste* de Ptolémée.

Le mythe de la Terre plate

On a longtemps prétendu que les gens du Moyen Âge croyaient que la Terre était plate, l'enseignement du christianisme l'ayant prescrit. Pourtant, Pythagore développa l'idée d'une Terre ronde dès le VIe siècle avant J.-C., idée ensuite maintes fois corroborée par les savants grecs qui lui succédèrent, tels Aristote et Euclide. Bien qu'il y eût des partisans de la théorie d'une Terre plate, il était généralement accepté, parmi les élites grecques et romaines du IIIe siècle avant J.-C., que la Terre était bel et bien ronde. Les savants des autres peuples, Hébreux y compris, évoquèrent et défendirent davantage le concept d'une Terre plate. Dès lors, ces deux croyances divergentes donnèrent lieux à la recherche d'extraits bibliques pouvant confirmer ou infirmer les affirmations des camps respectifs.

Si la majorité des Pères de l'Église grecque et romaine reconnaissaient que la Terre était de forme sphérique, d'autres s'en tinrent toujours à la théorie de la Terre plate. Cosme Indicopleute (VIe siècle après J.-C.) correspond à l'archétype du « terre-platien ». Commerçant de profession s'étant plus tard retiré dans un monastère, Cosme écrivit plusieurs traités de géographie, de cosmographie et d'exégèse biblique et sacrée. La *Topographie chrétienne* est par contre le seul de ses ouvrages a nous être parvenu, un ouvrage qui traite d'ailleurs de tous ces sujets et dans lequel il rejette la conception « païenne » d'une Terre sphérique. Les opinions de Cosme ne devinrent pourtant jamais celles de l'Église chrétienne, certains Pères de l'Église ayant, qui plus est, réfuté quelques-uns de ses ouvrages. Ainsi, au cours du Moyen Âge, les érudits et les savants acceptaient volontiers que la Terre fût ronde même si l'« homme de la rue » — s'il y avait jamais songé — croyait probablement que la Terre était plate. L'histoire des navigateurs effrayés de basculer dans le néant une fois arrivés aux confins de l'océan tirerait davantage son origine d'une peur omniprésente de l'inconnu que des conceptions géographiques réelles des marins.

Comment se fait-il alors que nous ayons tous appris à l'école qu'« au Moyen Âge, les gens pensaient que la Terre était plate » et que toute autre conception était purement et simplement jugée hérétique par l'Église chrétienne ? La source de cet argument fallacieux aurait moins de deux siècles. Aux environs de 1830 parurent deux ouvrages indépendants qui répandirent ce mythe à travers le monde. Le premier est d'un auteur de romans historiques abondamment lu, Washington Irving. En 1828, il écrivit *A History of the Life and Voyages of Christopher Columbus*, une biographie rassemblant en réalité un mélange de faits historiques et de fiction. En 1486, selon l'auteur américain, Colomb dut défendre, devant une commission réunie à l'Université de Salamanque, le bien-fondé de son projet d'atteindre les Indes en navigant vers l'ouest, ainsi que

Figure 4. Ce globe de Martin Behaim a été réalisé à Nuremberg en 1492. Aucun continent, c'est-à-dire l'Amérique, n'apparaît entre l'Europe et la côte orientale de l'Asie. L'océan Indien est ici reproduit. (L'original est conservé au Germanishes Nationalmuseum de Nuremberg. Fac-similé par Greaves & Thomas, Londres, complété en février 2000 pour le Musée Stewart.)

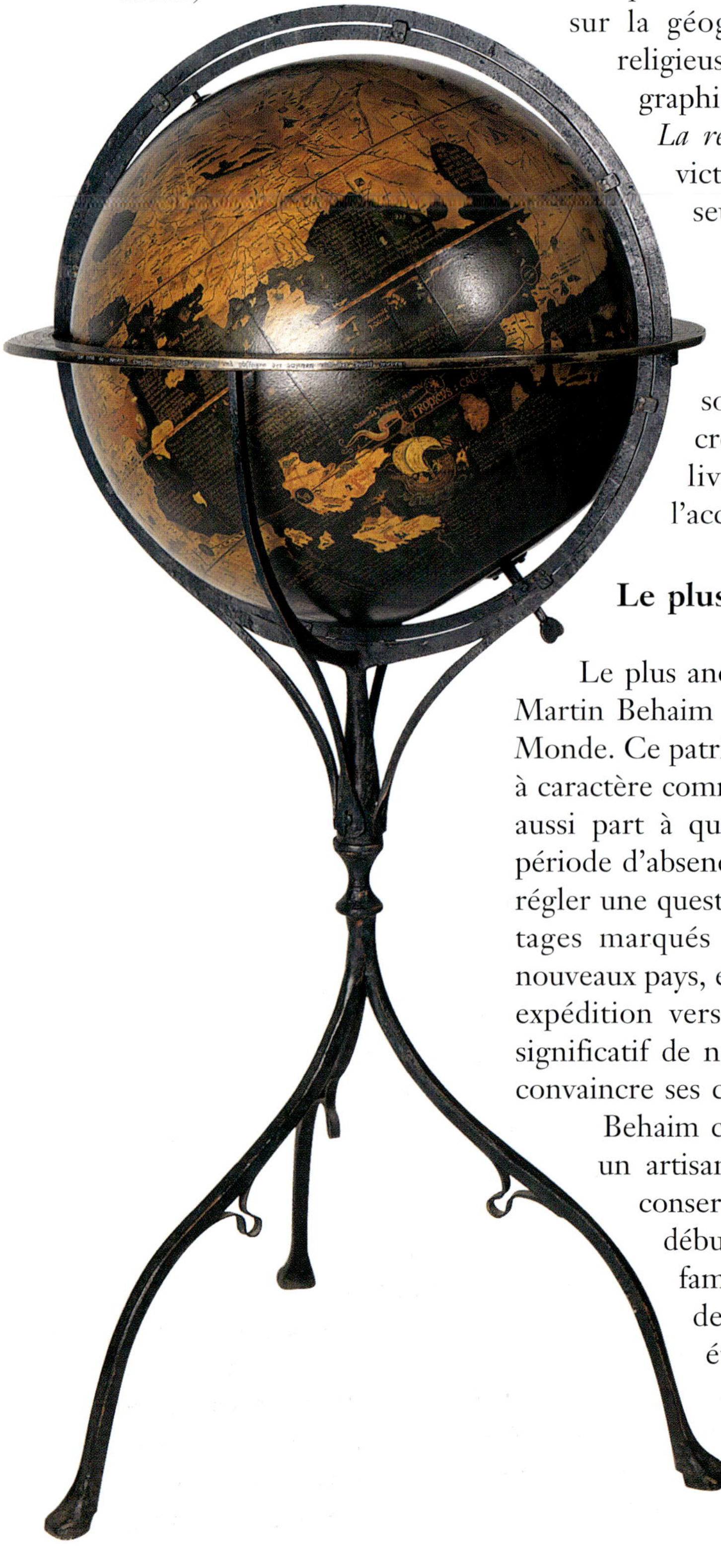

présenter les preuves de la faisabilité d'une telle entreprise. Irving interpréta cet épisode comme si Colomb avait été obligé de convaincre l'assemblée — composée de farouches partisans de la théorie de la Terre plate — de la forme sphérique de la planète. Il façonna l'image indélébile d'un jeune Colomb, alors « simple marin, se tenant face à une imposante assemblée de professeurs, d'ecclésiastiques et autres dignitaires religieux, soutenant sa théorie avec une éloquence naturelle [...] ».

Le géographe français Antoine-Jean Letronne publia beaucoup sur la thématique de l'Antiquité grecque et égyptienne et, entre autres choses, sur la géographie de l'époque. Ses violentes conceptions antireligieuses éclatent dans un article intitulé « Des opinions cosmographiques des Pères de l'Église » publié au sein du périodique *La revue des deux mondes* (1834). Il y décrit avec force conviction la croyance des Pères de l'Église et de leurs successeurs en une Terre plate.

La description d'Irving et les idées préconçues de Letronne trouvèrent un terrain fertile parmi ceux trop rapide à suggérer que la religion n'était bonne qu'à garder les gens dans l'ignorance. Ils s'assurèrent avec un soin particulier que le mythe d'un Moyen Âge chrétien croyant en une Terre plate se fraye un chemin dans les livres d'école ; en conséquence, plusieurs aujourd'hui l'acceptent comme une vérité.

Le plus ancien globe terrestre qui ait survécu

Le plus ancien globe terrestre connu de nos jours fut construit par Martin Behaim (fig. 4), l'année même où Colomb atteignit le Nouveau Monde. Ce patricien de Nuremberg avait déjà entrepris plusieurs voyages à caractère commercial, particulièrement au Portugal, à partir d'où il prit aussi part à quelques longues navigations en mer. Après une longue période d'absence, il revint chez lui, en Allemagne, en 1491, le temps de régler une question d'héritage. Afin d'informer ses concitoyens des avantages marqués de la recherche de nouvelles voies maritimes et de nouveaux pays, et ainsi susciter chez eux l'intérêt de financer une nouvelle expédition vers la Chine, il fit construire un globe terrestre. Il est significatif de noter que Behaim ne semble pas avoir eu au préalable à convaincre ses concitoyens que la Terre était ronde.

Behaim confia la réalisation technique du globe à un peintre et à un artisan. Il y a maintenant plus de 500 ans que ce globe est conservé dans la ville qui l'a vu fabriquer, Nuremberg. Jusqu'au début du XXe siècle, il a même toujours été en possession de la famille Behaim. Ce globe est particulièrement important à deux points de vue : c'est le premier globe terrestre à avoir été fabriqué en Europe « moderne » et c'est le plus ancien globe terrestre encore existant au monde. Aussi appelé *Erdapfel*, il a un diamètre de 51 centimètres et fut construit de papier et de plâtre. La sphère est recouverte d'un parchemin sur lequel le tracé géographique fut peint. La représentation du monde est issue presque en totalité de la *Géographie* de Ptolémée, sauf pour les côtes de l'Europe et de l'Afrique de l'Ouest tirées des dernières découvertes portugaises. L'Amérique, évidemment, n'y figure pas.

Les premiers globes imprimés

Tous les globes dont il fut question jusqu'à maintenant sont uniques, qu'ils aient été gravés sur une sphère métallique ou peints sur une sphère de quelque autre matériau. Le géographe et l'astronome, responsables respectivement des représentations cartographiques terrestres et célestes, devaient eux-mêmes reproduire la carte sur la sphère ou alors confier le travail à un artisan qui devait s'exécuter sous leur supervision directe. Cette méthode de fabrication était bien trop lente pour en arriver ultimement à la production en série de globes identiques aux fins exclusives d'une commercialisation à grande échelle. L'intérêt grandissant conféré à la géographie et à la représentation tridimensionnelle de la Terre rendit nécessaire l'utilisation d'une méthode voulant que la cartographie d'un globe puisse être reproduite à l'aide de l'imprimerie. À cette fin, les cartes furent généralement dessinées en douze segments mieux connus sous le nom de « fuseaux » (fig. 5). Chacun d'eux décrit une section du monde, contenue de part et d'autre d'une méridienne et s'étendant d'un pôle à l'autre. Quand il y en a douze, chaque fuseau équivaut à une étendue terrestre de 30 degrés de longitude. Quoique la sphère dût être confectionnée par un artisan, comme auparavant, la carte en fuseaux pouvait maintenant être apposée sur la sphère sans la supervision étroite du cartographe. Les globes purent non seulement être fabriqués plus rapidement, mais aussi à meilleur marché.

L'invention de cette méthode d'impression est attribuée à Martin Waldseemüller. Il est aussi très probable que Francesco Roselli, imprimeur de cartes à Florence, ait imprimé des fuseaux dans la première décennie du XVIe siècle. Waldseemüller publia deux ouvrages, vers 1507, qui eurent une influence considérable sur la perspective cartographique de l'époque, soit une carte murale du monde et un petit globe. Ce dernier était destiné à accompagner des traités cosmographiques, rédigés pour le grand public et imprimés en 1507 et 1509 à Saint-Dié et Strasbourg. Pourtant, aucun exemplaire connu de ces traités n'inclut un feuillet en fuseaux pour globe.

Deux feuillets en fuseaux de ce globe existe (fig. 6) : celui appelé « fuseaux Hauslab-Liechtenstein », du nom de leurs précédents propriétaires et acquis en 1954 par James Ford Bell de Minneapolis, et un autre feuillet en fuseaux maintenant à la Bayerishe Staatsbibliothek de Munich. Puisque le tracé géographique dépeint évoque une version simplifiée de la grande carte murale de Waldseemüller, ces fuseaux lui sont naturellement attribués. Qu'il s'agisse de sa carte ou de son globe, ils constituent les tout premiers documents cartographiques à porter le toponyme *America*. On attribue d'ailleurs à Waldseemüller la paternité du mot *Amérique*, inspiré du prénom du navigateur italien Amerigo Vespucci.

Prenant exemple sur Waldseemüller, Johann Schöner publia en 1515, dans le sud de l'Allemagne, un globe terrestre assorti d'un manuel

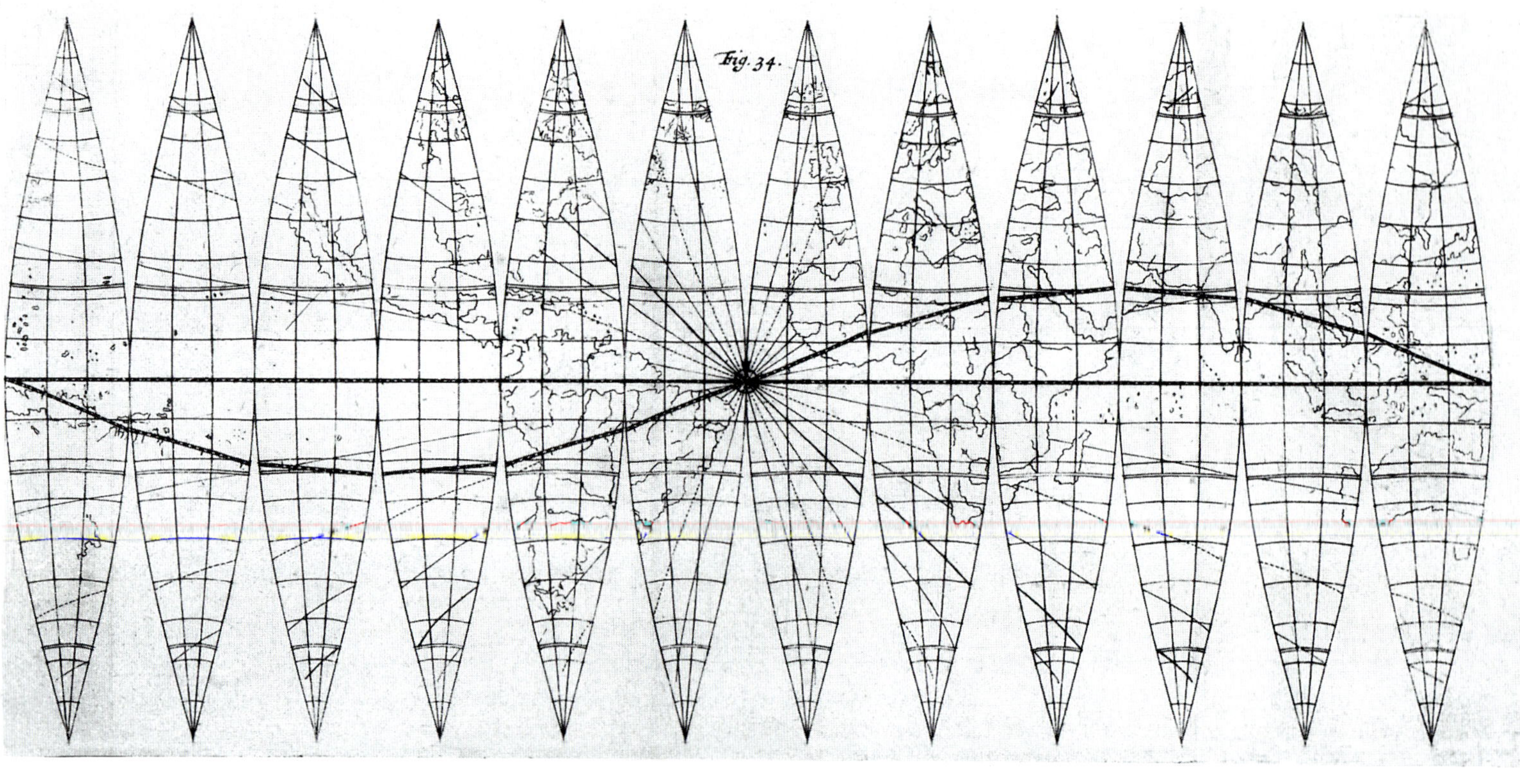

Figure 5. À la fin du XVII*e siècle, la fabrication de globes n'était encore assimilée que par un petit groupe d'individus instruits. Toutefois, en publiant en néerlandais un ouvrage dans lequel il expliqua, étape par étape, la création des fuseaux et même la manière de les coller sur une sphère, Pieter Maasz. Smit réussit à en vulgariser un peu la pratique. Son modèle de fuseau pour le globe terrestre, reproduit dans cette figure, montre que lorsqu'il y en a douze, chacun représente 30 degrés de longitude. (Pieter Maasz. Smit,* Cosmographia, *Amsterdam, 1698. Gracieuseté de la Universiteits-bibliotheek d'Amsterdam, UBA 1215 H 8.)*

d'emploi. La carte du globe est issue d'une gravure sur bois en douze fuseaux. Schöner s'intéressait tout autant à la géographie qu'à l'astronomie, une disposition qui entraîna une innovation notable au sein de l'industrie naissante des globes, à savoir la fabrication de globes à la fois terrestres et célestes. Le premier globe terrestre de Schöner est daté de 1515, le premier globe céleste, de 1517. Ces deux globes forment ainsi une paire : ils possèdent le même diamètre (27 cm) et leurs attributs techniques et décoratifs sont identiques en tous points.

Dans les années 1520, il se créa aux Pays-Bas une demande telle pour les globes et leurs manuels d'emploi que l'unique fabricant alors capable de les fournir, Johann Schöner, devint vite dépassé par les événements. À la décharge de l'Allemand, il faut dire que les risques et les coûts encourus à l'époque lors du transport de ces objets fragiles ont pu également avoir joué un rôle non négligeable dans sa « contre performance » commerciale. Flairant la bonne affaire, un libraire anversois, Roeland Bollaert, eut alors l'idée d'éditer en parallèle ses propres globes et manuels explicatifs. Il laissa la réalisation technique des globes à l'orfèvre louvaniste Gaspard van der Heyden et le tracé géographique du globe terrestre (1526-1527) aux bons soins du savant malinois Franciscus Monachus. Le globe céleste et son manuel (1527) furent tout simplement recopiés de Schöner. Malheureusement, on n'a connaissance aux Pays-Bas d'aucun exemplaire existant de ces globes. Nous devons pour l'instant nous contenter d'une gravure sur bois de la carte du globe terrestre, dessinée en deux hémisphères, ainsi que d'un commentaire pour nous permettre d'imaginer l'allure générale de ceux-ci.

On considère Gemma Frisius comme le fondateur de la géographie et de la cartographie scientifiques à Louvain. En 1529, vraisemblablement à la requête de Bollaert, il fabriqua un globe terrestre — dont la réalisation technique fut de nouveau confiée à Gaspard van der Heyden — qu'il accompagna d'un ouvrage intitulé *De Principiis astronomiæ et cosmographiæ* (Des principes de l'astronomie et de la cosmographie). Hélas, aucune copie de cette œuvre n'a survécu. Aux environs de 1536, Gemma Frisius fabriqua un second globe terrestre, suivi un an plus tard du globe céleste correspondant (d'un diamètre approximatif de 37 cm). Plusieurs exemplaires de cette paire, la plus ancienne produite aux Pays-Bas, sont aujourd'hui répertoriés.

L'illustrissime cartographe Gerard Mercator peut être considéré, quant à lui, comme le véritable père de l'industrie moderne de la fabrication des globes. C'est à son compatriote, Gemma Frisius, qu'il doit ses connaissances sur l'art de dessiner les cartes. Mercator se montra très habile pour la gravure en taille-douce et pour la confection d'instruments scientifiques; cette dextérité lui valut de se voir confier par Frisius une partie de la gravure de ses globes de 1536-1537. Ceux-ci sont les premiers documents cartographiques sur lesquels apparaissent le nom de Mercator. Bien qu'il ne voulût pas devenir un fabricant de cartes — préférant consacrer travail et loisirs à ses travaux scientifiques —, Mercator dut se résoudre à produire cartes et globes afin de soutenir financièrement sa famille. Peu après avoir gravé et édité quelques cartes pour son propre compte, il se lança dans la production d'un globe terrestre.

Mercator n'appréciait pas la manière dont la plupart des géographes intégraient, au sein de la vision ptoléméenne du monde, les découvertes portugaises faites aux Indes orientales. La *Géographie* de Ptolémée donne — nous le savons aujourd'hui — une image erronée de cette région du globe. Puisque cette dernière ne correspondait pas à ce que les Portugais avaient découvert, la géographie de Ptolémée était généralement laissée complètement de côté. Le jeune Mercator ne pouvait tout simplement pas accepter que Ptolémée, le plus grand des géographes du monde antique, ait pu être autant dans l'erreur. À l'aide de son globe terrestre, il essaya donc de prouver qu'il était possible d'intégrer les récentes découvertes à la carte de Ptolémée. À la lumière des connaissances actuelles, le compromis cartographique utilisé par Mercator constitua ni plus ni moins qu'un pas en arrière : ce sont plutôt les « autres géographes » qui eurent raison en désignant la géographie de Ptolémée comme obsolète.

On donne à Mercator, cependant, le crédit d'une importante innovation, introduite sur son globe terrestre. En y dessinant des lignes loxodromiques — courbes suivies par un navire lorsqu'il coupe les méridiens sous un angle particulier —, il tenta de le rendre utile à la navigation. En théorie, la représentation visuelle en trois dimensions d'un globe serait naturellement idéale comme aide à la navigation, bien meilleure à tout le moins que les cartes bidimensionnelles dont les déformations de projection remettraient en question la fiabilité. Dans les faits, par contre, les globes causaient davantage de problèmes pratiques que les cartes. Premièrement, la technique pour mesurer les distances et tracer les routes nautiques sur une surface sphérique s'avère particulièrement compliquée.

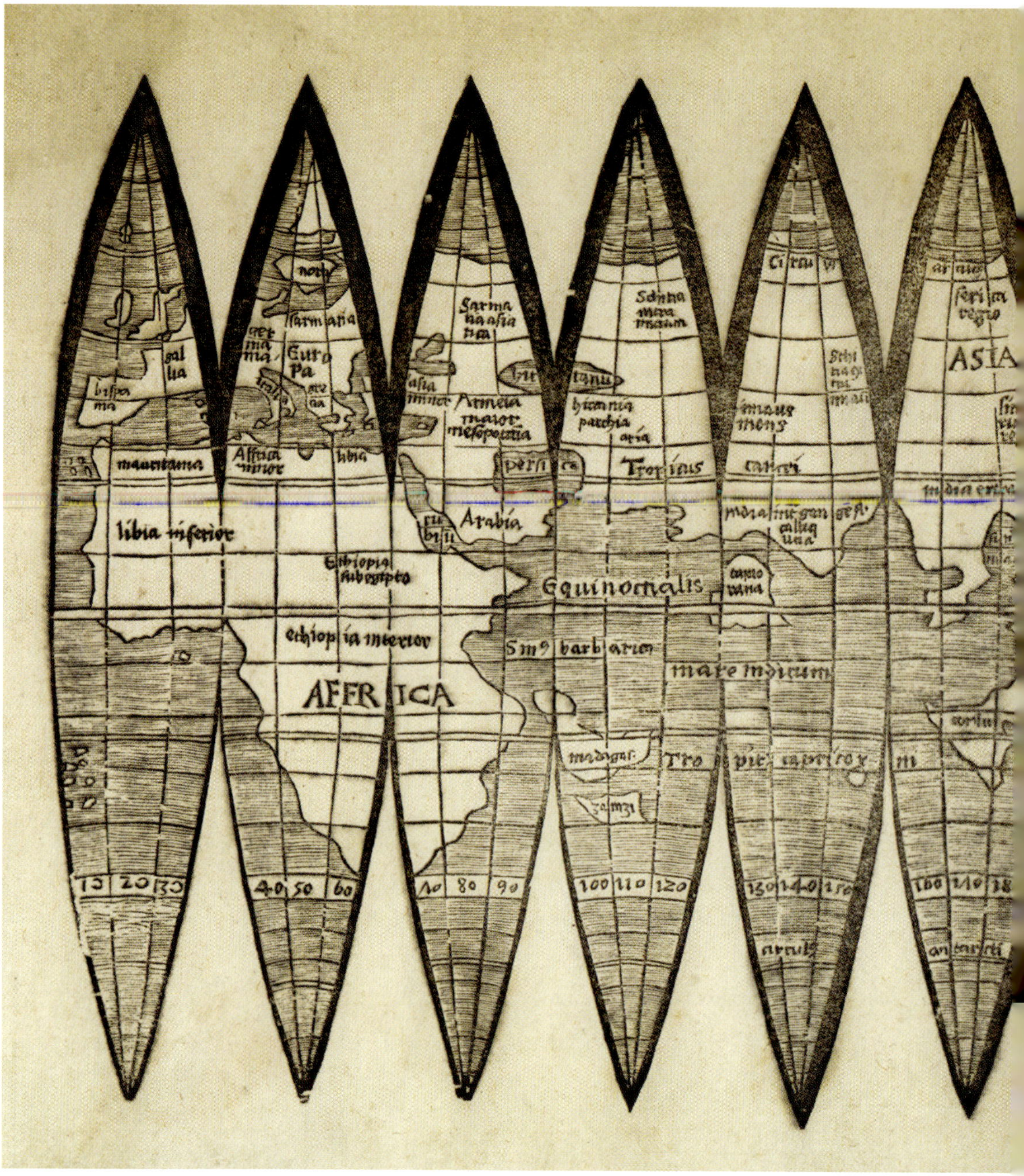

Deuxièmement, un globe est, paradoxalement, toujours trop petit pour y insérer suffisament de détails cartographiques, mais en même temps trop volumineux, trop peu maniable et trop fragile pour être embarqué sur un navire. Le globe de Mercator, par exemple, possédait un diamètre de 41 centimètres, ce qui représente une échelle de 1 : 30 000 000. En d'autres termes, un centimètre sur le globe équivaut à 300 kilomètres sur la terre (ou en mer). De toute évidence, naviguer avec pareil outil ne devait pas être simple. Pourtant, le globe fut longtemps considéré comme une aide à la navigation, jusqu'à même en devenir un véritable symbole.

Le globe terrestre de Mercator fut suivi dix ans plus tard par un globe céleste de diamètre similaire au premier ; les deux globes se vendirent toujours par la suite comme une paire. Leur succès commercial et leur grande diffusion — sans compter la valeur intellectuelle intrinsèque qui leur était attachée —, contribuèrent grandement à ce que le concept de la

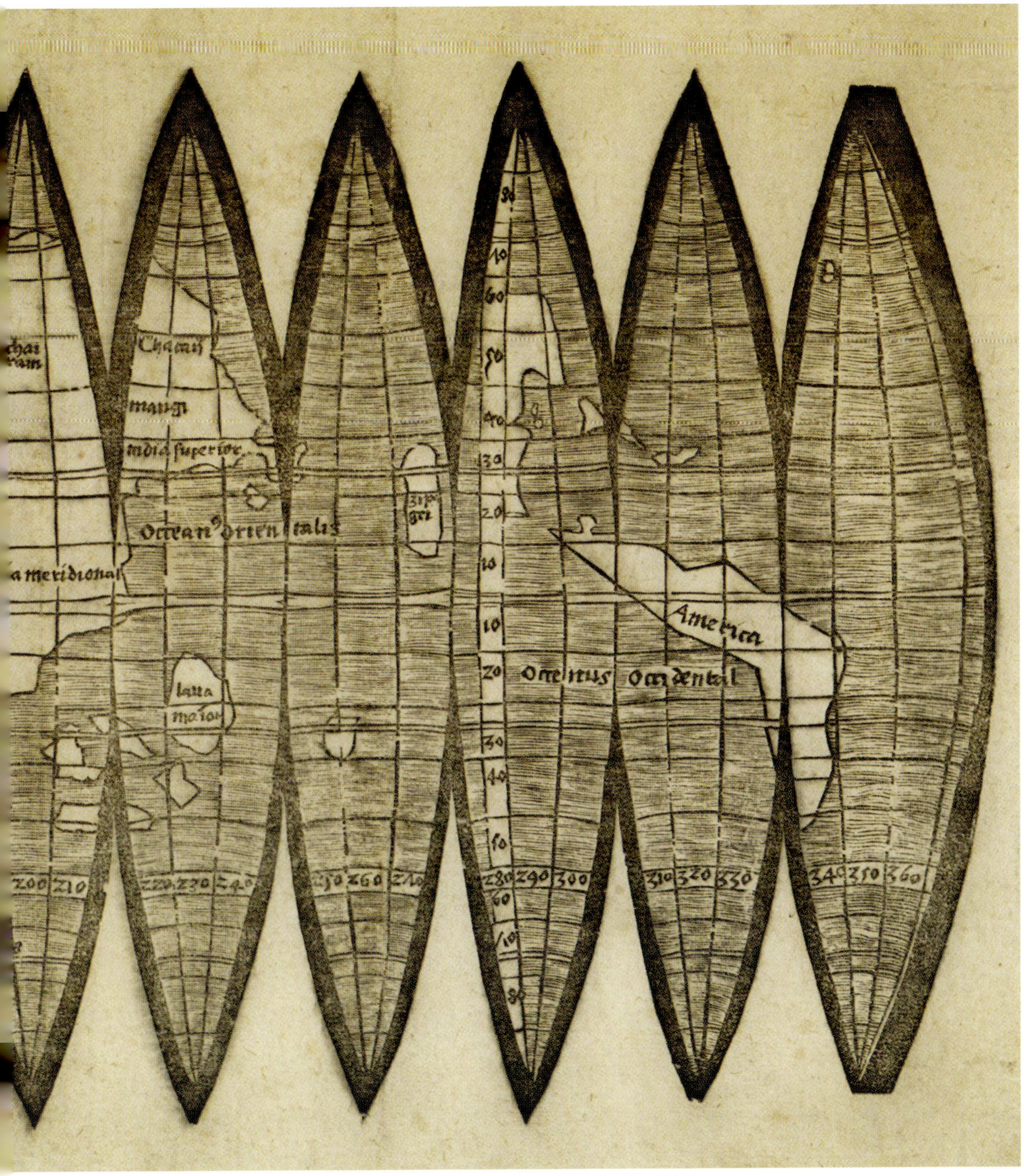

Figure 6. C'est Martin Waldseemüller, alors un des plus remarquables cosmographes d'Europe, qui fabriqua les plus vieux fuseaux de globe en papier encore existants. L'ensemble des douze fuseaux illustrés sur ces deux pages (à approximativement 80 % de leur dimension originale) provient d'un des deux seuls aujourd'hui répertoriés ; aucun globe monté de ces fuseaux n'existe. (Gracieuseté de la James Ford Bell Library, Université du Minnesota, Minneapolis.)

« paire de globes » devienne tellement accepté qu'un globe seul, terrestre ou céleste, était dorénavant presque impensable.

Gerard Mercator fut le dernier faiseur de globes important des Pays-Bas méridionaux (bien qu'il fabriquât lui-même la plupart de ses globes à Duisbourg, en Allemagne, où il habita à partir de 1552). À sa mort, le pôle de l'industrie du globe se déplaça vers le nord, à Amsterdam.

À partir de la capitale hollandaise, la production des globes s'étend à toute l'Europe au cours des XVIIe et XVIIIe siècles. C'est avant tout à cette période, à cet âge d'or de l'activité artistique et scientifique de la fabrication des globes, que se consacre la suite de l'ouvrage. Les globes de la collection du Musée Stewart de Montréal, dans ce contexte, établiront les jalons d'une histoire fascinante dans laquelle astronomes, cartographes et artistes seront les principaux protagonistes.

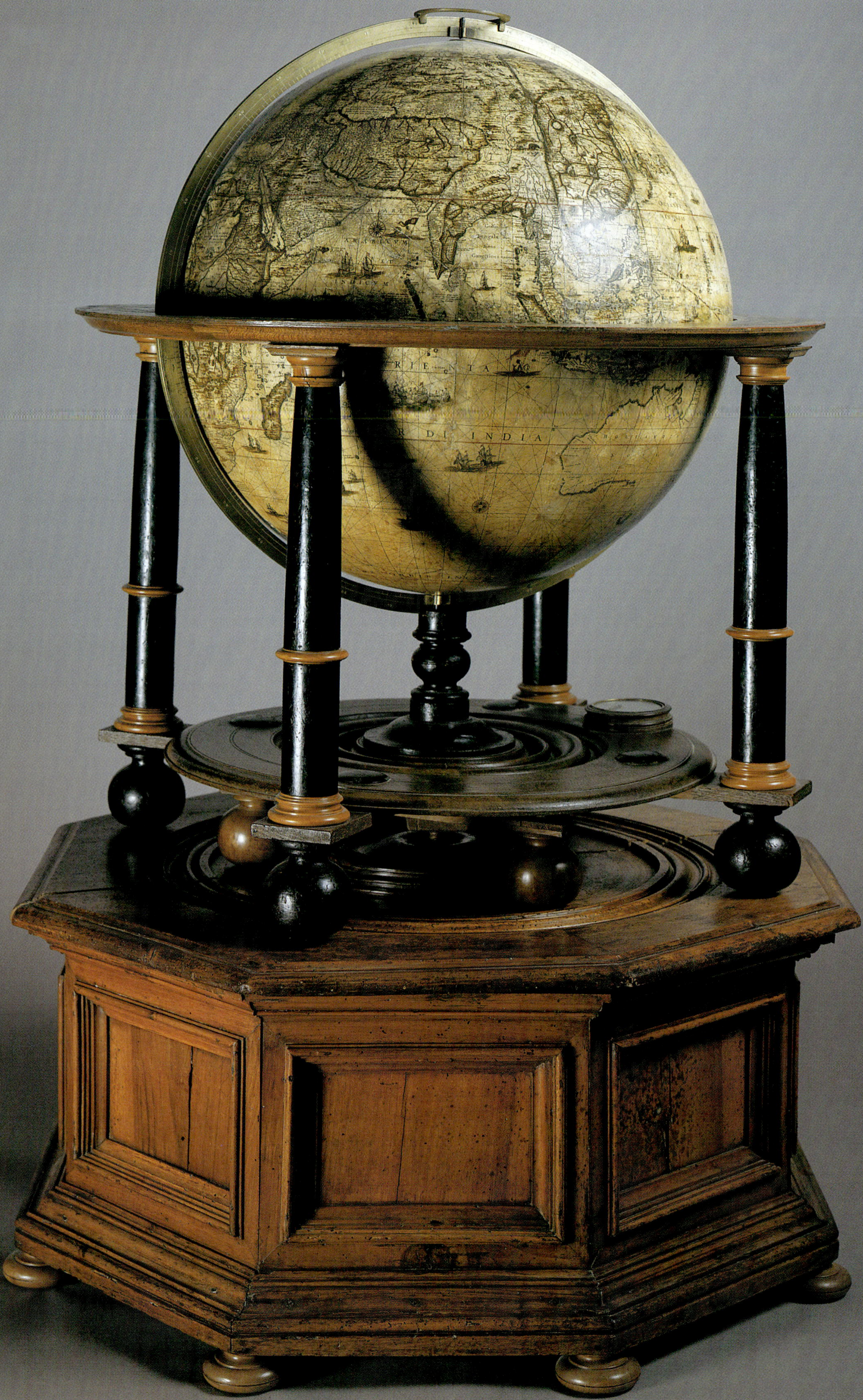
DI INDIA

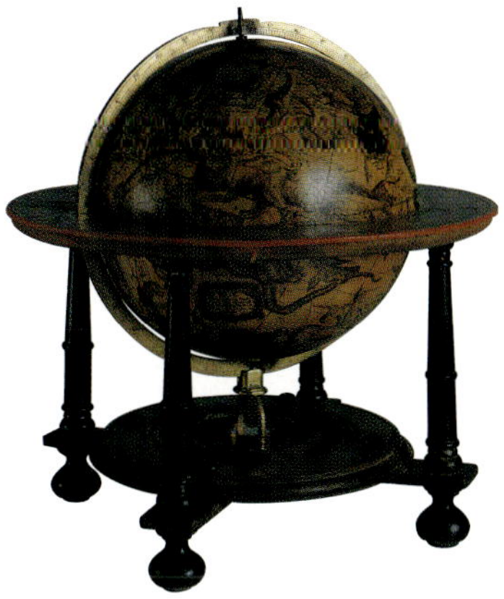

Les globes néerlandais

1

En guise d'introduction à cet ouvrage, Peter van der Krogt nous a offert un aperçu des origines de la production de globes terrestres et célestes en Europe. Il termine son propos par un bref coup d'œil à la brillante carrière de Gerard Mercator, juste avant que ne survienne, à la fin du XVIe siècle, l'émergence à Amsterdam d'un véritable foyer hollandais de production de globes.

Durant les décennies qui précédèrent l'année 1600, Amsterdam vit sa taille et sa population croître rapidement à cause principalement des conflits politiques et religieux entretenus dans les provinces du sud, conflits qui résultèrent finalement en un blocus du fleuve Escaut et en la fermeture du port d'Anvers. Par conséquent, les navires marchands en vinrent à préférer les ports plus septentrionaux, et particulièrement celui d'Amsterdam. Parmi les gens qui fuirent les provinces du sud se trouvaient d'abord des commerçants, mais aussi des savants, des artistes et des imprimeurs. C'est donc à Amsterdam, grâce à cette économie florissante issue de la progression importante de son commerce de plus en plus mondial, qu'arriva une abondance de nouvelles données géographiques. La récente vague d'explorations avait déjà suscité chez les Européens un intérêt grandissant pour les découvertes scientifiques et une véritable soif de connaissance quant à leur monde en continuelle expansion. Cet engouement pour la science créa une demande nouvelle pour tout un assortiment d'œuvres documentaires et artistiques, au sein desquelles les globes jouèrent un rôle de premier plan. Les savants et les éditeurs d'Amsterdam surent rapidement saisir l'opportunité que représentait pareille situation. La ville devint par la force des choses le foyer incontesté de la production de matériel cartographique en Europe, et les Hollandais s'approprièrent le titre de plus importants fabricants de globes au monde.

Au nombre des grands noms associés, au cours des quarante premières années du XVIIe siècle, à la fabrication de globes amstellodanois figure JODOCUS HONDIUS* (1563-1612). Au Musée Stewart, son œuvre est représentée uniquement par une copie d'un globe de 21 centimètres (1601) réalisée à Milan en 1615 par GIUSEPPE DE ROSSI (voir le chapitre 4, pages 122-124). Hondius réalisa des globes en concurrence avec ceux de la famille Van Langren de même qu'avec d'autres artisans bien connus dans ce domaine d'activités, incluant Pieter van den Keere, Johannes Janssonius et Jacob Aertsz. Colom.

* Les noms en lettres majuscules servent à identifier les fabricants de globes dont les œuvres sont présentées dans ce chapitre.

Le globe terrestre de Willem Jansz. Blaeu de la page précédente est reproduit à la figure 7, page 65.

Willem Jansz. Blaeu (1571-1638), cependant, demeure indubitablement lié à l'origine de la renommée des globes hollandais. Il semble que son succès ait été partiellement le résultat d'une compétition acharnée qu'il entretint avec la famille Hondius pour la domination du marché local et européen. Cette compétition connaîtra son apogée avec la production d'une paire de globes de 68 centimètres de diamètre conçus par Blaeu en 1616-1617, les plus volumineux construits jusqu'alors. C'est une version ultérieure de ces globes que possède le Musée Stewart.

Durant la première moitié du XVIIe siècle, les globes virent leur taille, leur complexité et leur ornementation s'accroître considérablement. Le milieu du siècle fut cependant témoin de la production des derniers globes pouvant être considérés à Amsterdam comme « nouveaux » pour l'époque ; durant les années qui suivirent, on ne fit seulement que rééditer des copies des globes précédents. Acquise en cette période faste que fut la première moitié du XVIIe siècle, la notoriété des Pays-Bas dans le domaine de la production de globes a perduré jusqu'à aujourd'hui.

Néanmoins, la production de globes ne s'évanouit pas complètement, laissant place à une remarquable renaissance qui se produisit au début du XVIIIe siècle avec l'arrivée de Gerard (1652-1726) et Leonard (1675-1746) Valk dans ce secteur d'activités. Le Musée Stewart possède trois exemplaires représentatifs des globes de la famille Valk : une paire de 23 centimètres de diamètre et un globe céleste de 15 centimètres de diamètre.

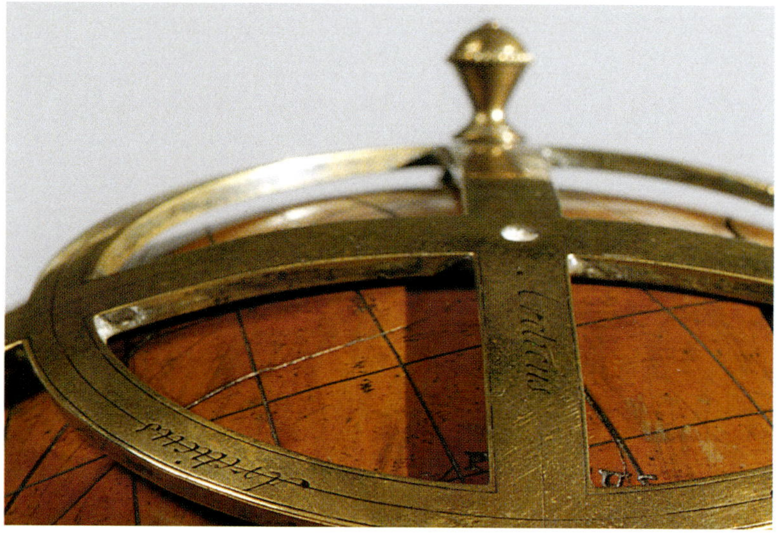

Une paire de globes de la famille Blaeu : globe terrestre, vers 1645-1648 ; globe céleste, après 1630

Diamètre : 68 centimètres
Globe terrestre : Musée Stewart — 1980.61.1 (fig. 7)
Globe céleste : Musée Stewart — 1980.61.2 (fig. 8)

Aucune autre paire de globes n'a autant de valeur pour le Musée Stewart que la paire de globes terrestre et céleste produite à l'origine par Willem Jansz. Blaeu en 1616-1617 et rééditée quelques décennies plus tard par son fils Joan. Les globes, de taille impressionnante — la plus volumineuse paire de globes conservée au Musée Stewart —, exquisément dessinés et exécutés de main de maître, ont été exposés au profit des visiteurs du Musée Stewart presque sans interruption depuis leur acquisition en 1980.

Willem Jansz. Blaeu (1571-1638), issu d'une prospère famille anabaptiste d'Amsterdam, compléta ses premières années d'éducation près d'Alkmaar où son père travailla dans le négoce du hareng. Jeune homme, il se rendit à Amsterdam afin d'être formé aux affaires de la famille, pour finalement se rendre compte qu'il était davantage attiré par les sciences, et particulièrement par l'astronomie. En 1595, durant tout l'hiver, il gagna le Danemark où il put étudier cette science en compagnie du renommé Tycho Brahé. Cette expérience fut fort utile à Blaeu dans ses travaux subséquents de cartographie.

En 1598-1599, Blaeu s'établit à Amsterdam et se lança dans la production de globes de dimensions variées ; il fabriqua de même des instruments scientifiques et édita un vaste recueil de cartes et d'atlas. Plusieurs années avant qu'il ne passe de vie à trépas, il publia un important manuel d'emploi des globes, le *Tweevoudigh Onderwijs van de Hemelsche en Aerdsche Globen* (1634), dont le Musée Stewart possède une édition de 1655.

Dans les premières années du XVIIe siècle, tel que signalé plus tôt, Blaeu s'engagea dans une farouche compétition contre Jodocus Hondius père pour l'obtention de la suprématie amstellodanoise de la production de globes. Blaeu et Hondius père, pourtant collaborateurs de la première heure, se livrèrent alors à une escalade commerciale et scientifique résultant en une production de globes toujours plus grands et de meilleure qualité. La compétition prit fin lorsque Blaeu dévoila en 1616-1617 sa paire de globes de 68 centimètres de diamètre. Celle-ci surpassa la dernière création de Hondius père, affichant un diamètre de 53,5 centimètres et terminée de façon posthume en 1613 par Hondius le Jeune. Ces globes de Blaeu — tant terrestre que céleste — furent réédités plusieurs fois jusqu'au début du XVIIIe siècle, en concurrence directe durant toute cette période avec des globes nouveaux ou réédités conçus par plusieurs des plus éminents fabricants de globes et de cartes d'Europe.

Le globe terrestre, édité en 1617, est constitué de deux jeux de 18 demi-fuseaux, coupés au niveau des 70e parallèle nord et sud, et de deux

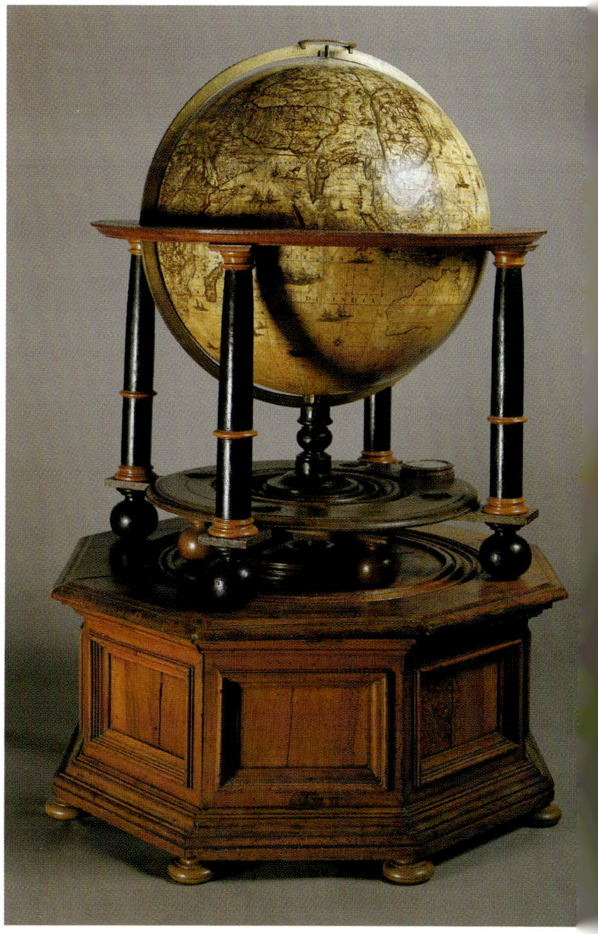

Figure 7. La majestueuse paire de globes de 68 centimètres de diamètre publiée par Willem Jansz. Blaeu — le plus renommé des fabricants de son temps — eut, dans l'histoire de ce secteur européen d'activités, une influence qui ne fut jamais surpassée. Édité pour la première fois en 1617 (cette version-ci ayant été révisée vers 1645-1648), ce globe terrestre et le globe céleste l'accompagnant furent davantage révisés qu'aucun autre des globes de Blaeu. Cette particularité nous laisse croire qu'il estima cette paire plus que toutes les autres qu'il créa (voir l'agrandissement à la page 26).

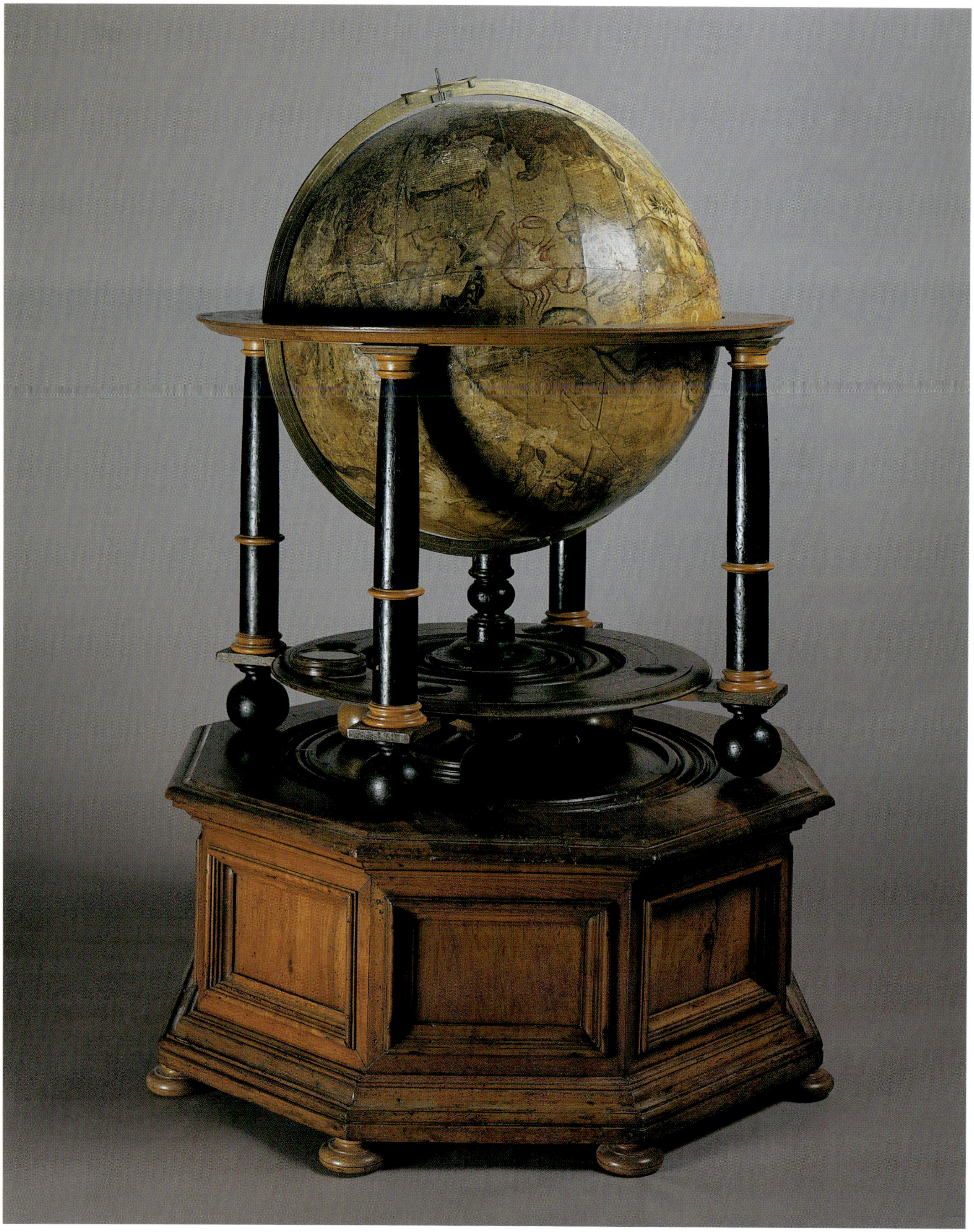

Figure 8. Cette version postérieure à 1630 du globe céleste de 68 centimètres de diamètre de Willem Jansz. Blaeu (dont la première édition date de 1616) démontre, à en juger par la richesse des informations, le grand intérêt que portait à l'astronomie le fabricant de globes amstellodanois. Ces globes terrestre et céleste de dimensions imposantes furent réédités et révisés pendant près d'un siècle ; même obsolètes, ils continuèrent d'être prisés par leur propriétaire. Il en reste dans le monde quelque 200 exemplaires.

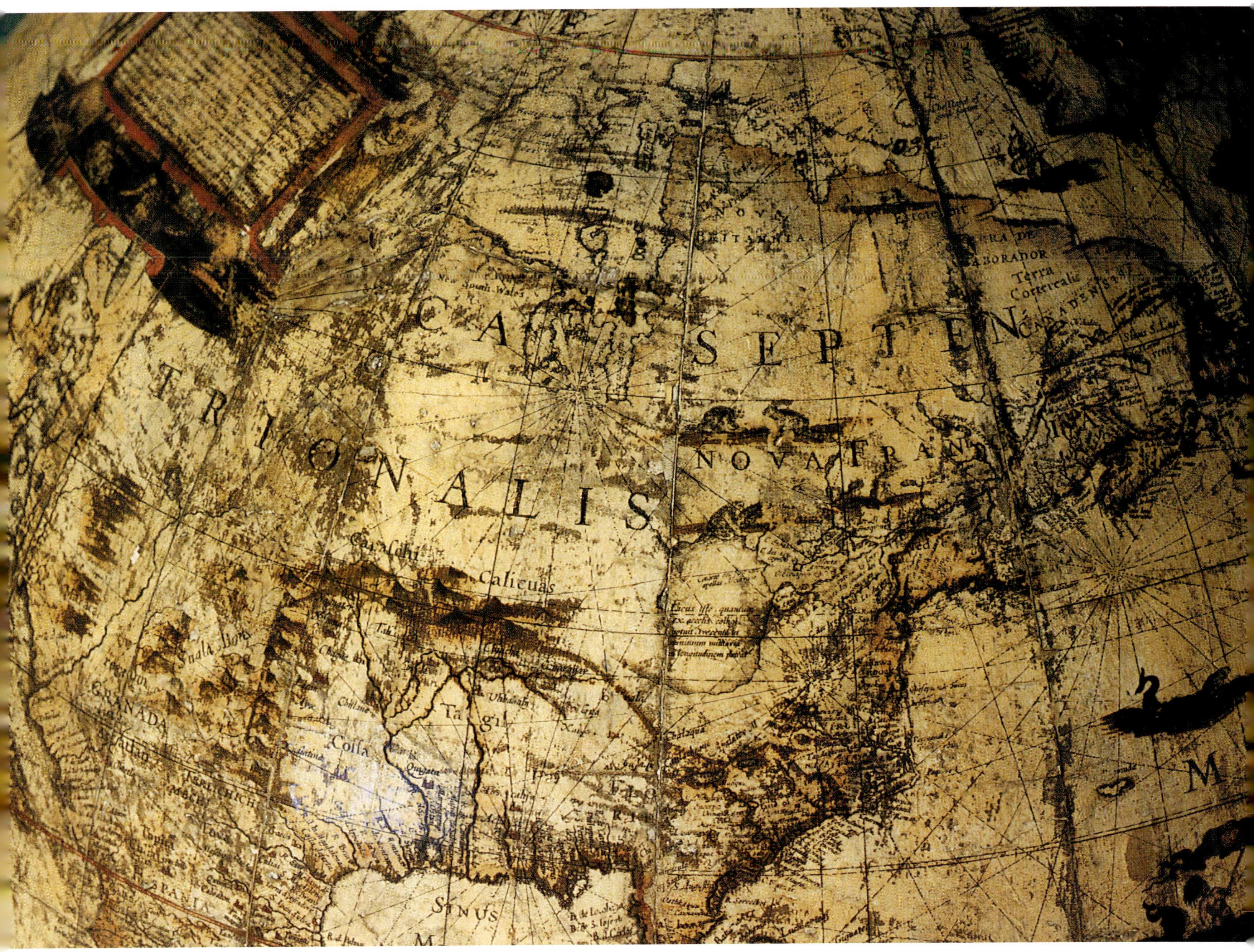

calottes polaires. Le globe lui-même est monté dans un robuste méridien de laiton. Le support en bois se compose de quatre pieds tournés soutenant la table d'horizon. Ces mêmes pieds sont reliés entre eux par des croisillons, servant d'appui à une base circulaire sur laquelle se fixe l'élément de support du méridien. Le globe est monté sur des galets simples qui permettent à l'ensemble support-globe de tourner aisément. Le tout repose sur un solide socle octogonal en bois.

Dans le nord-ouest de l'Amérique du Nord, Blaeu plaça une longue inscription relative à l'exploration de cette partie du monde, faisant montre d'un optimisme marqué quant à la découverte du passage du Nord-Ouest depuis si longtemps convoité :

> Après que la route vers les contrées de l'Orient ait été ouverte par les Portugais [...] qui réussirent à contourner le cap de Bonne-Espérance, il ne

Figure 9. La première édition d'un globe tenait compte généralement des informations les plus à jour cependant que les éditions subséquentes n'étaient pas toujours révisées adéquatement. Ainsi, en 1617, pour dessiner la Nouvelle-France, Blaeu s'appuya principalement sur les excellentes cartes publiées quelques années plus tôt par Samuel de Champlain. En 1645-1648, toutefois, quand fut produite cette version-ci du globe, les explorations avaient beaucoup changé la représentation cartographique de la région. La mise à jour n'a pas été rigoureusement effectuée puisque les Grands Lacs apparaissent ici dans une forme plus primitive que celle trouvée sur d'autres cartes de l'époque.

> manqua pas de gens [...] qui essayèrent de trouver un chemin plus court par le nord et le nord-ouest vers ces mêmes pays d'abondance et vers les Moluques, reconnus dans le monde entier. En particulier, il y eut Gaspar et Miguel Corte-Real, frères portugais, en 1500 et les deux années suivantes, et après eux, Sébastien Cabot, un Vénitien, en 1507. De manière similaire, après que le détroit de Magellan eut été vaincu [...] il y eut quelques navigateurs notoires et exceptionnels qui [...] essayèrent une autre [route], par les mêmes passages du nord et du nord-ouest [...]. Parmi eux se trouvaient [...] Martin Frobisher en 1576 et 77, et John Davis en 85, 86 et 87 [...]. Même si, après de presque incroyables souffrances et peines, toutes leurs tentatives eurent échoué, néanmoins, Henry Hudson, aussi un Anglais, et après lui certains Hollandais venus d'Amsterdam n'arrêtèrent pas les recherches [...]. En 1611, ce même Hudson, naviguant le long des côtes d'Amérique du Nord à une latitude de 61°, 62° et 63°, comme notre globe l'indique, par un long détroit, trouva à la fin une mer très étendue, une découverte qui donna espoir à plusieurs qu'un passage pourrait être finalement trouvé. Si cet espoir doit se concrétiser, comme nous le souhaitons, l'avenir seul nous le dira.

Les soins et l'attention que Blaeu porta à ce grand globe sont illustrés par la représentation cartographique qu'il dessina, considérée à l'époque comme l'une des plus détaillées et des plus à jour du genre. La littérature savante a analysé en partie l'œuvre cartographique des globes de Blaeu sous divers aspects, quoique peu d'attention avait jusqu'à maintenant été portée à la région canadienne du globe (fig. 9). En ce qui a trait à la « Nova Francia », Blaeu utilisa les plus récentes sources cartographiques alors disponibles, notamment la *Carte Geographique de la Nouvelle Franse* de Samuel de Champlain, datée de 1612 mais publiée en 1613. Le réseau de lacs et de rivières — lac Champlain, rivière Richelieu et rivière Saguenay y compris — fut directement copié par Blaeu de la *Carte Geographique* de Champlain. Dans certains cas, Blaeu traduisit en latin les explications données par Champlain en français ; d'autres fois, il les recopia simplement *verbatim*. Champlain et Blaeu dépeignirent un seul des Grands Lacs dans son entièreté, connu aujourd'hui sous le nom de lac Ontario. À l'ouest de celui-ci, à la périphérie occidentale de sa carte, Champlain ne put qu'illustrer le début du lac Érié. Puisque Blaeu, sur son globe, dut pousser davantage vers l'ouest le dessin de cet élément hydrographique, il grava une immense masse d'eau sans délimitation, qui confère à cette région du globe, pour les observateurs modernes que nous sommes, un haut degré d'inexactitude cartographique. En ce qui concerne l'Arctique canadien, Blaeu se basa également sur les plus récentes sources d'information en vigueur, en l'occurrence la carte marine des explorations de la baie d'Hudson (1610-1611) de Henry Hudson, publiée à Amsterdam par Hessel Gerritsz. en 1612 sous le titre de *Tabula Nautica*. Quant à la version du globe de Blaeu conservée au Musée Stewart, la région de l'Arctique fut révisée jusqu'à l'année 1631 afin d'inclure les explorations de Thomas Button (1612-1613), William Baffin (1616) et quelques autres explorateurs nordiques, des informations non disponibles lorsque Blaeu publia la première version de son globe terrestre.

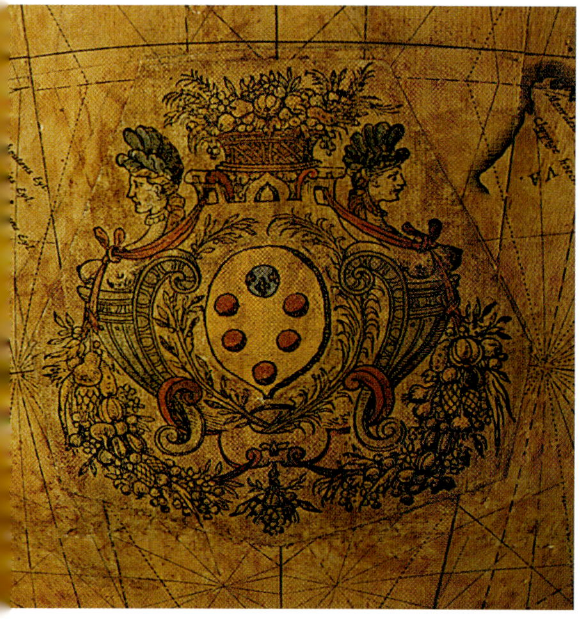

Figure 10. Le globe terrestre de Blaeu conservé au Musée Stewart est paré d'un morceau de papier collé sur lequel sont gravées les armoiries de Ferdinando II de' Medici, grand-duc de Toscane (1610-1670). Or il est probable que cet ajout ne serait qu'un moyen d'identifier le propriétaire du globe. Ce membre de la famille des Médicis est bien connu pour son généreux mécénat scientifique.

Dans la région polaire australe du globe terrestre, les armoiries de Ferdinando II de' Medici, grand-duc de Toscane (1610-1670), furent gravées sur un morceau de papier différent puis collées sur le globe

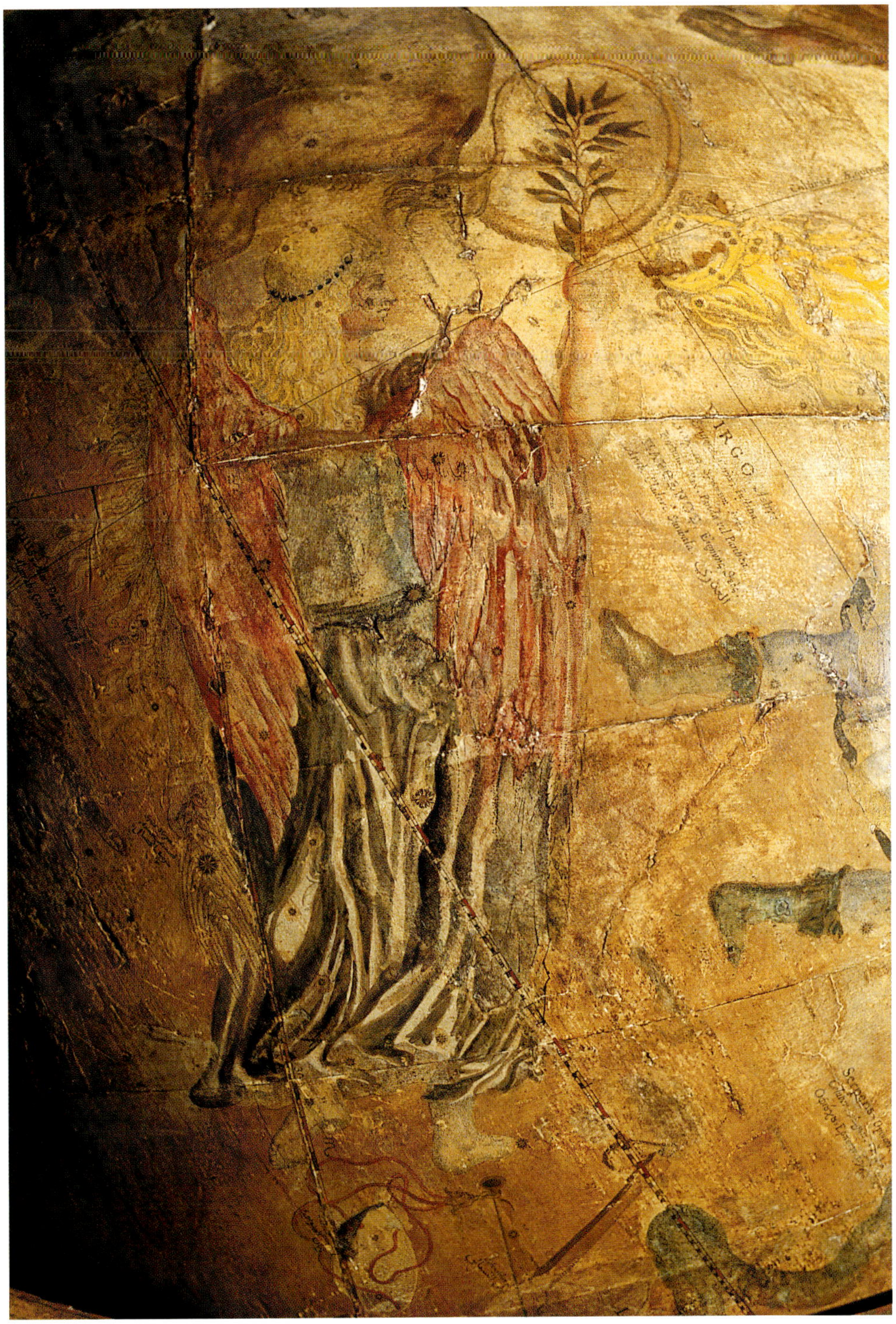

Figure 11. La constellation de la Vierge, illustrée dans ce détail du globe céleste de Blaeu de 68 centimètres de diamètre, représente une des 48 constellations élaborées par l'astronome et géographe grec du IIe siècle Claude Ptolémée.

(fig. 10). Seule la portion ovale (les boules de couleur) de cette identification royale doit être considérée comme les armoiries, tout ce qui les ceint n'étant que simple ornementation. Van der Krogt (Van der Krogt 1993) a déjà remarqué que l'utilisation d'une pièce de papier collée permettait à Blaeu de réaliser de nombreuses dédicaces pour une même version d'un globe. Dans le cas du globe terrestre du Musée Stewart, l'ajout de ces armoiries ne tiendrait pas lieu de dédicace, mais plutôt d'une identification de son propriétaire. (Une version antérieure, conservée à Florence, possède une dédicace soigneusement ornée et collée sur le globe. Elle honore le même membre de la famille des Médicis, grand amateur et patron des sciences en Italie.)

Contrairement au globe terrestre, le globe céleste, édité en 1616, consiste en deux jeux de 12 demi-fuseaux, divisés de part et d'autre de l'écliptique jusqu'aux 25e degré de latitude. Le méridien, la table d'horizon ainsi que le support et le socle sont similaires à ceux du globe terrestre. Van der Krogt (Van der Krogt 1993) a identifié quatre états ou versions de ce globe, desquels nous tirâmes la conclusion que celui en possession du Musée Stewart était du troisième état, soit publié après 1630. Ce globe céleste montre bien que l'intérêt premier de Blaeu fut l'astronomie. Les calculs de Tycho Brahé concernant la position des étoiles furent utilisés par le fabricant amstellodanois lors de la conception de ses globes célestes. Contrairement à ses concurrents, qui donnaient la position des étoiles calculée pour une date antérieure à la fabrication du globe (que l'on nomme aussi l'époque astronomique), Blaeu grava sur ses globes la position des étoiles calculée pour une date fort ultérieure, dans cet exemple ci pour 1640. Ces globes fournissent toujours d'abondantes informations astronomiques contenues au sein de généreuses notes et tables de toutes sortes. Les 48 constellations ptoléméennes sont représentées (fig. 11), accompagnées d'une nomenclature beaucoup plus détaillée que celle trouvée sur les globes de ses compétiteurs. Blaeu inclua, en plus des constellations non ptoléméennes courantes, les 12 constellations de l'hémisphère sud de Plancius, tirées des observations de l'explorateur hollandais Frederik de Houtman. Dekker (Dekker 1999) a noté qu'en ce qui concerne le dessin des constellations des globes de 68 centimètres, Blaeu eut recours au style développé par Johann Bayer pour son *Uranometria* de 1603.

À l'époque, la paire de globes de 68 centimètres de diamètre confirma Willem Jansz. Blaeu dans son titre de plus grand fabricant de globes au monde. Les globes continuèrent d'être produits pendant près de 100 ans et, de son vivant, ce furent les globes qu'il corrigea le plus souvent, une indication laissant croire qu'il les considéra comme la plus importante de ses réalisations. Les récentes recherches de Peter van der Krogt (Van der Krogt 1993) ont confirmé l'existence de 116 globes terrestres et 109 globes célestes de ce modèle dont, par contre, 82 et 87 respectivement sont des éditions plus récentes attribuées à Joan Blaeu (fils de Willem) et à ses successeurs (sans compter les deux globes conservés au Musée Stewart). Ce nombre est supérieur à celui de n'importe quelle autre édition de globes produite durant le XVIIe siècle et recensée de nos jours; il est même supérieur au nombre des globes encore existants issus de la production combinée de fabricants hollandais réputés tels Hondius et Van Langren.

Les « numéros de manufacture » (consulter Van der Krogt 1993, p. 353-357) apposés sur les globes de 68 centimètres du Musée Stewart sont : « 7 » pour le globe terrestre, « 8 » pour le globe céleste.

Principales références bibliographiques

Campbell 1976 ; Dekker 1999, p. 278-293 ; Dekker et Van der Krogt 1993, p. 41-51 ; Heidenreich 1976, part. p. 81-82 ; Van der Krogt 1984, p. 55-73 ; Van der Krogt 1993, part. chap. 4 et 5.

Les globes de Gerard et Leonard Valk, vers 1701-1750

À la fin du XVIIe siècle, la période dynamique et innovatrice associée aux Pays-Bas quant à la production de globes appartenait déjà au passé. En effet, plutôt que de concevoir et d'investir dans leurs propres créations, les éditeurs de globes et de cartes amstellodanois répondirent à la demande du marché par la copie et la réédition de réalisations hollandaises aussi bien qu'étrangères. Les premières décennies du XVIIIe siècle, par contre, sont considérées comme une renaissance de la production de globes à Amsterdam étant donné les activités de l'entreprise familiale associée aux noms de Gerard et Leonard Valk.

Gerard Valk (1652-1726) avait déjà une certaine renommée en tant qu'éditeur de cartes et d'atlas (malgré qu'il n'ait jamais produit rien de bien nouveau) quand il s'intéressa pour la première fois aux globes. Il fit son apprentissage de graveur à Amsterdam et travailla brièvement à Londres avant de s'associer, vers 1680, à son beau-frère Petrus Schenk, un graveur d'origine allemande. Ensemble, ils publièrent principalement des portraits et des peintures de paysages, s'ajoutant de temps à autre divers ouvrages cartographiques.

Durant cette période, Valk suivit également une formation dans l'art de la fabrication des globes ; il se vit accorder à cet égard, en 1701, un privilège des États de Hollande et de Frise occidentale l'autorisant à en concevoir et à en fabriquer. C'est vers 1711 que le fils de Gerard, Leonard (1675-1746), s'associa à lui dans la poursuite de ses activités.

Les globes des Valk sont simples, traditionnels même en apparence. Ils semblent avoir été conçus dans une optique strictement scientifique et savante, n'arborant aucun cartouche décoratif élaboré ni calligraphie artistique. À n'en pas douter, Gerard Valk préféra dessiner et graver ses propres tailles-douces plutôt que de se fier à celles de ses prédécesseurs.

Quand les premiers globes des Valk apparurent, ils intégraient quelques-unes des plus récentes nouveautés géographiques, rendues disponibles grâce aux efforts de diffusion des savants de l'Académie royale des sciences de Paris. Ces informations se retrouvèrent sur un globe terrestre hollandais presque au moment même où elles apparaissaient sur les globes français. Ce qui ajoute de l'intérêt et de la valeur à la première paire de globes de Gerard Valk, c'est le fait que le globe céleste soit basé sur les récentes données publiées en 1687 par l'astronome polonais Johannes Hevelius, qui concernent principalement la position des étoiles et le dessin de nouvelles constellations. Or quand Valk publia son globe céleste, il s'avéra plus « moderne » que celui de son principal concurrent européen, Guillaume Delisle.

Durant la période s'échelonnant entre 1701 et 1726, Gerard Valk édita, d'abord seul puis avec l'aide de son fils Leonard, sept différentes paires de globes de diamètres variant entre 7,75 et 62 centimètres. Dans l'univers de la cartographie des Pays-Bas du début du XVIIIe siècle, ces globes représentèrent un élan scientifique innovateur. Cependant, au cours des cinquante années qui suivirent, alors que les explorations

Figure 12. On attribue à Gerard et Leonard Valk (père et fils) le mérite d'avoir ravivé, au début du XVIII*e* *siècle, l'industrie néerlandaise de la production de globes. Ce globe terrestre, publié pour la première fois en 1701 par Gerard Valk, doit beaucoup aux travaux des meilleurs savants français de l'époque. Toutefois, au cours des décennies qui suivirent, le tracé géographique ne fut jamais soigneusement révisé, rendant cette version datée vers 1750 partiellement obsolète.*

s'intensifiaient et que des avancées scientifiques marquantes se réalisaient toujours en plus grand nombre, les globes de la famille Valk ne furent jamais complètement révisés afin de mettre en valeur ces nouvelles réalités. L'entreprise des Valk survécut en partie parce qu'elle n'eut aucun concurrent de taille aux Pays-Bas. Lorsque Gerard mourut, les affaires (quoique apparemment moins florissantes) se poursuivirent grâce aux soins de son fils Leonard et, plus tard, par la veuve de ce dernier, Maria Schenk, dont le décès eu lieu en 1770. Les propriétaires suivants, Petrus Schenk le Jeune et ensuite la firme Covens et Mortier, maintinrent la société en activité passé le premier quart du XIXe siècle.

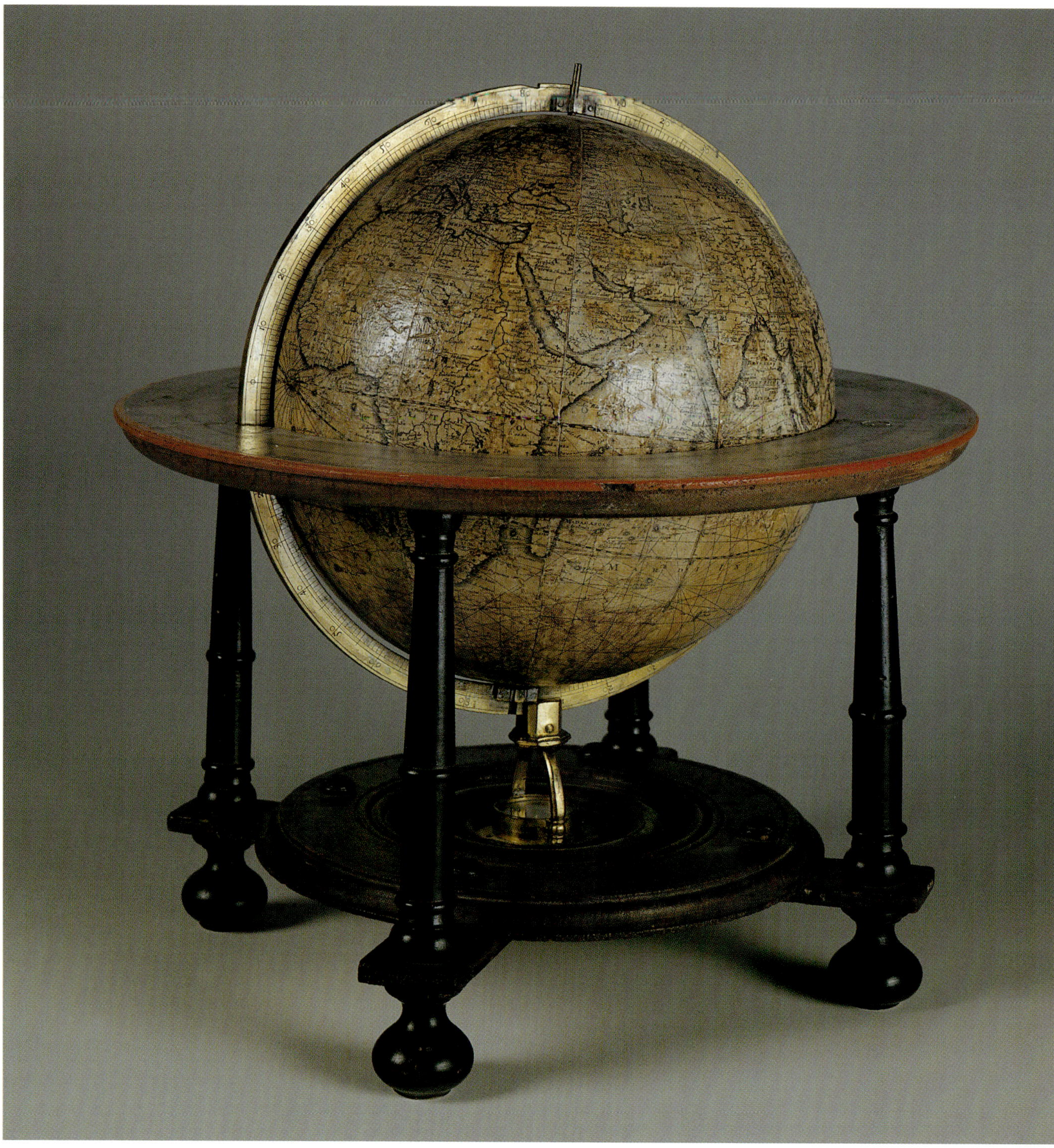

Les globes terrestre et céleste de Gerard Valk, 1701 [réédités vers 1750]

Diamètre : 23 centimètres
Globe terrestre : Musée Stewart — 1980.55.1 (fig. 12)
Globe céleste : Musée Stewart — 1980.55.2 (fig. 13)

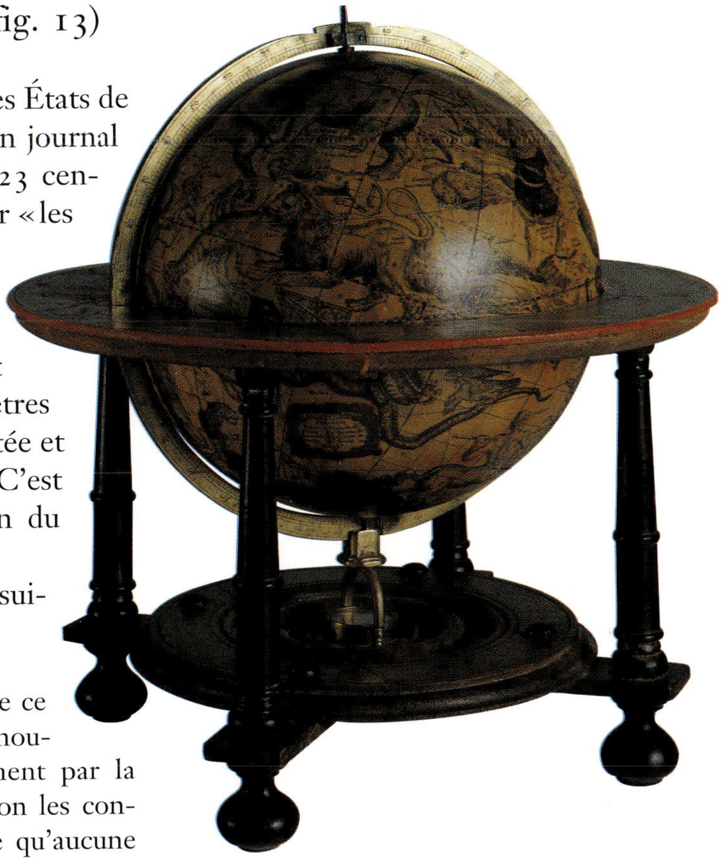

Figure 13. Les informations transcrites sur les cartes et les globes célestes ne nécessitent point de révisions aussi fréquentes que celles établies pour la cartographie terrestre. Par conséquent, un globe céleste — tel ce modèle des Valk de 23 centimètres de diamètre, réédité vers 1750 presque sans révision aucune — aurait semblé à un acquéreur dilettante de l'époque moins désuet que la contrepartie terrestre (voir l'agrandissement à la page suivante).

En août 1701, presque deux mois après avoir reçu le privilège des États de Hollande et de Frise occidentale, Gerard Valk annonça dans un journal d'Amsterdam la parution d'une paire de globes nouveaux de 23 centimètres de diamètre. Le globe céleste, affirma-t-il, était basé sur « les observations exactes du grand astronome J. Hevelius », alors que le globe terrestre fut réalisé « en accord avec la représentation visuelle et les plus fidèles observations des géographes les plus éminents ». Les recherches de Van der Krogt l'ont conduit à la conclusion que cette paire de globes de 23 centimètres de diamètre fut vraisemblablement la première que Valk ait éditée et qu'elle fut terminée en 1701 (bien qu'elle soit datée de 1700). C'est une paire rééditée vers 1750 qui se trouve dans la collection du Musée Stewart.

Dans le cartouche-titre du globe terrestre, l'inscription suivante à connotation publicitaire apparaît :

> Cosmotheore [observateur du ciel], vous pouvez être certain que ce globe terrestre est l'égal de notre globe céleste. Complètement nouveau, les erreurs des Anciens ont été éliminées, non seulement par la correction des longitudes et des latitudes des deux mondes selon les continuelles observations des savants modernes, mais encore parce qu'aucune version éditée n'est plus exacte. Profitez donc de cette nouvelle version, jusqu'à ce que j'en grave [...] d'autres à une plus grande échelle. Gerard Valk, graveur, Amsterdam, en cette année 1700, avec privilège.

Que Gerard Valk prétende qu'aucun autre globe publié ne fut aussi à jour et exempt d'erreurs que le sien avait une certaine justesse en 1701. La principale source qu'il utilisa pour établir le tracé géographique de son globe terrestre fut une version réduite de la mappemonde (ou une autre carte qui s'en inspira) de Jean-Dominique Cassini, *Planisphere terrestre*, redessinée par son fils Jacques et publiée à Paris en 1696 par Jean-Baptiste Nolin. La carte de Cassini-Nolin s'avéra un très bon choix dans la mesure où elle intègre les plus récentes informations de l'Académie royale des sciences de Paris concernant la latitude et la longitude des lieux géographiques. La seule erreur majeure introduite par Valk dans la représentation du Canada fut de traiter le triangle formé de la rivière Ottawa et des lacs Ontario, Érié et Huron comme une seule et unique étendue d'eau, donc de décrire au total trois grands lacs au lieu de cinq (fig. 14). (Une version plus tardive de la carte de Cassini-Nolin, publiée à Amsterdam par Jean Covens et Cornelis Mortier, contient la même erreur.) Puisque la représentation cartographique du Canada avait radicalement changé en 1750 et que rien ne reflète ces changements

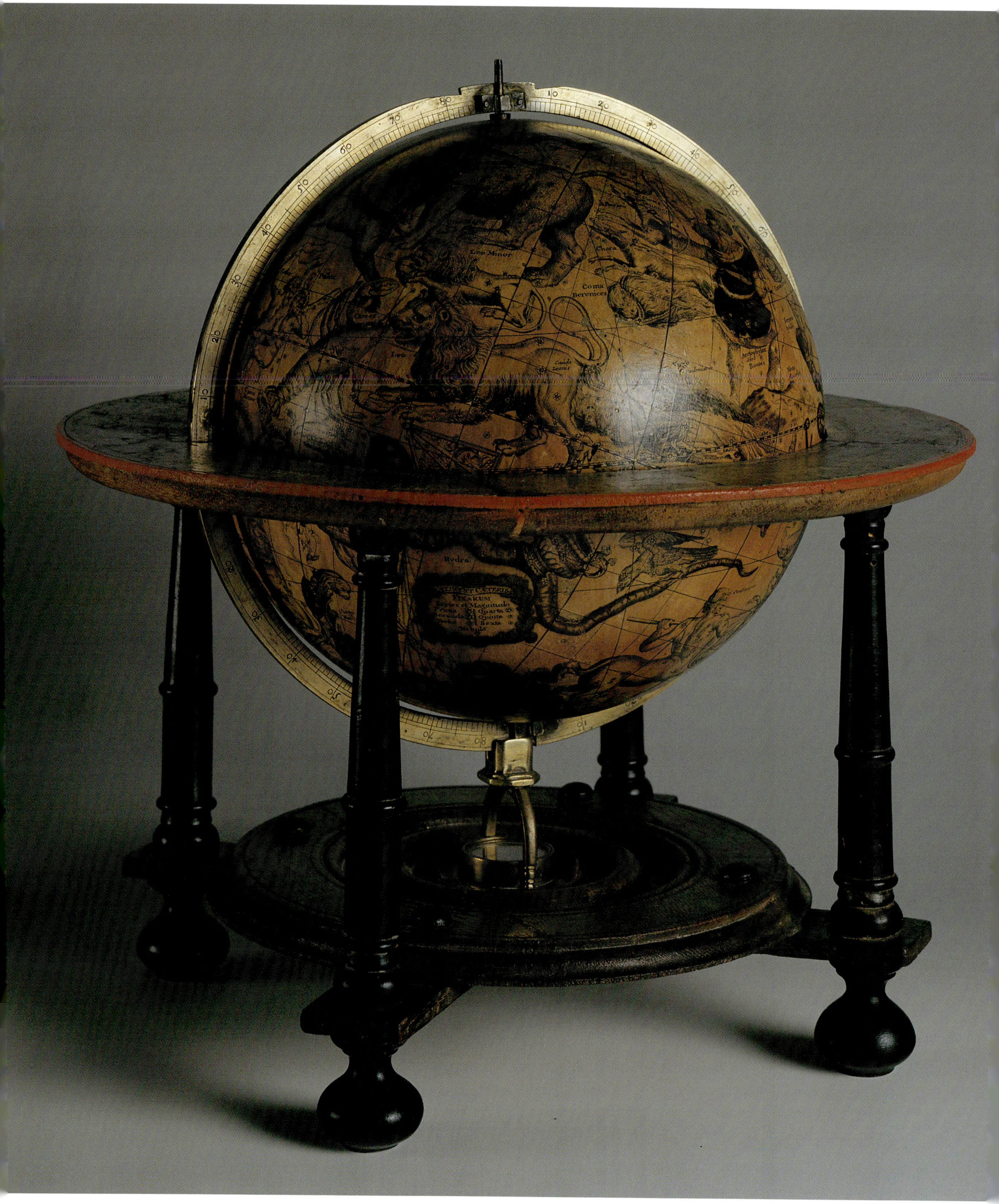
Leo Minor
Coma
Berenices
Leo
Hydra

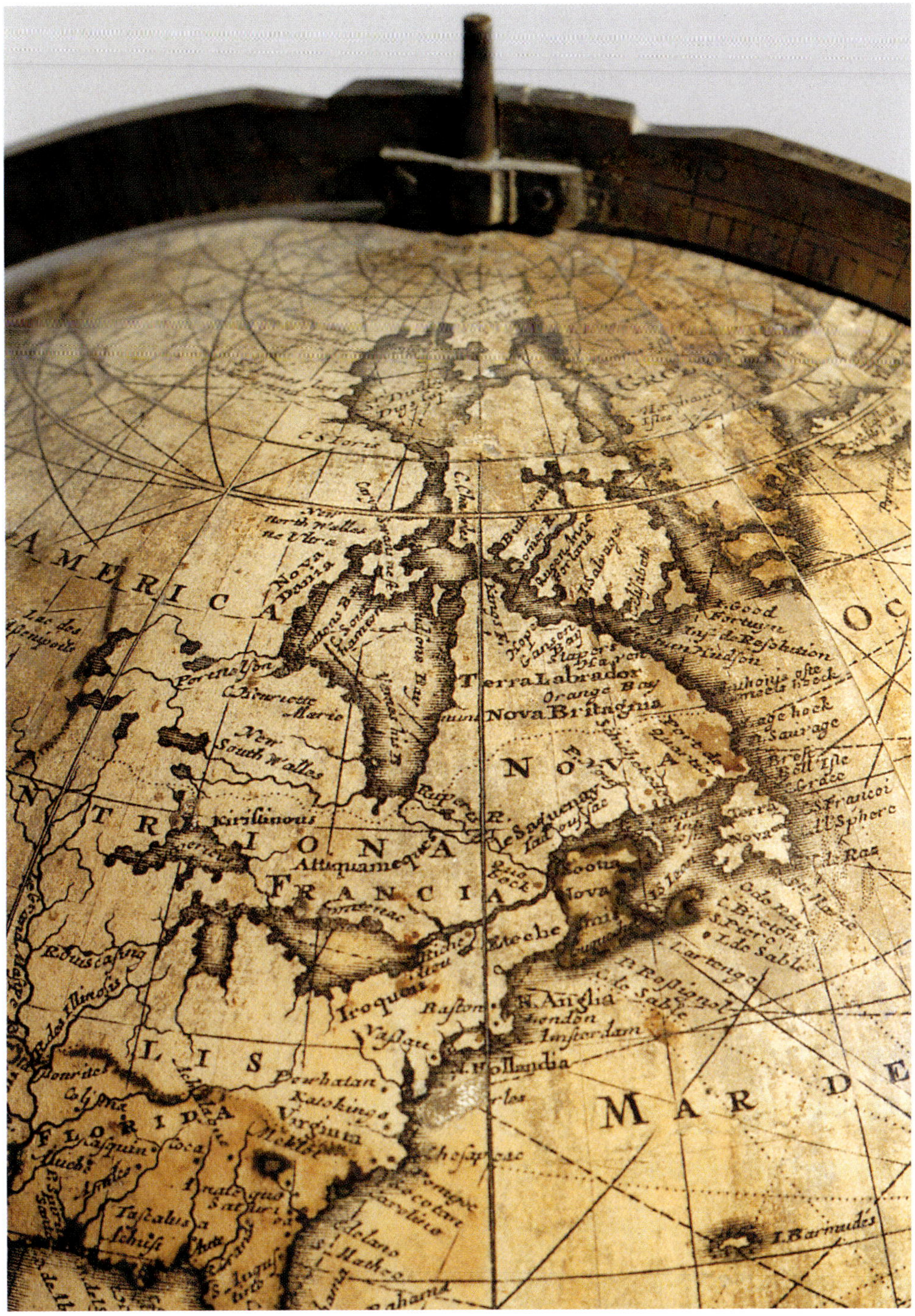

Figure 14. Les Valk, pendant les quelque cinquante années durant lesquelles leurs globes furent en production, n'investirent que peu d'argent pour les remettre à jour. Ce « laisser-aller » viendrait peut-être de l'absence d'une compétition vigoureuse au sein de l'industrie néerlandaise de la fabrication de globes. Sur le globe terrestre original de 1701, par exemple, les cinq Grands Lacs apparaissent erronément comme trois lacs, détail qui ne fut toutefois jamais corrigé. Apparemment, ce globe possédait un attrait tout autre qu'un semblant de tracé géographique exact.

importants sur l'édition datée vers 1750 du globe de Valk, la prétention de ce globe terrestre d'être « complètement nouveau » s'avérait dès lors fausse. La seule amélioration de quelque signification que ce soit faite avant la réédition vers 1750 du globe terrestre de Valk fut l'intégration du nouveau tracé géographique des mers Caspienne et Aral, entreprise dans les années 1719-1721. Le fait que ce globe montre encore la Californie sous une forme insulaire, près d'un demi-siècle après que cette erreur fut corrigée, prouve le peu de préoccupation pour l'exactitude scientifique du moment. De toute évidence, l'intérêt d'acheter ce globe ne résidait plus dans son actualité cartographique.

À en juger par la façon dont la date fut apposée sur le globe terrestre, il appert que des fuseaux portant la date de 1700 furent utilisés pour la

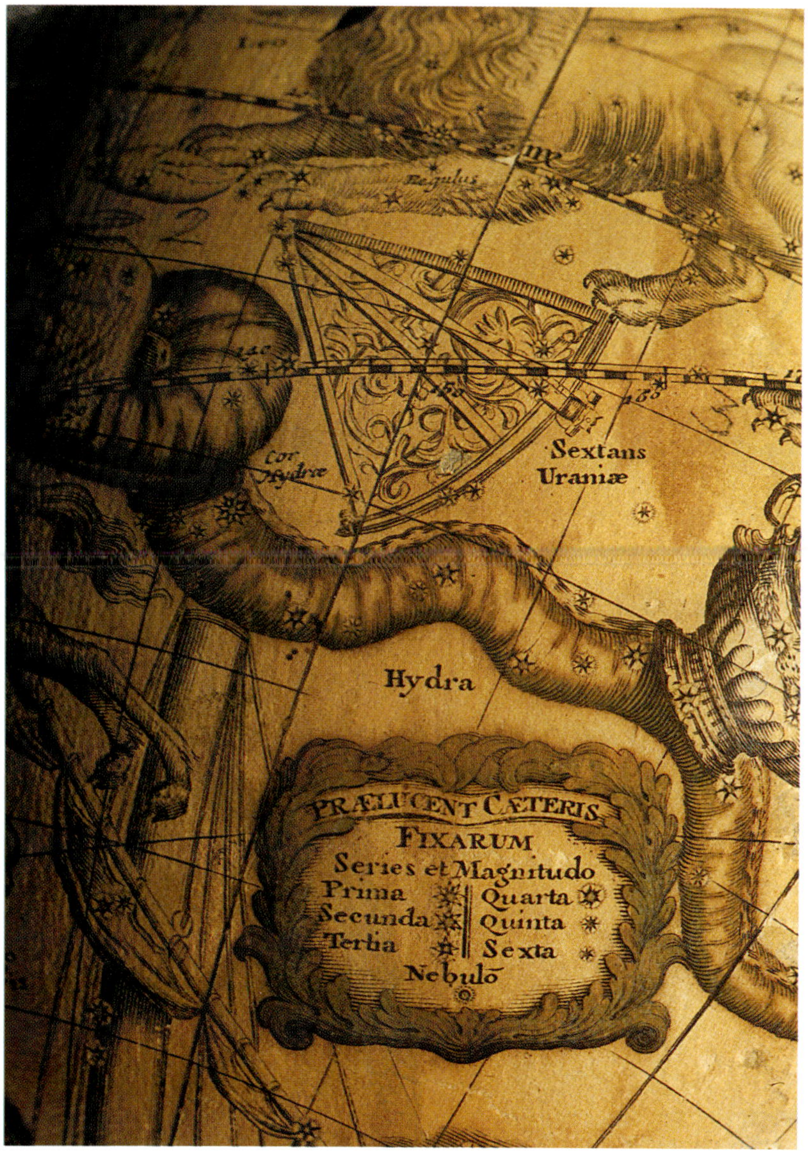

Figure 15. Quant à ce globe céleste de 23 centimètres de diamètre, les Valk empruntèrent le titre — Uranographia *(Description du ciel) — et la plupart des nouvelles informations astronomiques d'un atlas céleste publié en 1687 par l'astronome polonais Johannes Hevelius. La constellation « Sextans Uraniæ », élaborée par Hevelius, évoque l'instrument qui permit à l'astronome polonais d'effectuer avec autant de succès, entre les années 1658 et 1679, ses mesures astronomiques à partir de son observatoire de la ville de Gdansk.*

fabrication de ce globe. En effet, la date se voit pourvue d'un espace entre les chiffres « 7 » et « 0 », nous apparaissant donc sous la forme de « 17[ ]0 ». Cet espace est le résultat de l'ablation d'un petit rectangle de papier sur lequel se trouvait le premier « 0 » de 1700, date mentionnée sur la version originale du globe. Il est probable qu'un minuscule rectangle de papier portant le caractère gravé « 5 » fut inséré dans le vide laissé après que la coupure eut été faite (la méthode utilisée pour réviser les autres globes de Valk), mais il se serait décollé depuis. Dès lors, il est raisonnable de conclure que le globe fut édité aux alentours de 1750.

Le globe céleste est formé de deux jeux de 12 demi-fuseaux, coupés à la hauteur des 70e parallèle écliptique nord et sud, et de deux calottes polaires. Comme tous les globes célestes de Valk, sauf les plus petits, celui-ci est intitulé *Uranographia* (Description du ciel), du titre de l'atlas céleste de Johannes Hevelius publié en 1687. Gerard Valk se servit des dernières informations astronomiques d'Hevelius à titre de source première pour la conception de ses globes célestes (fig. 15); d'ailleurs, il remercie si généreusement cet astronome que l'on pourrait croire qu'Hevelius est l'auteur du globe. En utilisant la science d'Hevelius, Valk rompit de manière décisive avec le dessin traditionnel des constellations développé et entretenu par ses illustres prédécesseurs d'Amsterdam, tels Blaeu et Hondius.

Suivant une méthode similaire à celle utilisée pour le globe terrestre, la date 1750 apposée sur le globe céleste fut créée en retirant le premier « 0 » du « 1700 » et en le remplaçant par un petit rectangle de papier imprimé du chiffre « 5 ». La gravure réalisée pour le globe demeure d'une qualité exceptionnelle, preuve éloquente de la pérennité des aptitudes artistiques hollandaises de haut niveau.

Il demeure malaisé de déterminer exactement qui réédita cette paire de globes puisqu'en 1750, Gerard et Leonard Valk étaient tous deux décédés. La veuve de Leonard, Maria Schenk, possiblement en collaboration avec Petrus Schenk le Jeune, en fut selon toute vraisemblance l'éditrice.

Les « numéros de manufacture » (consulter Van der Krogt 1993, p. 353-357) apposés sur les globes précédents sont : « 3 » pour le globe terrestre, « 4 » pour le globe céleste.

Un globe céleste de Valk, vers 1745, dans un planétaire de A. et J. van Laun, début du XIXe siècle

Diamètre : 15 centimètres
Musée Stewart — 1984.33 (fig. 16)

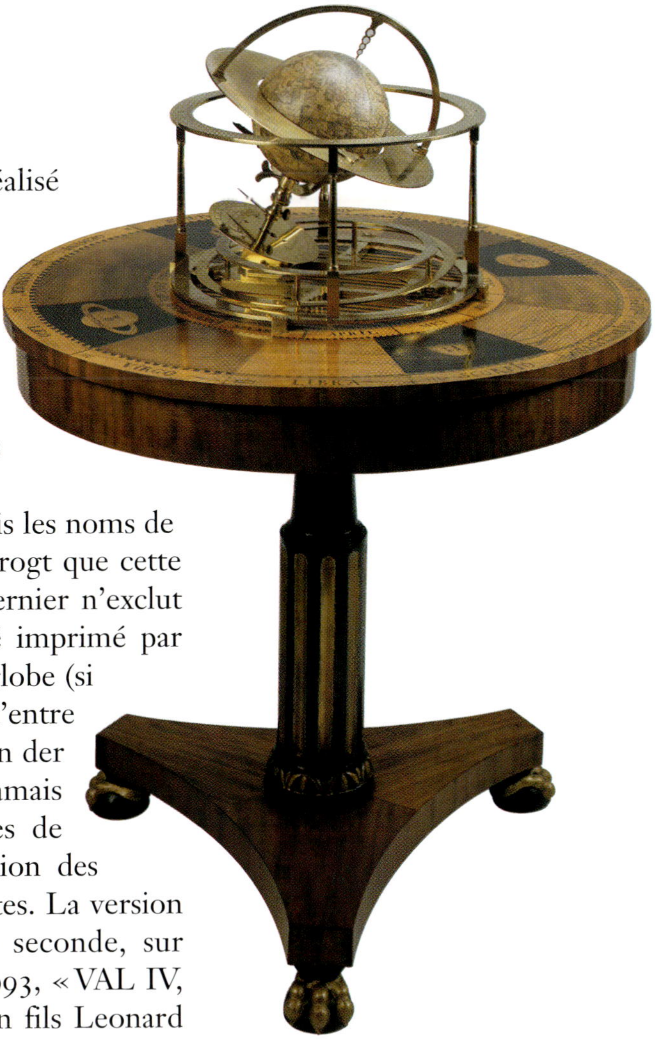

À l'instar du globe céleste de 23 centimètres de diamètre réalisé par Gerard Valk et dont il fut question précédemment, le globe céleste de 15 centimètres de diamètre du Musée Stewart s'intitule *Uranographia*, d'après la publication du même nom éditée en 1687 par Johannes Hevelius. Constitué de deux jeux de 12 demi-fuseaux, coupés à la hauteur des 70e parallèle écliptique nord et sud, et de deux calottes polaires, ce globe céleste évoque les constellations dessinées dans un style propre à Hevelius (fig. 17).

La plus ancienne version connue à ce jour inclut à la fois les noms de Gerard et de Leonard Valk, ce qui laisse dire à Van der Krogt que cette version du globe fut fabriquée entre 1711 et 1715. Ce dernier n'exclut toutefois pas la possibilité qu'un tel globe céleste ait été imprimé par Gerard seul, mais selon ses recherches en archives, pareil globe (si découvert un jour) n'aurait tout de même été fabriqué qu'entre 1707 et 1711. Mais comme le fait également remarquer Van der Krogt, les globes célestes de 15 centimètres ne furent jamais vraiment datés ; les dates mentionnées sont plutôt celles de l'époque astronomique — la date pour laquelle la position des étoiles est exacte —, modifiée dans les éditions subséquentes. La version conservée au Musée Stewart est considérée comme la seconde, sur laquelle la date fut remplacée par 1745 (Van der Krogt 1993, « VAL IV, State 2 »). Puisque Gerard Valk mourut en 1726, c'est son fils Leonard qui édita cette version un an avant qu'il ne meure à son tour, en 1746.

Le globe est intégré à un planétaire signé Abraham et Jacob van Laun vers 1815-1830, fils de Hartog van Laun, fabricant de microscopes, de planétaires et d'autres instruments astronomiques de démonstration. Les Van Laun eurent fréquemment recours aux globes des Valk, autant terrestres que célestes, pour la confection de leurs instruments. Au Musée Stewart, le planétaire est monté sur une table munie d'un piédestal daté du début du XIXe siècle conçu spécialement à cet effet. À sa surface, un calendrier représente l'écliptique sur lequel sont inscrits les mois de l'année et les signes du zodiaque.

Figure 16. Ce globe céleste des Valk daté vers 1745, sur lequel les constellations sont dépeintes dans le style propre à Hevelius, est monté dans un planétaire construit par A. et J. van Laun. Cet instrument s'insère au milieu d'un calendrier zodiacal, lui-même dessiné sur une table à piédestal du début du XIXe siècle (voir l'agrandissement à la page suivante).

Principales références bibliographiques pour les globes de Valk

Dekker 1999, p. 508-515 ; Van der Krogt 1993, p. 299-336, 364-366 et 546-570.

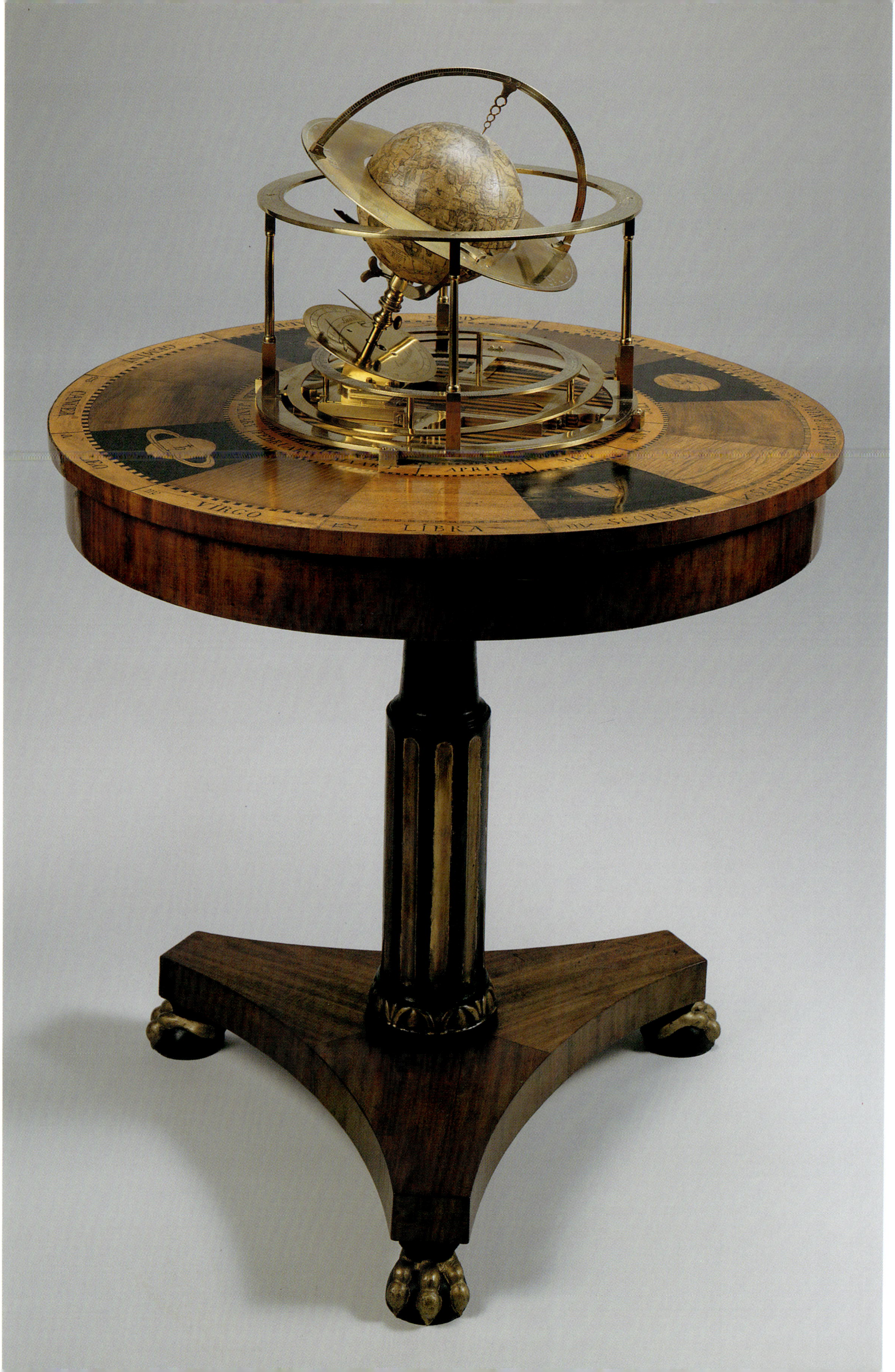
CANCER
APRIL
VIRGO
LIBRA
SCORPIO

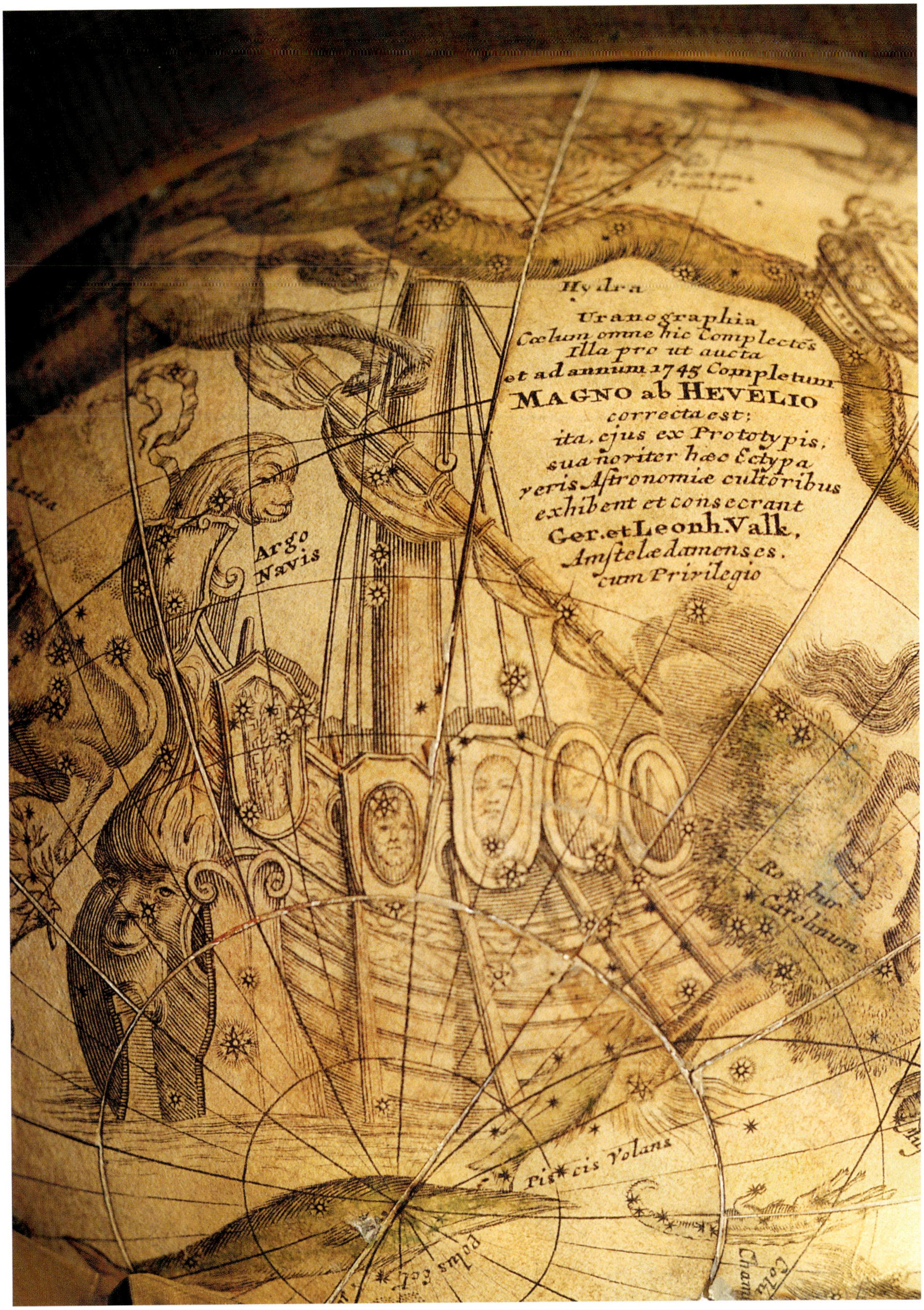

Figure 17. La constellation du Navire, « Argo Navis », qui contient près de 900 étoiles et astres divers, tous distinguables à l'œil nu, couvre une large portion du ciel de l'hémisphère sud. La constellation du Navire, telle que représentée ci-haut, est tirée du globe céleste de 15 centimètres de diamètre des Valk intitulé Uranographia *et publié en 1745.*

Globe « stellaire » anonyme, XVIIIe siècle

Diamètre : 18 centimètres
Musée Stewart — 1987.10.1 (fig. 18)

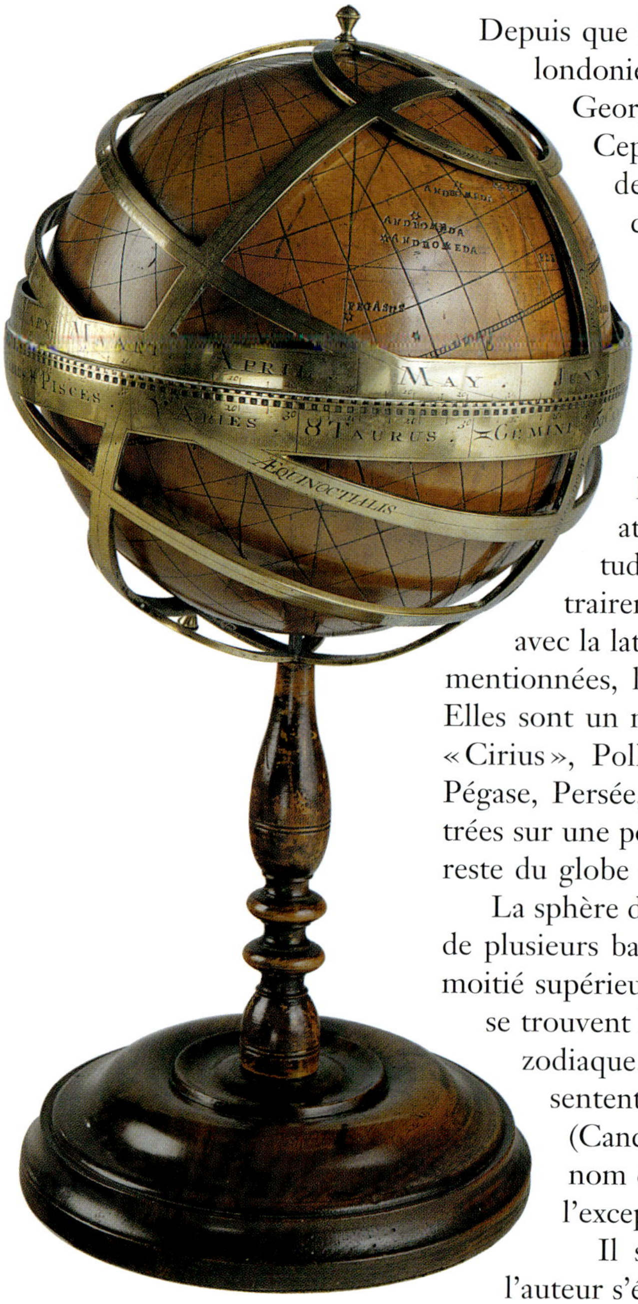

Depuis que le Musée Stewart acquit en 1987 ce globe d'un marchand londonien, il fut attribué au fabricant de globes allemand Johann Georg Puschner. Celui-ci l'aurait destiné au marché hollandais. Cependant, un examen récent du globe effectué par Peter van der Krogt nous a convaincus de le décrire simplement comme un globe anonyme du XVIIIe siècle, d'origine hollandaise ou encore fabriqué ailleurs en Europe pour le marché des Pays-Bas. Les mois sont indiqués en néerlandais (par exemple, « Maart » pour mars) ainsi que les signes du zodiaque (par exemple, « Stier » pour Taureau).

Le globe même est une sphère de bois plein, vernie, de 18 centimètres de diamètre. Les méridiens et les parallèles célestes, gravés, sont visibles. Détail singulier, l'angle attribué à l'axe de rotation du globe, qui détermine la latitude à laquelle se fait l'observation du ciel, est fixe (contrairement à la majorité des globes célestes) ; cet angle concorde avec la latitude d'Amsterdam. Une vingtaine de dénominations sont mentionnées, les lettres ayant été apparemment poinçonnées (fig. 19). Elles sont un mélange arbitraire de noms d'étoiles (Aldebaran, Capella, « Cirius », Pollux) et de noms de constellations (Andromède, Orion, Pégase, Persée, Pléiades). Notons que ces dénominations sont concentrées sur une portion du globe comprise entre 0° et 120° de longitude, le reste du globe étant laissé vide à dessein ou simplement incomplet.

La sphère de bois, qui repose sur un support à tige tournée, est ceinte de plusieurs bandes de laiton réunies formant deux hémisphères. Sur la moitié supérieure de la bande écliptique qui divise les deux hémisphères se trouvent les mois de l'année ; sur la moitié inférieure, les signes du zodiaque. Les autres bandes de laiton entourant le globe représentent les différents cercles célestes : l'équateur, les tropiques (Cancer et Capricorne), les cercles polaires et les colures. Le nom de tous ces éléments (incluant de surcroît les pôles mais à l'exception des mois, déjà mentionnés) est en latin.

Il se peut fort bien qu'il s'agisse d'un globe incomplet, l'auteur s'étant simplement découragé après avoir atteint ce stade de la fabrication. Le travail eût pu avoir été abandonné lorsque ledit auteur, par exemple, dut poinçonner une seconde fois l'appellation « Andromeda » parce qu'une des lettres s'avéra erronée. Peut-être, qui plus est, que les fissures visibles aujourd'hui apparurent au même moment...

Figure 18. Ce globe anonyme, sans titre et sans date est probablement d'origine hollandaise puisque la langue utilisée pour désigner les mois (« Maart » pour mars) et les constellations du zodiaque (« Stier » pour Taureau) est le néerlandais. La sphère consiste en une boule de bois vernie.

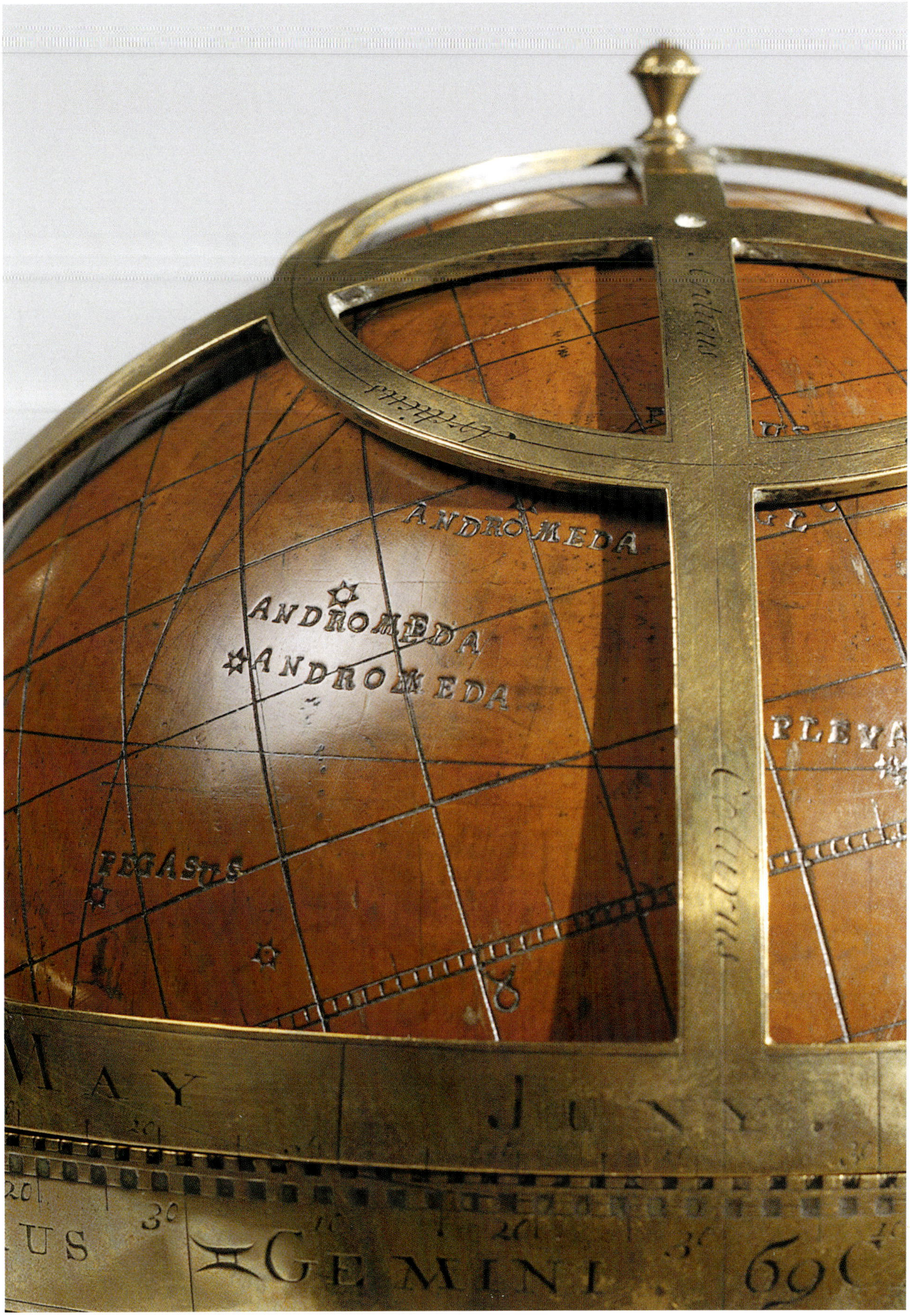

Figure 19. Ce détail du globe « stellaire » montre une partie des quelque vingt noms poinçonnés sur la sphère de bois entre les méridiens céleste 0 et 120. Ces noms se composent d'un ensemble d'appellations indifféremment associées aux étoiles et aux constellations, tels « Pollux » et « Andromeda » (poinçonnée deux fois étant donné une première faute d'impression).

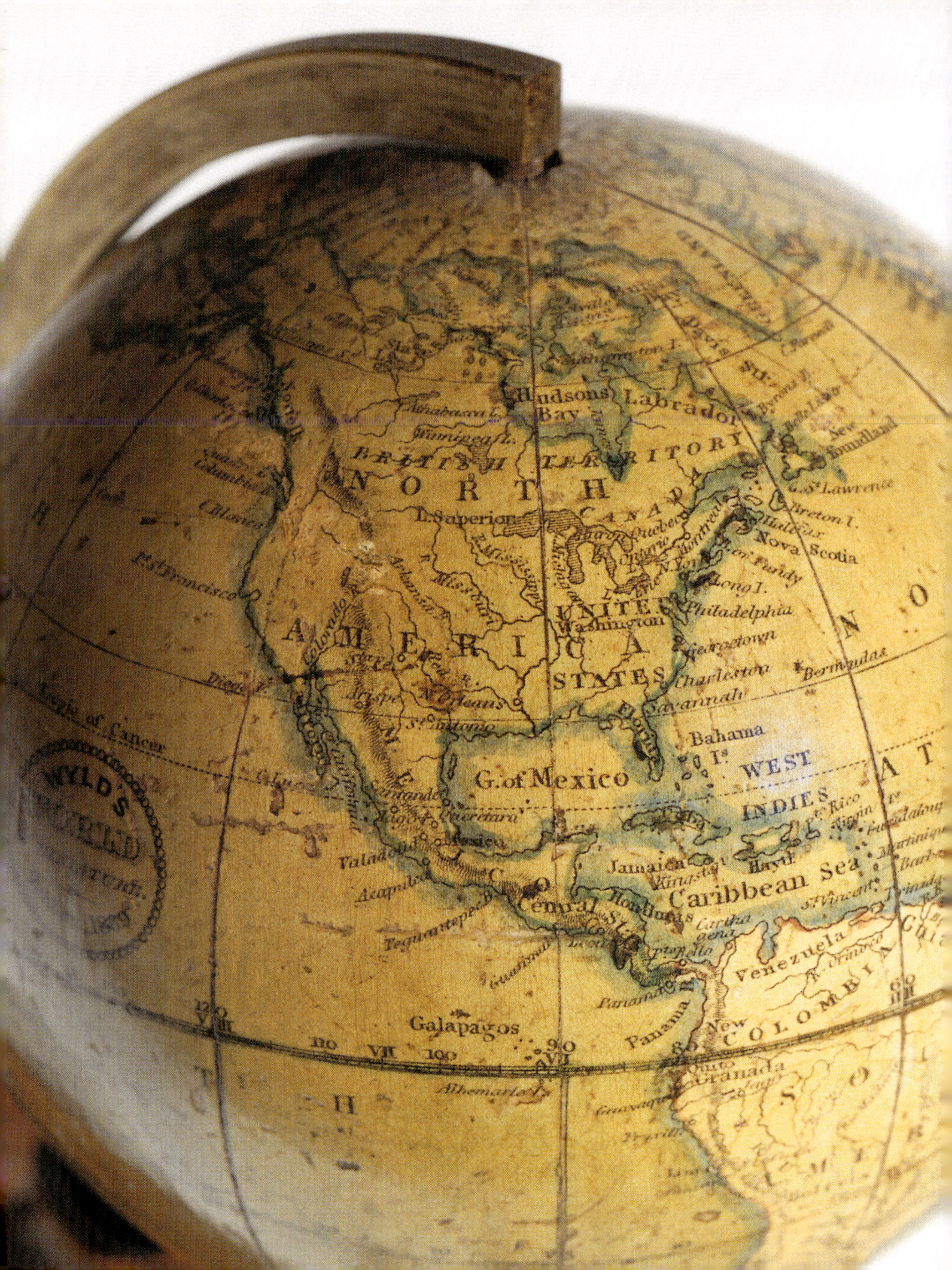
Hudsons Bay
Labrador
BRITISH TERRITORY
NORTH
AMERICA
CANADA
L. Superior
Athabasca L.
Winnipeg L.
New foundland
Breton I.
Halifax
Nova Scotia
Long I.
Philadelphia
UNITED
STATES
Washington
Georgetown
Charleston
Savannah
Bermudas
N. Orleans
St Antonio
P. St Francisco
Tropic of Cancer
WYLD'S
G. of Mexico
Bahama Is
WEST
INDIES
Jamaica
Hayti
Caribbean Sea
Honduras
Central
Venezuela
COLOMBIA
Panama
Galapagos
Albemarle I.
Granada
Quito

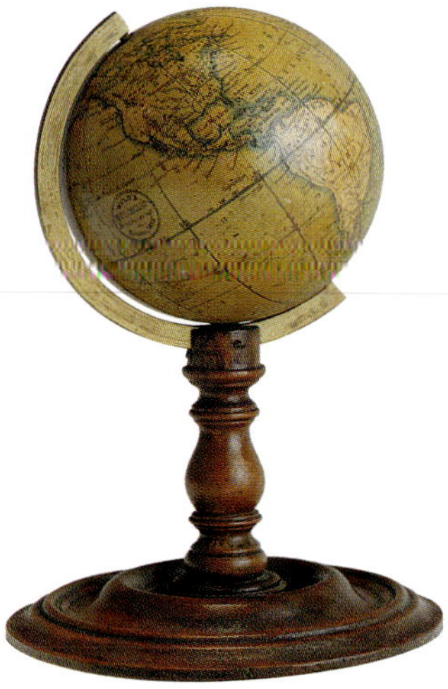

Les globes anglais

2

LA FABRICATION DE GLOBES est, dès la fin du XVIe siècle, digne d'intérêt en Angleterre. Parmi les fabricants les plus importants on retiendra Emery Molyneux qui, aux environs de 1590, produisit plusieurs paires de globes avec pour graveur le Néerlandais Jodocus Hondius. Au milieu du XVIIe siècle, à Londres, c'est le nom de Joseph Moxon qui fait notoriété non seulement à titre de faiseur de globes, mais aussi en tant que fabricant d'instruments scientifiques. Moxon avait effectué une partie de son apprentissage dans la boutique de Joan Blaeu, à Amsterdam. Il publia en 1654 *A Tutor to Astronomie and Geographie; or, an easie and speedy way to know the use of both the globes, cœlestial, and terrestrial*, inspiré du *Tweevoudigh Onderwijs* (1634) de Willem Blaeu. On sait que Moxon construisit des globes de cinq dimensions différentes.

Au cours du XVIIIe siècle, deux types de globes principalement se fabriquèrent en Angleterre : les globes conçus par des fabricants d'instruments scientifiques afin de démontrer les règles universelles de la science, et les globes de poche (fig. 20). Ils se situent aux deux extrêmes de cette industrie : alors que le premier type consistait en des objets hautement sophistiqués pouvant servir aux observations et démonstrations scientifiques, le second se résumait plutôt à une bricole, à un petit jouet mondain devant amener les sujets de conversation les plus divers. À ces deux types peuvent s'ajouter les globes d'étude — de dimensions moyennes, permettant de les déposer sur une table — et les globes plus volumineux de cabinets de curiosités ou de bibliothèques.

John Senex devint un fabricant de globes important à Londres au cours de la première moitié du XVIIIe siècle, d'abord en association avec CHARLES PRICE* (actif 1697-1733). Vers le milieu du siècle, NATHANIEL HILL (actif 1746-1768) produisit aussi des globes de dimensions variées. Toutefois, le plus remarquable d'entre tous à Londres, à cette époque, fut George Adams. Aidé de ses deux fils, George le Jeune et Dudley, il dirigea à partir des années 1750 un important atelier d'instruments scientifiques installé sur Fleet Street, à l'enseigne « Tycho Brahe's Head ». C'est George Adams père qui fournit les instruments d'observation et de mesure nécessaires à James Cook pour observer, en 1769, le transit de Vénus à partir du Pacifique Sud. Il conçut et fabriqua, sans compter les globes, une grande variété d'instruments de mathématiques et de physique tels microscopes, planétaires mécaniques, machines pneumatiques et

* Les noms en lettres majuscules servent à identifier les fabricants de globes dont les œuvres sont présentées dans ce chapitre.

Le détail du globe terrestre de James Wyld le Jeune de la page précédente est reproduit à la figure 30, page 59.

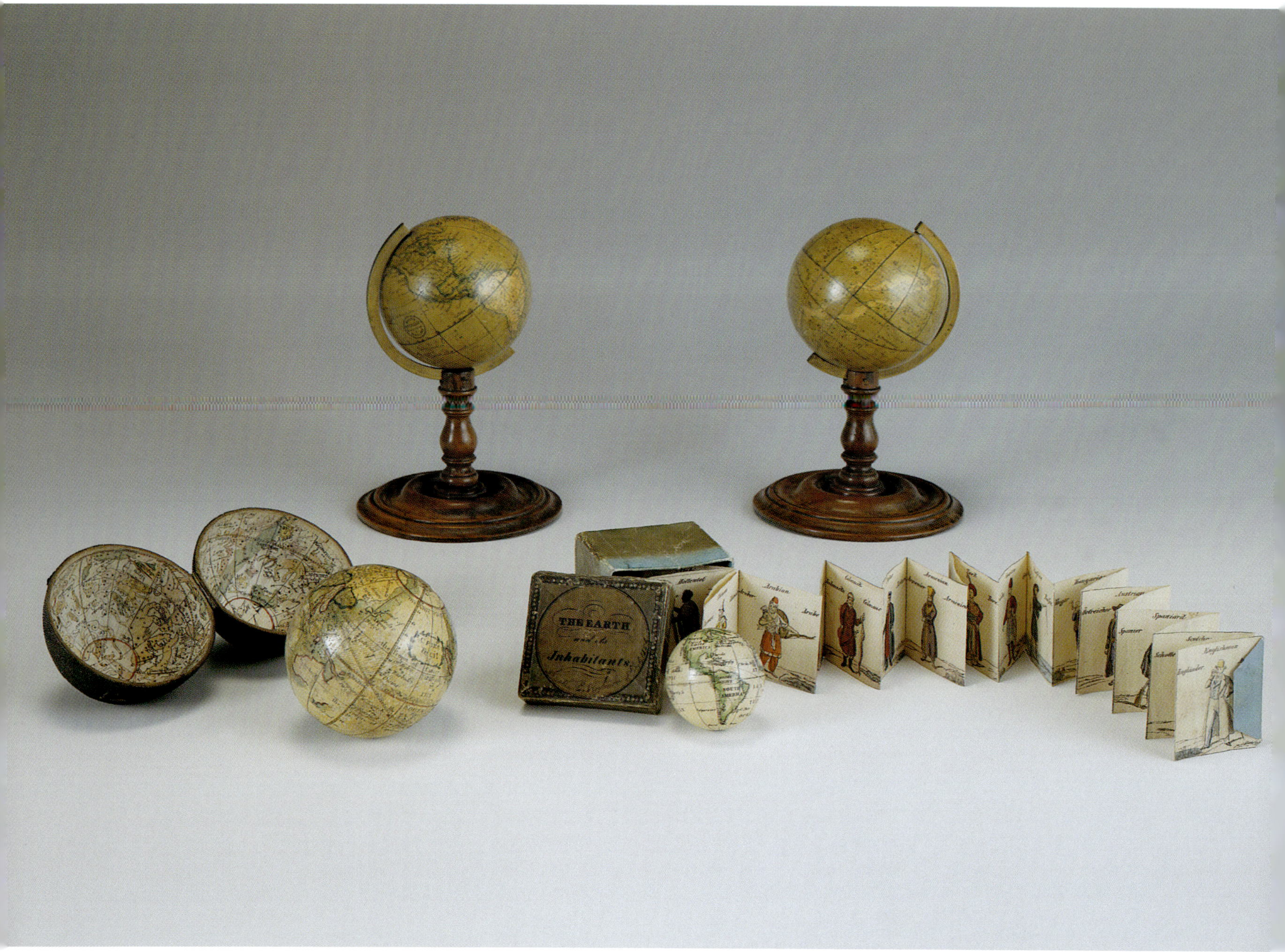

Figure 20. Ces quelques globes anglais sélectionnés à partir de la collection du Musée Stewart possèdent tous un diamètre inférieur à dix centimètres. À gauche, un globe de poche et son étui de Charles Price daté vers 1701 ; au centre, derrière, une paire de globes sur support de James Wyld le Jeune, datée de 1839 et de 1840 ; enfin, à droite, un minuscule globe, sa boîte de rangement et une série d'images en accordéon figurant les « habitants du monde » daté vers 1825-1850.

appareils de démonstration de tous genres. En 1766, il publia un traité destiné à l'usage de ses globes intitulé *A Treatise Describing and Explaining the Construction and Use of New Celestial and Terrestrial Globes*, dans lequel il décrit quelques nouvelles méthodes de construction afin d'en améliorer la valeur didactique. Adams construisit des globes de diamètres variant entre 7 et 71 centimètres.

Plusieurs autres faiseurs de globes notoires marquèrent la production anglaise au tournant et durant le XIXe siècle, la plupart d'entre eux résidant à Londres. Parmi les plus connus mentionnons William Bardin et son fils Thomas, John Newton (1759-1844) et ses successeurs, les frères John (1755-1835) et William (vers 1759-1825) Cary ainsi que les frères W. et A. K. Johnson (à Édimbourg). Leur production se distinguait avant tout par la nature détaillée de l'œuvre cartographique et par l'élégance de l'assemblage. Il n'empêche que les globes montés durant cette période, quoique issus de divers ateliers, demeurent plutôt difficiles à distinguer les uns des autres étant donné leur apparence extérieure similaire.

Les globes de poche

Au cours des dernières années du XVIIIe siècle et au début du siècle suivant, alors que débute une remarquable période d'exploration à travers le monde entier, un phénomène populaire, anglais principalement, naît en parallèle à la production traditionnelle de globes : l'arrivée et la subséquente fabrication en masse des « globes de poche ». Le globe lui-même devint un univers miniaturisé, rendu portatif afin de remplir l'objectif particulier de le conserver sur soi en tout temps (à cette époque, il faut bien le dire, les poches et les manches des vêtements étaient plus amples qu'aujourd'hui).

Un globe de poche consiste généralement en une sphère de papier mâché ou de bois, d'une taille approximative de sept ou huit centimètres de diamètre et recouverte de fuseaux imprimés, généralement au nombre de douze. Le globe se dépose à l'intérieur d'un petit étui sphérique composé de deux hémisphères, reliés entre eux à l'aide d'une charnière et refermés par un ou plusieurs crochets. Fréquemment, les pôles du globe comportent des attaches en laiton pénétrant au sein d'encoches réalisées sur l'étui sphérique, ce qui permet entre autres au globe de pivoter sur lui-même et d'en faciliter l'examen. L'étui est habituellement recouvert d'un cuir noir rugueux appelé galuchat.

La surface intérieure de l'étui est généralement tapissée des fuseaux d'un globe céleste de diamètre similaire. La représentation cartographique de la contrepartie céleste, par contre, ressemble davantage à une bizarrerie qu'à toute autre chose. Tel qu'expliqué dans l'introduction du présent volume, les globes célestes évoquent des réductions du firmament, c'est-à-dire de la plus large des sphères qui englobe tout le système solaire et sur laquelle les étoiles sont « fixées ». L'observateur qui examine pareil globe — et, dès lors, la voûte céleste — le fait comme s'il était en réalité placé *à l'extérieur* de l'orbe des étoiles fixes (vue exocentrique), alors que, de la Terre, nous nous situons *à l'intérieur* (vue géocentrique) de celle-ci. La représentation exocentrique du firmament ressemble à une image miroir de la représentation géocentrique. La partie céleste du globe de poche collée à la surface intérieure (concave) de l'étui devrait en toute logique nous présenter une vision géocentrique du firmament. Que ce soit par tradition ou encore par simple habitude, les fabricants ne se compliquèrent pas la vie à ce sujet et utilisèrent plus souvent qu'autrement la représentation exocentrique familière des globes célestes de plus grande dimension.

Il est possible que le globe de poche fût fabriqué pour la première fois en Angleterre. En effet, dans son catalogue de 1659, Joseph Moxon annonçait pour 15 shillings les « Concave hemispheres of the starry orb ; which serves for a case to a terrestrial globe, 3 inches diameter, made portable for the pocket ». En Angleterre, Moxon fut considéré comme l'inventeur du globe de poche, même si d'aucuns prétendent qu'il s'inspira d'un globe semblable exécuté par Blaeu. La production à grande échelle des globes de poche fut lancée en Angleterre dans la seconde moitié du XVIIe siècle. Le globe miniature de Moxon ayant souvent été imité, on peut considérer le fabricant londonien comme étant celui qui popularisa les globes de poche, en dépit de leurs possibles origines hollandaises. Malgré les imitations produites par les fabricants étrangers, y compris les Valk, aux Pays-Bas, et Johann Gabriel Doppelmayr, en Allemagne, le globe de poche devait rester un produit typiquement anglais tout au long des XVIIIe et XIXe siècles. Au milieu du XIXe siècle, les globes de poche n'étaient déjà plus en vogue et d'autres globes à vocation didactique, encore meilleur marché — tel le globe « parapluie » de John Betts (fig. 98) — devinrent populaires.

Nous savons peu de choses de l'utilisation des globes de poche et du rôle exact qu'ils jouèrent. À cet égard, les spécialistes ont livré différentes opinions. On a suggéré que leur principale vocation était l'enseignement de la géographie et de l'astronomie aux enfants d'âge scolaire. Ils ont pu, encore, être utilisés par l'érudit de l'époque à titre d'aide-mémoire. On considère aussi les globes de poche comme ayant été une nouveauté mondaine, les coûteux symboles d'un statut social, des objets de conversations et enfin, tout simplement, des jouets à l'usage des gentlemen.

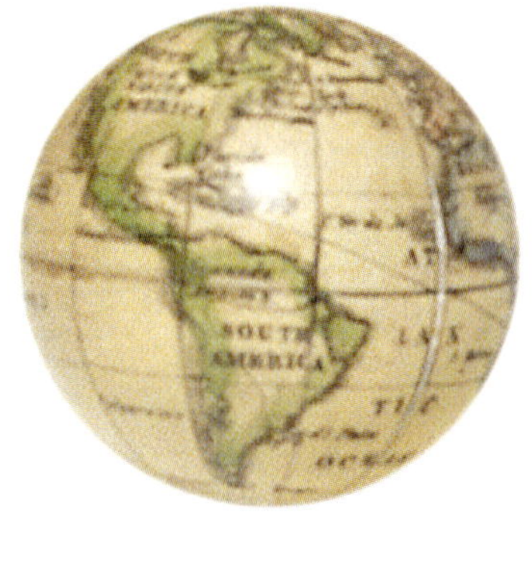

Le globe de poche de Charles Price, vers 1701

Diamètre : 7 centimètres
Musée Stewart — 1984.29.1 (fig. 21)

Le développement et la popularisation des globes dits « de poche » étant attribués à l'Angleterre, il n'est pas surprenant de constater que la collection de globes anglais acquise par le Musée Stewart durant les dernières décennies fut entièrement composée de ces globes miniatures.

Le globe de poche le plus ancien du Musée Stewart, fabriqué vers 1701 par Charles Price (actif 1697-1733), représente un merveilleux exemple du genre. Il se dépose dans un étui constitué de deux hémisphères de carton recouvert de galuchat. Quand ils se referment sur le globe, les hémisphères sont retenus ensemble par deux crochets métalliques. Les fuseaux d'une carte du ciel tapissent l'intérieur de l'étui, offrant au regard étoiles et constellations.

Le globe terrestre n'est pas intitulé, seule l'inscription « C. Price fecit » apparaît dans une couronne simple en forme de guirlande et illustrant une vigne. Charles Price fit son apprentissage auprès du fabricant d'instruments scientifiques et marchand de cartes John Seller père. Vers 1700, Price exploitait son propre commerce, où il produisit entre autres ce globe de poche. En 1706, il s'associa à John Senex avec qui il produisit un globe de 31 centimètres de diamètre et une version

Figure 21. Le globe de poche de Charles Price produit vers 1701 est le plus ancien exemple du genre conservé au Musée Stewart. Les globes de poche ont habituellement entre sept et huit centimètres de diamètre et s'insèrent dans le creux d'un étui sphérique recouvert de galuchat, un matériau fait de peau de poisson traité. L'intérieur des deux hémisphères qui forment ledit étui est tapissé des fuseaux d'une carte céleste illustrant étoiles et constellations.

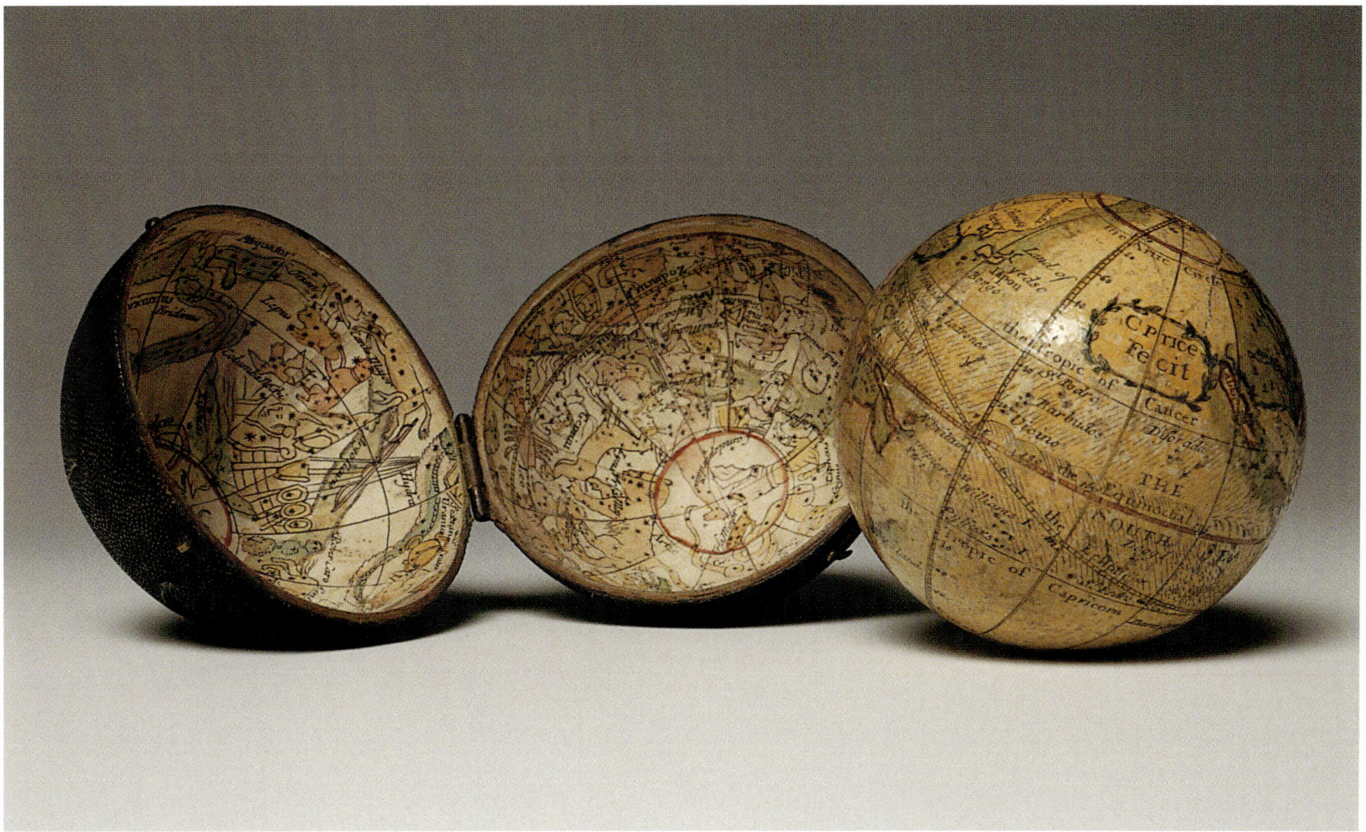

ultérieure (vers 1710) de ce globe de poche. Après que leur collaboration eut pris fin, chacun continua à fabriquer des globes ; des deux, c'est Senex qui devait connaître le plus de succès.

Le globe est composé de deux calottes polaires et de 12 fuseaux gravés atteignant de part et d'autre de l'équateur le 70e parallèle. Les zones côtières se distinguent par leur couleur verte, alternant de façon un peu arbitraire avec le rouge et le jaune afin de différencier pays et régions. Le Canada est mentionné, ainsi que l'île de Terre-Neuve. Plus au nord, on aperçoit les toponymes « Baffin B » et « C Comfort » ; le Labrador et la région nordique qui l'entoure, quant à eux, portent le nom de « New Britain ». En ce qui a trait à la partie occidentale, le tracé de la côte disparaît au nord de la Californie. Autrement, seuls une dizaine d'arbres couvrent le pays.

Le globe rapporte aussi le détroit de Dampier, situé entre la Nouvelle-Guinée et la Nouvelle-Bretagne, une région qu'explora William Dampier en 1700, ce qui nous permet d'ailleurs d'affirmer que le globe est postérieur à l'année de cette découverte. (Dekker [Dekker 1999, p. 468], suggère que ce globe a pu avoir été fabriqué plus tard, après que s'interrompit la collaboration entre Price et Senex.)

Le globe de poche de Price introduisit une innovation en représentant graphiquement les alizés entre les deux tropiques. Les directions de ces vents, utiles à la navigation, sont indiquées par des flèches, une pratique qui influença presque tous les globes de poche anglais subséquents.

La carte du ciel collée à l'intérieur de l'étui n'est ni signée ni intitulée. Elle offre aux regards, par ailleurs, les constellations du firmament d'un point de vue exocentrique, quoiqu'elle expose un point de vue géocentrique tout naturel étant donné la concavité interne de l'étui. Deux ensembles de 12 demi-fuseaux, tronqués aux 70e degré de latitude écliptique nord et sud et chapeautés de deux calottes polaires, composent la carte céleste.

Principales références bibliographiques

Dekker 1999, p. 463-468 et 489-491 ; Dekker et Van der Krogt 1993, p. 111-113 ; Edell 1985 ; Tyacke 1978, p. 136-138 ; Van der Krogt 1985.

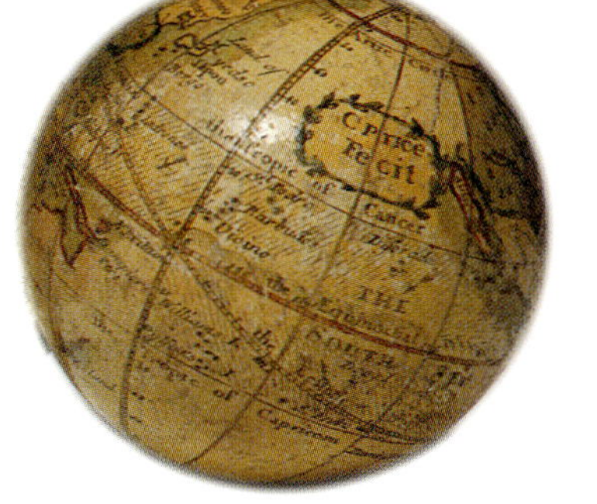

Le globe de poche de Nathaniel Hill, 1754

Diamètre : 7 centimètres
Musée Stewart — 1979.28.2 (fig. 22)

Le premier globe de poche de Nathaniel Hill (actif 1746-1768), daté de 1754, est pratiquement identique à celui de Price quant à sa forme et à ses dimensions. Il s'agit de l'un des globes de poche anglais les plus populaires du milieu du XVIIIe siècle, à en juger par le nombre d'exemplaires conservés de nos jours dans les collections d'Europe et d'Amérique du Nord. Ce globe était également vendu sur son propre support et on le retrouvait de temps à autre monté au sein de planétaires.

Hill, dont la boutique logeait à l'enseigne « at the Globe and Sun » sur Chancery Lane, à Londres, était arpenteur-géomètre de même que fabricant de globes et d'instruments de mathématiques. Sa carte commerciale (*trade card*) très élaborée — dépeignant plus de trente instruments de mathématiques ainsi que nombre d'instruments et d'articles apparentés aux sciences qu'il fabriquait et vendait — comprend les représentations d'un globe de poche et d'un globe d'étude de plus grand format. S'il a effectivement produit plusieurs « New and Correct Globes » de 7, 14, 23 et 30 centimètres de diamètre, comme il le laisse entendre sur sa carte commerciale, il y a aujourd'hui des globes de certaines de ces dimensions qui n'ont pas survécu alors que d'autres se retrouvent en plusieurs exemplaires.

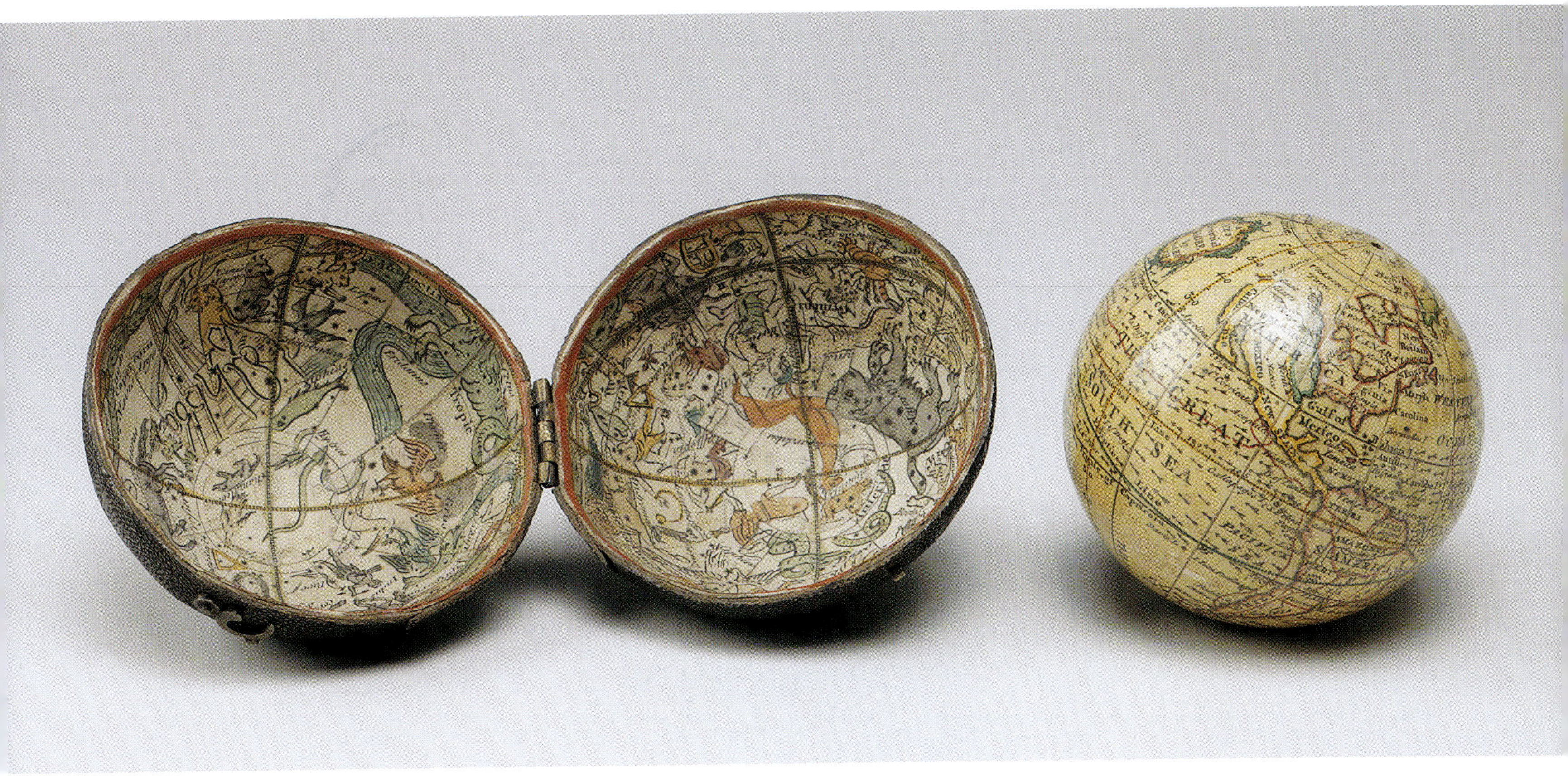

Figure 22. Le premier globe de poche de Nathaniel Hill, daté de 1754, fut l'un des plus populaires globes de poche anglais du milieu du XVIIIe siècle, à en juger par le grand nombre d'exemplaires encore conservés dans les collections européennes et nord-américaines.

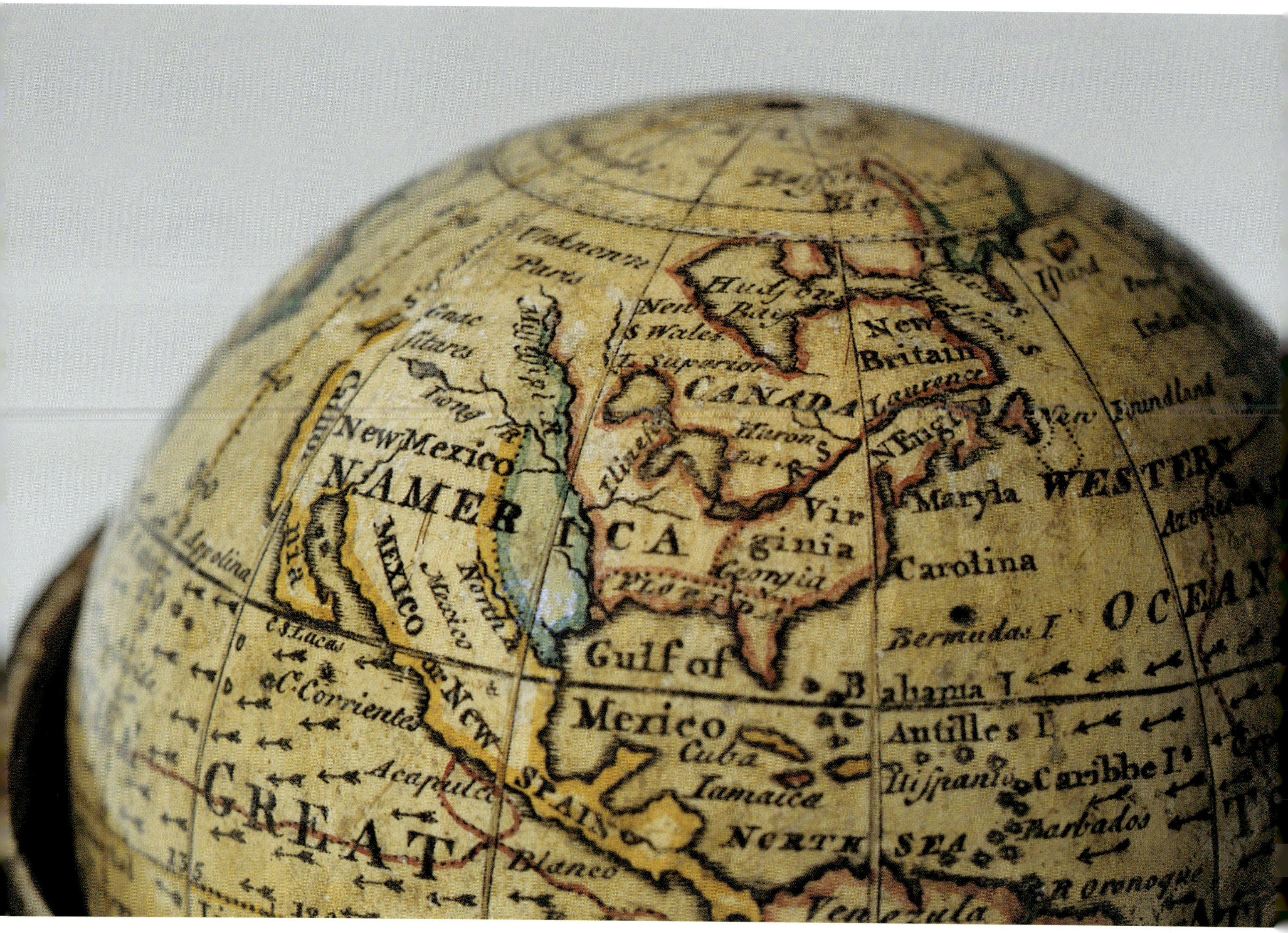

Figure 23. Les globes de poche, à cause de leur petite dimension, ne pouvaient pas rendre compte d'une grande quantité d'information, comme en témoigne ce détail du globe de Hill de 1754. Si une variété de lacs et de rivières y figurent, incluant l'imaginaire « Long R. » (rivière Longue) copiée chez Lahontan (1703), la côte au nord de la Californie est laissée vierge. Pour le fabricant anglais, tout l'Arctique occidental et le Nord-Ouest canadien demeurent des terres inconnues, ou « Unknown parts ».

Le globe terrestre de Hill intitulé, dans le Pacifique Nord, *A New Terrestrial Globe by Nath. Hill 1754*, est composé de 12 fuseaux gravés et coloriés à la main ; ils sont découpés aux 60e degré de latitude de part et d'autre de l'équateur, les régions polaires étant recouvertes de calottes. Dans les zones navigables entre les tropiques, les alizés sont indiqués par de petites flèches (fig. 23). En Amérique du Nord, des lignes de contour fortement coloriées permettent de distinguer les territoires revendiqués par l'Espagne, la France et l'Angleterre. L'observation de la région côtière de l'Amérique du Nord occidentale permet de constater que les côtes de l'Alaska et de la Colombie-Britannique n'ont pas été dessinées. Par contre, un intrigant petit détail figure dans cette zone. Aux environs des 48e et 50e parallèles, un petit détroit est esquissé et appelé « St[rait] of Annian ». Il s'agit d'une référence à un détroit régulièrement mentionné depuis près de deux siècles, approximativement là où l'on trouve aujourd'hui le détroit de Béring. Les incertitudes liées, à cette époque, à la forme géographique de cette côte ne permirent pas à Hill de correctement localiser le détroit par rapport aux autres points de référence possibles ; il plaça donc le détroit sur le globe sans le rattacher à la terre ferme. Ailleurs, les cinq Grands Lacs sont dessinés et quelques-uns sont nommés (Huron et Supérieur). La source du Mississippi se situe beaucoup trop au nord — au niveau du 56e parallèle — et l'imaginaire « Long R[iver] » (rivière Longue), reprise de Lahontan (1703), hérite d'une mention. Dans l'Arctique canadien, les explorations de John Davis, Henry Hudson et William Baffin sont représentées, mais l'Arctique occidental et toute la partie du Nord-Ouest canadien portent simplement la mention « Unknown Parts » (terres inconnues). Le Groenland (Greenland) est coloré en vert. Dans l'océan Pacifique, la route de l'explorateur anglais George Anson (1740-1744) est signalée en rouge.

L'étui en carton du globe terrestre de Hill est recouvert de galuchat, à l'intérieur duquel se découpe une carte du ciel (fig. 22). Hill se révéla plus minutieux que certains de ses concurrents dans la confection des fuseaux de la carte céleste, puisqu'il réalisa que la représentation d'une vue exocentrique du firmament appliquée à une surface concave ne serait tout simplement pas logique. Il fit donc une projection géocentrique de la voûte céleste, suivant en cela l'exemple du globe de poche confectionné en 1731 par Richard Cushee.

Principales références bibliographiques

Dekker et Van der Krogt 1993, p. 104-105 et 115 ; Edell 1985 ; Stevenson 1921, II, p. 187-188 ; Van der Krogt 1984, p. 146.

Le globe terrestre de John et William Cary, 1791, dans un planétaire de Robert Brettell Bate, début du XIXe siècle

Figure 24. Le globe terrestre de John et William Cary, daté de 1791, est monté au sein d'un tellurium faisant lui-même partie d'un planétaire mécanique anglais (dit orrery*), un instrument ayant pour but de démontrer le fonctionnement du système solaire.*

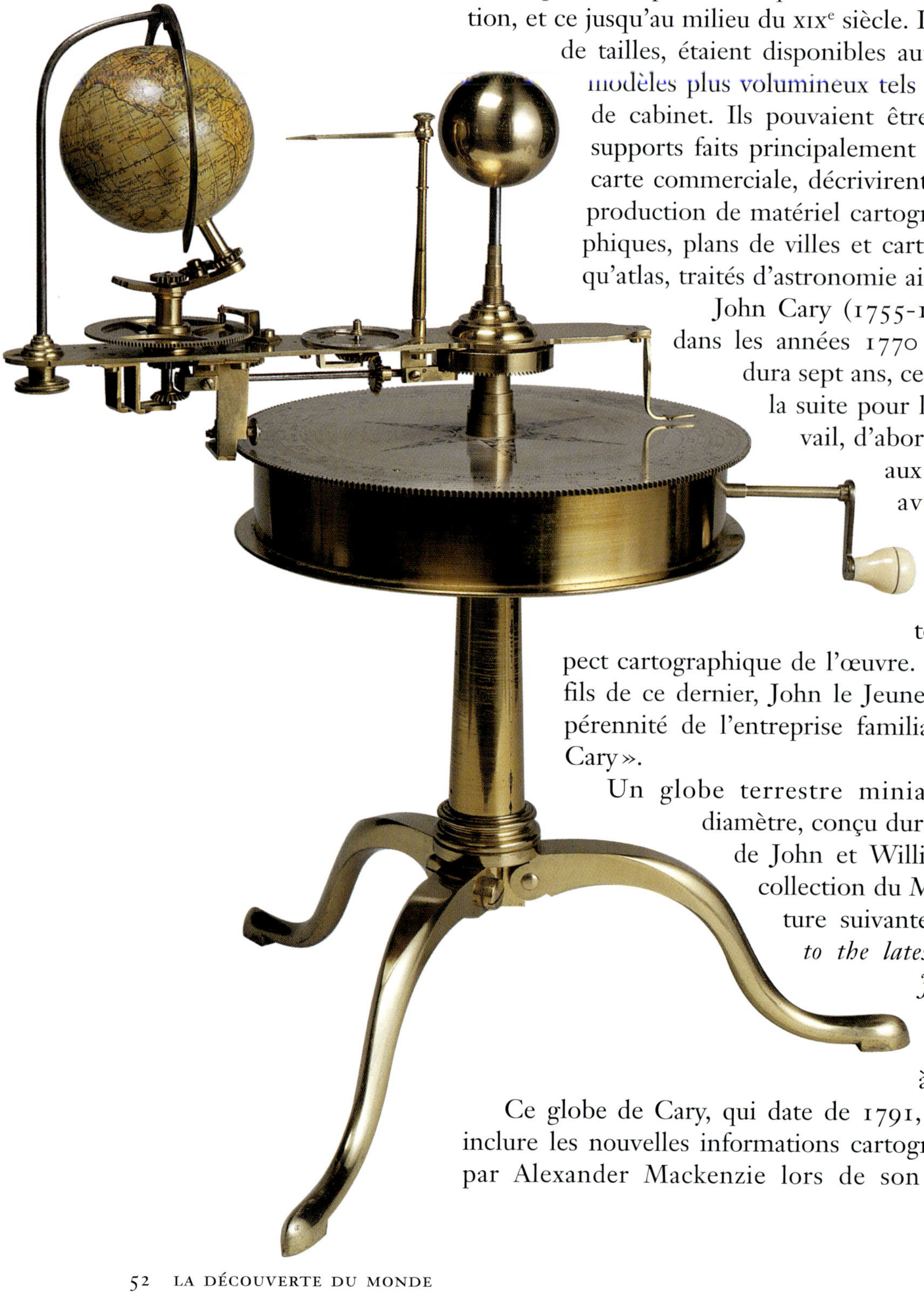

Diamètre : 7,5 centimètres
Musée Stewart — 1992.7.1 (fig. 24)

Famille anglaise importante dans ce secteur d'activités, les Cary se firent connaître à titre de fabricants de globes à la fin du XVIIIe siècle. Ils comptèrent parmi les plus remarquables et les plus prolifiques de leur génération, et ce jusqu'au milieu du XIXe siècle. Leurs globes, d'un large éventail de tailles, étaient disponibles autant en format de poche qu'en modèles plus volumineux tels les globes d'étude et les globes de cabinet. Ils pouvaient être assemblés sur une variété de supports faits principalement d'acajou que les Cary, sur leur carte commerciale, décrivirent comme « très élégants ». Leur production de matériel cartographique incluait cartes géographiques, plans de villes et cartes célestes, aussi bien d'ailleurs qu'atlas, traités d'astronomie ainsi que guides et plans routiers.

John Cary (1755-1835) apprit l'art de la gravure dans les années 1770 au cours d'une formation qui dura sept ans, ce qui lui valut d'être reconnu par la suite pour la très haute qualité de son travail, d'abord appliqué aux cartes puis enfin aux globes. John travaillait seul ou avec son frère William (vers 1759-1825), qui était surtout un fabricant d'instruments scientifiques ; c'est John, plutôt, qui fut responsable de l'aspect cartographique de l'œuvre. Des années plus tard, deux des fils de ce dernier, John le Jeune et George, contribuèrent à la pérennité de l'entreprise familiale sous le nom de « J. & G. Cary ».

Un globe terrestre miniature de 7,5 centimètres de diamètre, conçu durant la première année d'activité de John et William Cary, figure au sein de la collection du Musée Stewart et porte la signature suivante : *Cary's Pocket Globe agreeable to the latest Discoveries, London pub.[d] by J. & W. Cary, Strand Apr. 1 1791*. Il est composé de 12 fuseaux gravés, tendus d'un pôle à l'autre.

Ce globe de Cary, qui date de 1791, semble avoir été le premier à inclure les nouvelles informations cartographiques rassemblées en 1789 par Alexander Mackenzie lors de son exploration du Nord-Ouest

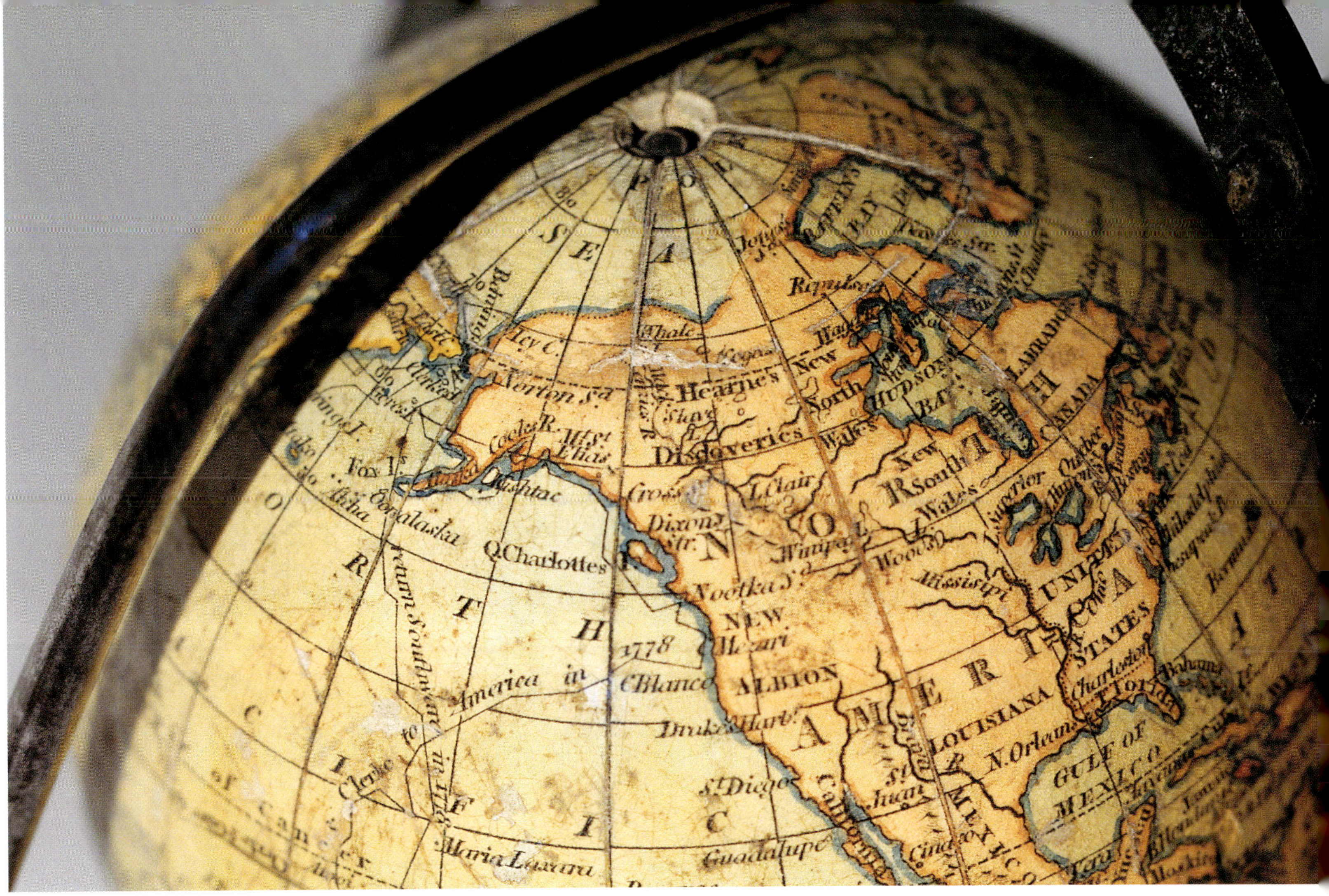

canadien (fig. 25). Sur le globe même, ces informations sont représentées par un simple trait finement tiré indiquant le cours d'une rivière, clairement identifiée par ailleurs du toponyme « Mackenzies R. ». Divers trajets et routes d'explorateurs du XVIIIe siècle ont aussi été relevés, par exemple les trois voyages de James Cook (le troisième, qui le mena sur la côte occidentale canadienne, est accompagné du texte « Cook & Clerke to America in 1778 »), ceux de ses capitaines Gore et King, et quelques autres tels Marshall et Shortland et celui de Phipps (1773).

Figure 25. Le Cary's Pocket Globe agreeable to the latest Discoveries *de 1791 est la plus ancienne des versions de ce globe. Celui-ci semble avoir été le premier à inclure quelques-unes des nouvelles informations issues de l'exploration du Nord-Ouest canadien de 1789 par Alexander Mackenzie. Le « Mackenzies R. » apparaît ici une décennie avant que les propres cartes de Mackenzie ne soient publiées en 1801.*

En plus d'avoir été vendus à titre de globes de poche, les globes de la famille Cary furent fréquemment retrouvés dans les telluria de planétaires anglais. Au Musée Stewart, le globe des Cary est monté d'ailleurs au sein d'un tellurium du début du XIXe siècle associé à un planétaire signé « Bate, London », du nom de Robert Brettell Bate (actif 1808-1847). Le planétaire (*orrery* en anglais) montre le mouvement des planètes du système solaire. Quant au tellurium, instrument distinct qui fonctionne de concert avec le planétaire, il permet d'expliquer le changement des saisons et l'alternance du jour et de la nuit en fonction de l'obliquité de l'axe de rotation diurne de la Terre et de sa révolution annuelle autour du Soleil.

Principales références bibliographiques

Dekker 1999, p. 293-295 ; Dekker et Van der Krogt 1993, p. 116-127 ; Dörflinger 1989 ; Edell 1985 ; King 1978, p. 147 et 210-212 ; Smith 1988 ; Van der Krogt 1984, p. 77-78 ; Van der Krogt 1985, p. 12.

Un globe miniature anonyme dans une boîte intitulée « La Terre et ses habitants », vers 1825-1850

Diamètre : 4,3 centimètres
Musée Stewart — 1993.22 (fig. 26)

Figure 26. Ne mesurant que 4,3 centimètres de diamètre, il s'agit d'un des plus petits globes du Musée Stewart. L'endroit et la date de sa manufacture sont inconnus, quoiqu'il possède une inscription anglaise et fût la propriété d'une personne habitant Londres en 1856. À l'intérieur de la boîte de carton pouvant contenir le globe se trouve une série de vignettes repliées, illustrant divers peuples du monde.

Ce globe terrestre de 4,3 centimètres de diamètre, un des plus petits de la collection du Musée Stewart, fascine comme le fait immanquablement toute chose miniature.

Apparemment produit en Allemagne (à Nuremberg, par les membres de la famille Bauer ?) pour le marché anglais, ce globe est anonyme et sans titre. Il est formé de 12 minuscules fuseaux joignant les deux pôles, précieusement collés sur ce qui semble être une sphère en bois. Sur le couvercle de la boîte en carton qui renferme le globe, on attacha une étiquette imprimée portant les mots suivants : *The Earth and Its Inhabitants* (La Terre et ses habitants).

La somme des informations cartographiques que les enfants pouvaient glaner en examinant et en jouant avec le globe demeure vraiment limitée. Aucune route d'exploration n'est mentionnée ; et quoique les

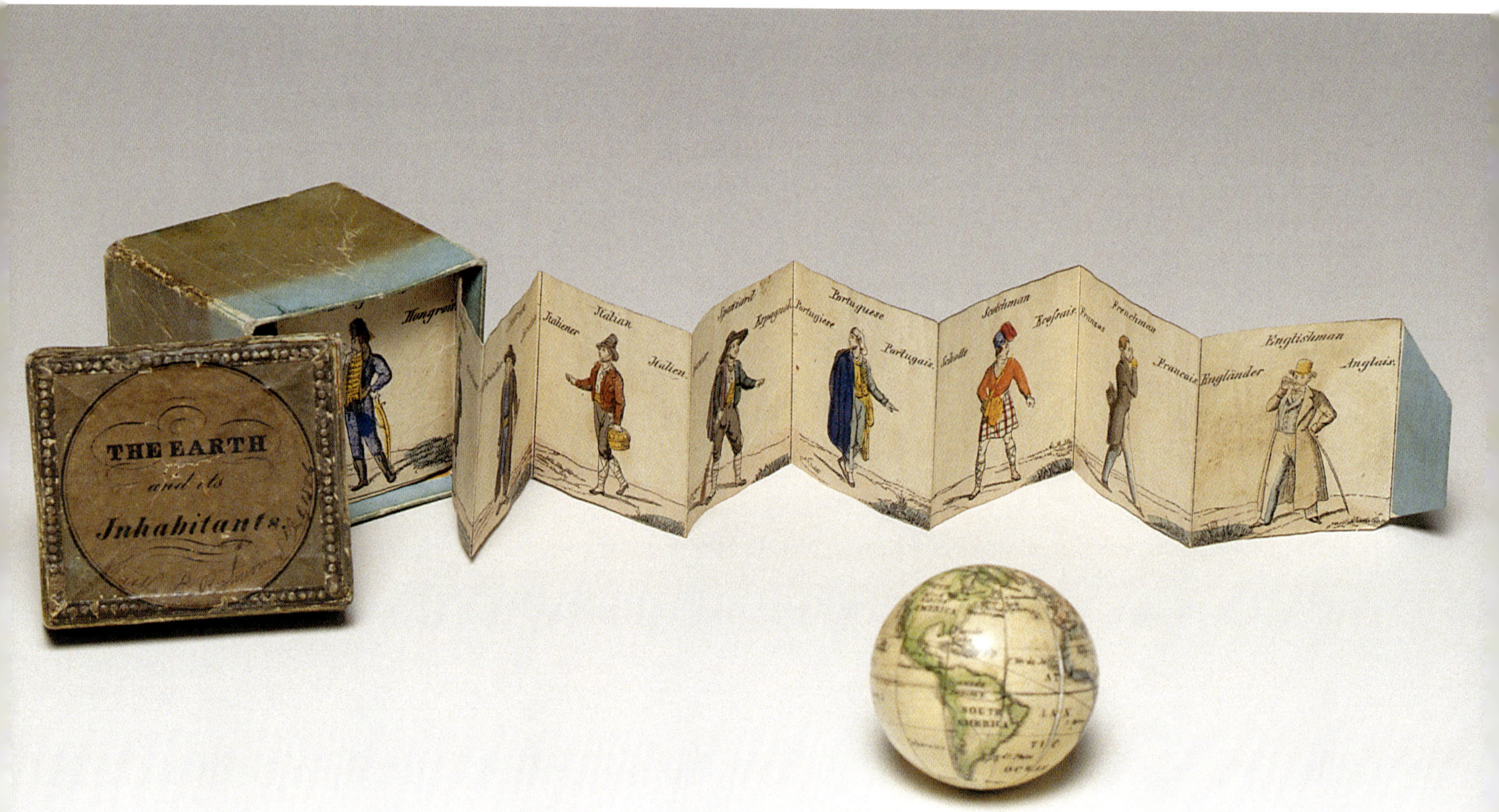

contours des continents soient en couleur et leur nom indiqué, peu de pays sont nommés et seuls apparaissent un nombre limité de détails cartographiques et de noms de lieux géographiques.

Les mentions « North America » et « United States » ressortent sur le continent américain, mais le nom Canada n'apparaît pas. Sur la côte est, on trouve le toponyme « N. Foundland » et, s'étendant du lac Supérieur à la côte atlantique, est imprimé le mot « Labrator ». « Hudson » indique le détroit associé à son explorateur, Henry Hudson.

En plus d'abriter le globe, la boîte contient un long ruban de papier replié sur lui-même; une fois déplié, il révèle 24 petites images rectangulaires décrivant, à la fois en anglais, en allemand et en français, les différents peuples du monde (les individus mâles en étant les seuls représentants). Les premiers de la liste se lisent ainsi: *Englishman* (Anglais), *Frenchman* (Français) et *Scotchman* (Écossais). Parmi les autres peuples, on notera un *Hottentot* (Hottentot de l'Afrique du Sud-Ouest), un *Laplander* (Lapon) et un *Nubian* (Nubien). Une inscription à l'extérieur de la boîte permet peut-être d'identifier un propriétaire antérieur de l'objet: « Martha E. Reyburn, 8th July 1856, London ».

Dans une ère précédant la télévision et les magazines illustrés, tout enfant devait sans aucun doute adorer un pareil petit objet avec lequel il pouvait jouer et apprendre des heures durant.

Principales références bibliographiques

Allmayer-Beck 1997, p. 171; Christie's 1997, p. 6-7 et 13-15; Dekker 1999, p. 273-275; Dekker et Van der Krogt 1993, p. 98; Van der Krogt 1984, p. 49-50.

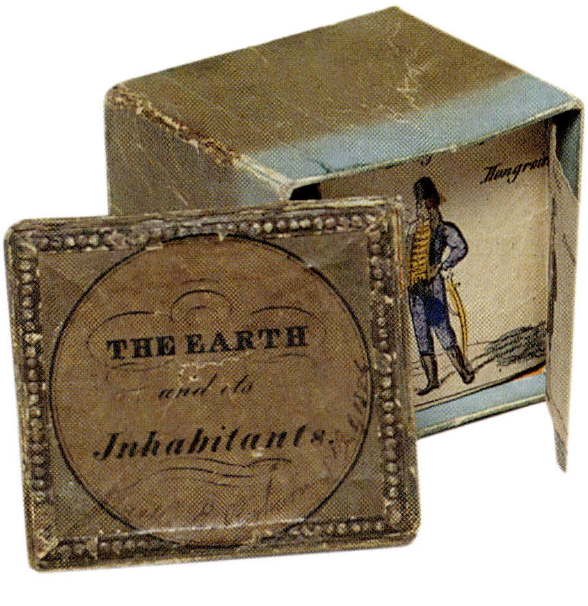

Le globe terrestre de Newton, Son & Berry, vers 1831-1833, dans un planétaire de Benjamin Martin, vers 1770

Diamètre : 7,6 centimètres
Musée Stewart — 1971.9.1 (fig. 27)

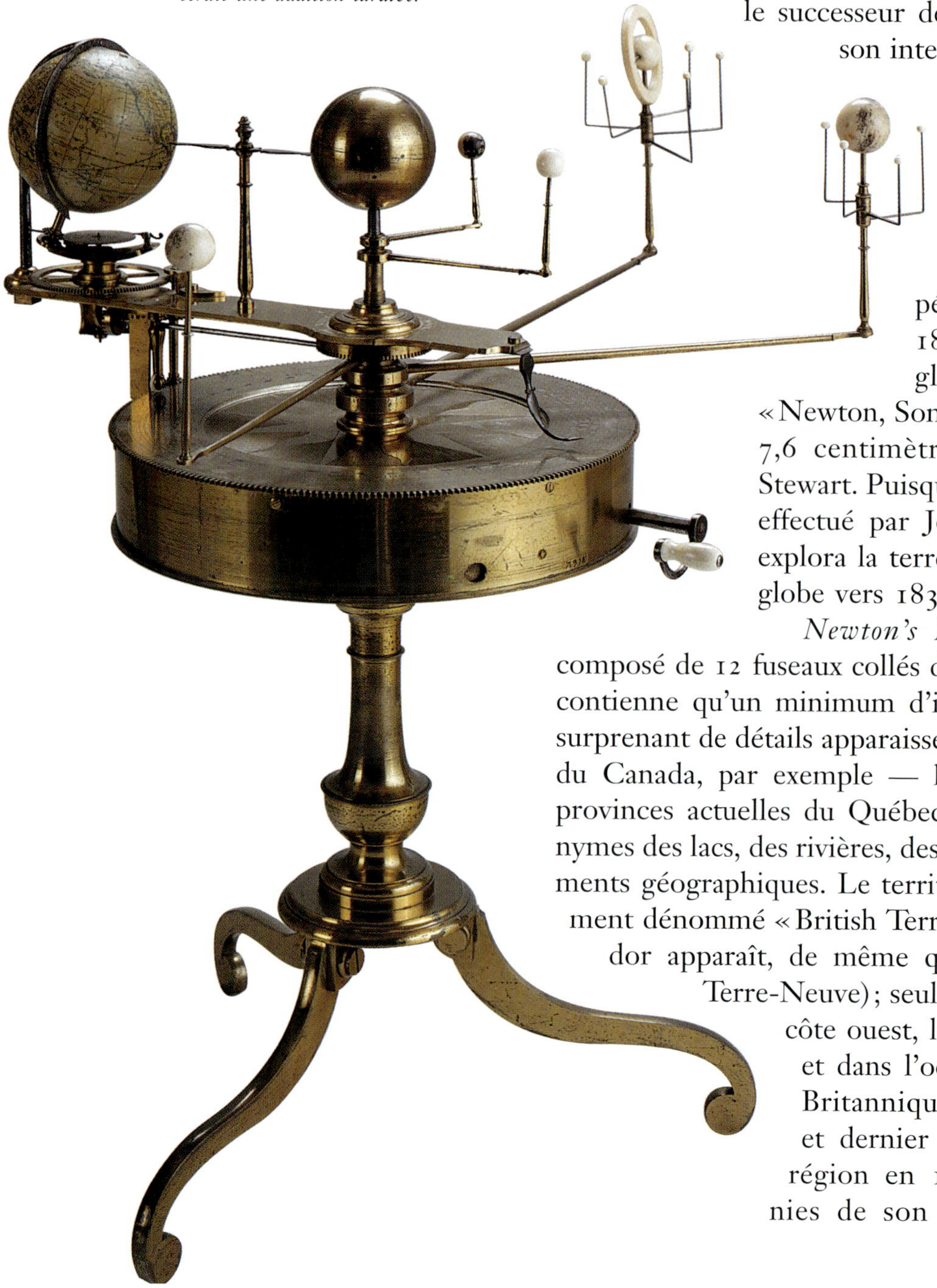

Figure 27. Ce planétaire de Benjamin Martin inclut un tellurium au sein duquel est monté un globe terrestre « nouveau et amélioré » de Newton, Son & Berry, daté vers 1831-1833. Le tellurium est un appareil qui explique comment les mouvements de la Terre et l'inclinaison de son axe de rotation produisent l'altération du jour et de la nuit ainsi que le cycle des saisons. Puisque Martin est mort en 1782, le globe daté du début des années 1830 serait une addition tardive.

Il est possible d'établir un lien intéressant entre le globe de poche (1754) de Nathaniel Hill (précédemment décrit) et les globes produits par la famille Newton qui, avec la famille Cary, fut la plus importante à produire des globes en Angleterre au XIXe siècle. John Newton (1759-1844), le fondateur de la firme, fit ses classes auprès de Thomas Bateman, le successeur de Nathaniel Hill. C'est probablement par son intermédiaire que Newton entra en possession des plaques de cuivre ayant servi à Hill trente années auparavant. Les tracés géographique et astronomique des globes ne furent que très légèrement corrigés et la mention « J. Newton 1783 » remplaça celle de « Nath. Hill 1754 ». Durant la période qui s'étend approximativement de 1831 à 1841, la firme Newton produisit des globes portant la marque de l'imprimeur « Newton, Son & Berry », visible sur le globe terrestre de 7,6 centimètres de diamètre appartenant au Musée Stewart. Puisque le globe ne montre pas encore le voyage effectué par John Biscoe (1830-1832) durant lequel il explora la terre d'Enderby (Antarctique), nous datons le globe vers 1831-1833.

Newton's New & Improved Terrestrial Globe est composé de 12 fuseaux collés d'un pôle à l'autre. Toutefois, bien qu'il ne contienne qu'un minimum d'informations cartographiques, un nombre surprenant de détails apparaissent sur le globe (fig. 29). La représentation du Canada, par exemple — le territoire ainsi nommé regroupant les provinces actuelles du Québec et de l'Ontario —, comprend les toponymes des lacs, des rivières, des villes d'importance et de divers autres éléments géographiques. Le territoire du Canada d'aujourd'hui est simplement dénommé « British Territory » (Territoire britannique). Le Labrador apparaît, de même que les « Great Banks » (Grand Banc de Terre-Neuve) ; seul « Nain » est indiqué sur la côte est. Sur la côte ouest, le globe porte la mention « Vancouver I. » et dans l'océan Pacifique, au large de la Colombie-Britannique, on aperçoit l'itinéraire du troisième et dernier voyage de James Cook, qui visite cette région en 1777-1778. L'Alaska, à plusieurs décennies de son achat par les États-Unis, se présente comme « Russian Territ[or]y » (Territoire russe). Quoiqu'on ait attribué à certains éléments du reste de la région une toponymie conforme à la zone arctique canadienne, l'échelle modeste du globe ne permet pas d'en saisir toute la signification.

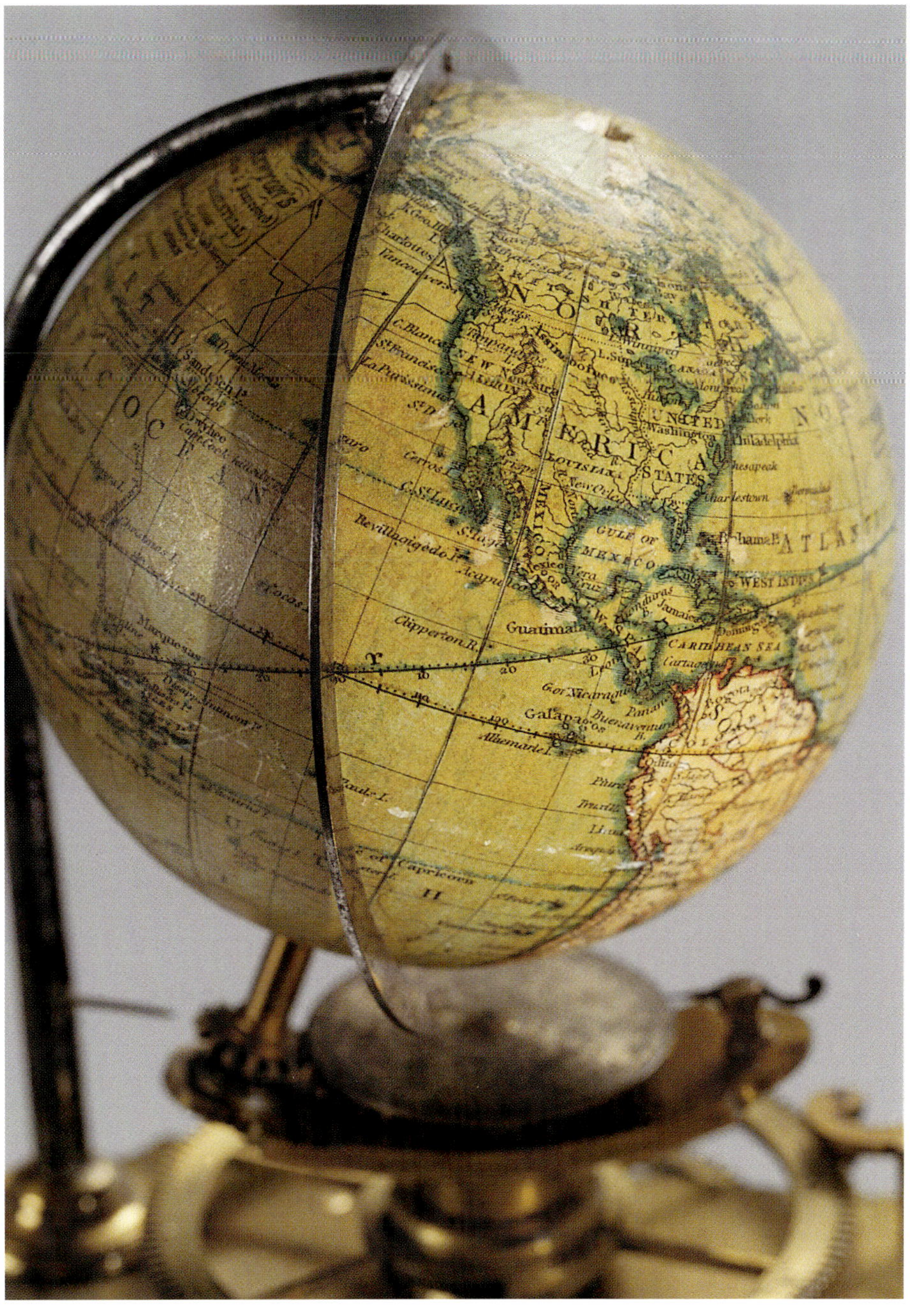

Au sud du Canada, le long de la côte atlantique, apparaît le nom « United States »; plus à l'ouest, s'étend la Louisiane. Les États-Unis acquirent cette vaste étendue quelques décennies auparavant lors du « Louisiana Purchase » de 1803. Sur la côte occidentale, la mention « New Albion » (Nouvelle Albion) reflète les revendications de l'Angleterre sur la Californie après que Francis Drake y eut débarqué durant son voyage de 1577-1580. Les continents peuvent être distingués des pays grâce à l'utilisation de diverses couleurs. Les océans sont peints en vert, à l'instar de l'Amérique du Nord.

Ce petit globe terrestre de Newton accompagne un tellurium, lui-même intégré au planétaire (vers 1770) produit par Benjamin Martin (vers 1704-1782), qui illustre le fonctionnement général du système solaire. Le tellurium, quant à lui, avec le globe incliné sur son axe, montre le mouvement diurne de la Terre et sa rotation autour du Soleil, expliquant ainsi le phénomène des saisons. Étant donné que Martin meurt en 1782, soit un demi-siècle avant la fabrication du globe, on peut conjecturer que ce globe a remplacé le globe originel du tellurium. D'ailleurs, il semble légèrement surdimensionné pour l'espace dans lequel il fut monté.

Figure 28. Bien que le globe de Newton, Son & Berry soit de dimension identique à celui de 1754 de Nathaniel Hill, discuté précédemment dans ce chapitre, sa plus fine gravure rendit possible l'élaboration d'un tracé géographique d'une plus grande portée. Plus de cinquante années ont passé depuis que James Cook explora les côtes de ce qui s'appelle aujourd'hui la Colombie-Britannique. Néanmoins, la route empruntée par le navire de ce célèbre capitaine anglais est toujours indiquée.

Principales références bibliographiques

Dekker 1999, p. 409 et 422-428; Dekker et Van der Krogt 1993, p. 115-116; Van der Krogt 1984, p. 205-206.

Les globes terrestre (1839) et céleste (1840) de James Wyld le Jeune

Diamètre : 8,3 centimètres
Globe terrestre : Musée Stewart — 1992.16.1
Globe céleste : Musée Stewart — 1992.16.2

La collection de globes du Musée Stewart n'est absolument pas axée sur le XIXe siècle. On ne saurait toutefois se surprendre qu'une si séduisante paire de globes miniatures ait pu y faire son entrée. Acquis au cours de la dernière décennie, le *Wyld's World in Miniature. London, 1839* et le *Wyld's Heavens in Miniature. London, 1840* sont une paire de globes terrestre et céleste d'étude d'un diamètre de 8,3 centimètres (fig. 60).

Le concepteur de ces globes, James Wyld le Jeune (1812-1887), se destinait à une carrière militaire, mais à l'âge de 18 ans, il décida de se joindre à la firme cartographique de son père. C'est au cours de l'Exposition universelle de Londres, en 1851, que le jeune Wyld acquit sa renommée en louant une partie de Leicester Square afin d'y construire son « Great Globe » ou « Model of the Earth », le globe le plus volumineux jusqu'alors fabriqué, mesurant près de 19 mètres de haut et approximativement 12 mètres de diamètre. L'intérieur, qui décrivait les particularités physiques de la Terre, était accessible au public au moyen

Figure 29. Cette paire de globes miniatures fut publiée par James Wyld le Jeune en 1839 et 1840. Chacun des globes est composé de deux jeux de 12 demi-fuseaux lithographiés en couleur, collés de l'équateur aux pôles. Les sphères sont montées sur des demi-méridiennes de laiton, supportées d'un balustre et d'une base tournés.

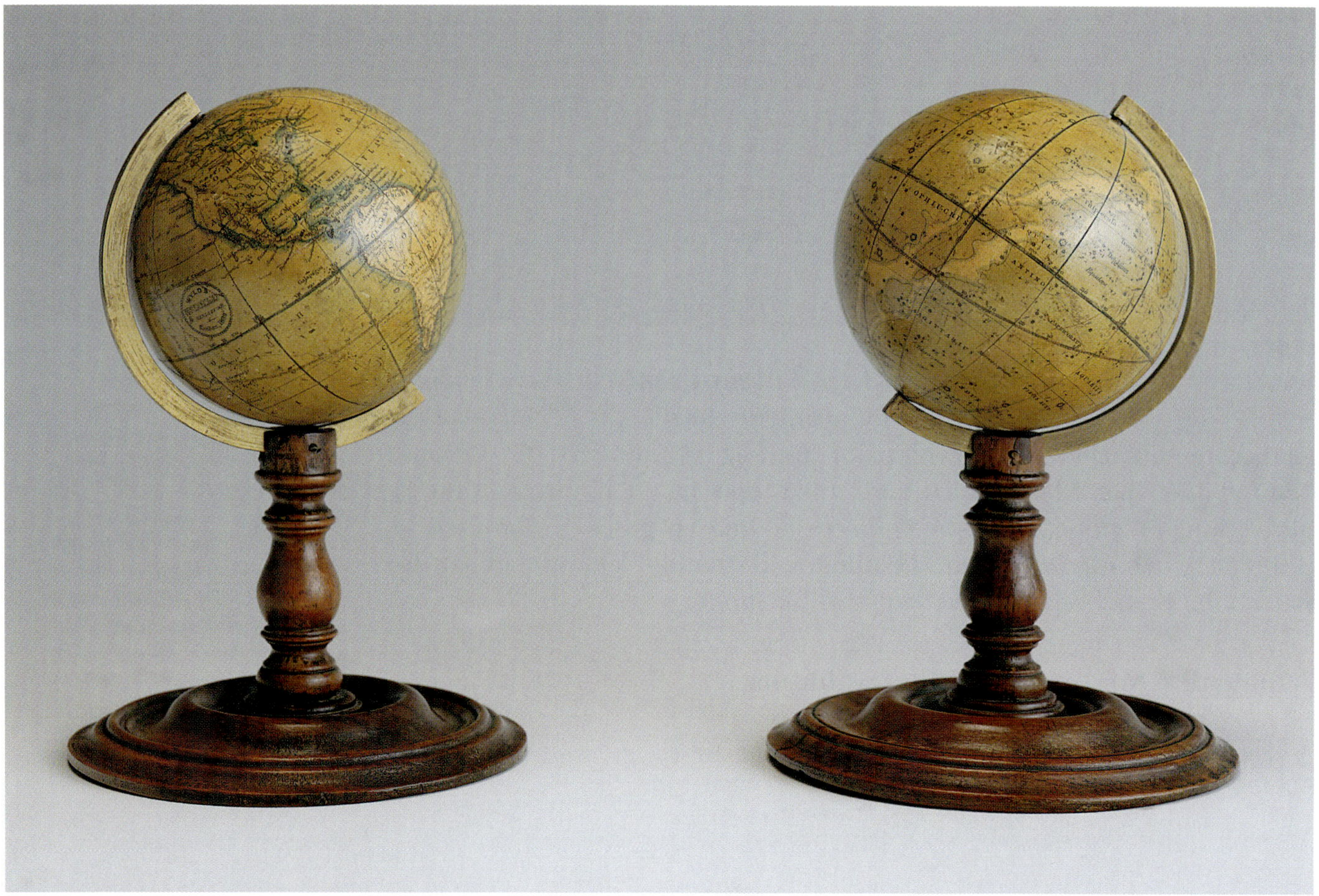

d'escaliers et de balcons. Les visiteurs avaient également la possibilité de voir une exposition composée des différents produits de la maison Wyld, incluant globes terrestres et célestes de tailles variées.

Le *Wyld's World in Miniature* et le *Wyld's Heavens in Miniature* sont constitués de deux ensembles de 12 demi-fuseaux lithographiés et coloriés allant des pôles à l'équateur. Les informations à propos des globes s'insèrent au sein de cartouches circulaires. Sur le globe terrestre, les océans prennent une teinte de vert, à l'instar de l'Amérique du Nord, alors que le rose et le jaune distinguent les autres continents. Le globe céleste a le vert comme couleur principale, le jaune pâle étant utilisé pour évoquer la Voie lactée. Ils sont tous deux montés sur une demi-méridienne en laiton et supportés d'un balustre et d'une base tournés.

La fabrication de ces globes étant antérieure à la Confédération canadienne de 1867, la mention « British Territory » est utilisée à juste titre, le « Canada » se limitant alors aux provinces de l'Ontario et du Québec d'aujourd'hui (fig. 61). Les cinq Grands Lacs sont tracés et nommés. De plus, le long de la côte de la Colombie-Britannique, se découpe la route empruntée par Cook lors de son troisième et ultime voyage, poursuivie après la mort de ce dernier par les explorations de ses successeurs dans le Pacifique — « Clark 1779 » et « Gore [1780] » —, aussi identifiées sur le globe.

C'est cependant le tracé géographique de l'Arctique canadien qui semble avoir été l'objet de la plus grande attention en Amérique du Nord, incorporant un nombre surprenant d'éléments, à la fois dessinés et identifiés. De fait, les explorations anglaises menées à cette époque dans la région gardaient les cartographes en effervescence, ceux-ci devant apporter de continuelles modifications à leurs œuvres à la suite des nombreuses découvertes successives. Des toponymes sont fournis à plusieurs îles — certains complets, d'autres partiellement esquissés — de même qu'à une variété complémentaire d'éléments géographiques. Toutefois, il aurait été difficile à quiconque étudiant ce globe seul de se faire une idée claire de la géographie de l'Arctique canadien. Il semble probable, dès lors, que ce globe ait servi à la compréhension des rapports scientifiques et des articles de presse concernant l'exploration de l'Arctique ; il eût été ainsi consulté en même temps que ces autres types d'écrits.

Un trait particulier du globe céleste, *Wyld's Heavens in Miniature*, repose sur le fait qu'aucune figure de constellation ne peut y être distinguée, caractéristique cependant assez courante des globes célestes du début du XIXe siècle. Les constellations sont plutôt représentées par leurs principales étoiles ; plusieurs lignes relient certaines de ces étoiles afin que l'utilisateur puisse identifier les constellations.

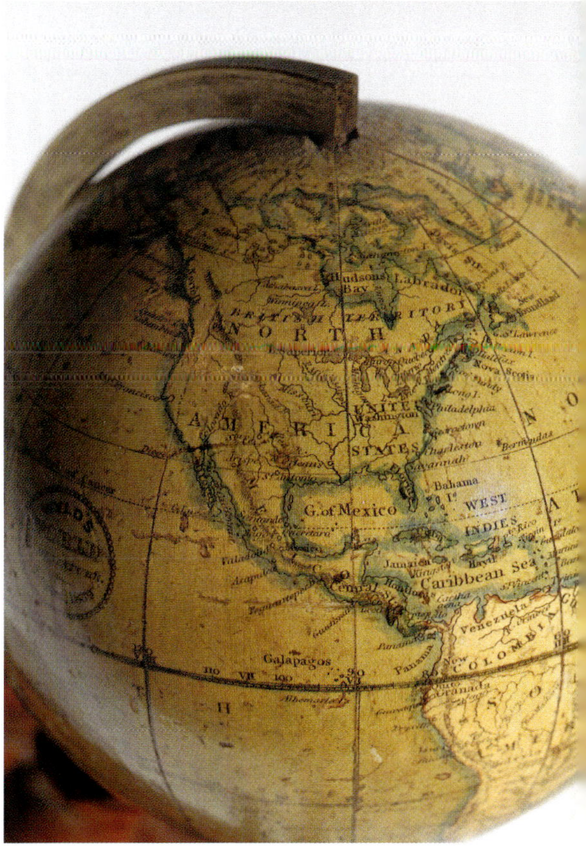

Figure 30. Ce globe terrestre miniature de James Wyld le Jeune, édité en 1839, procure malgré son petit diamètre une description adéquate des principaux éléments de cartographie de l'Amérique du Nord. Une attention spéciale par ailleurs fut portée à l'Arctique canadien, une région, à l'époque, activement explorée par les Anglais.

Principales références bibliographiques

Dekker 1999, p. 525 ; Hyde 1970 ; Smith 1991.

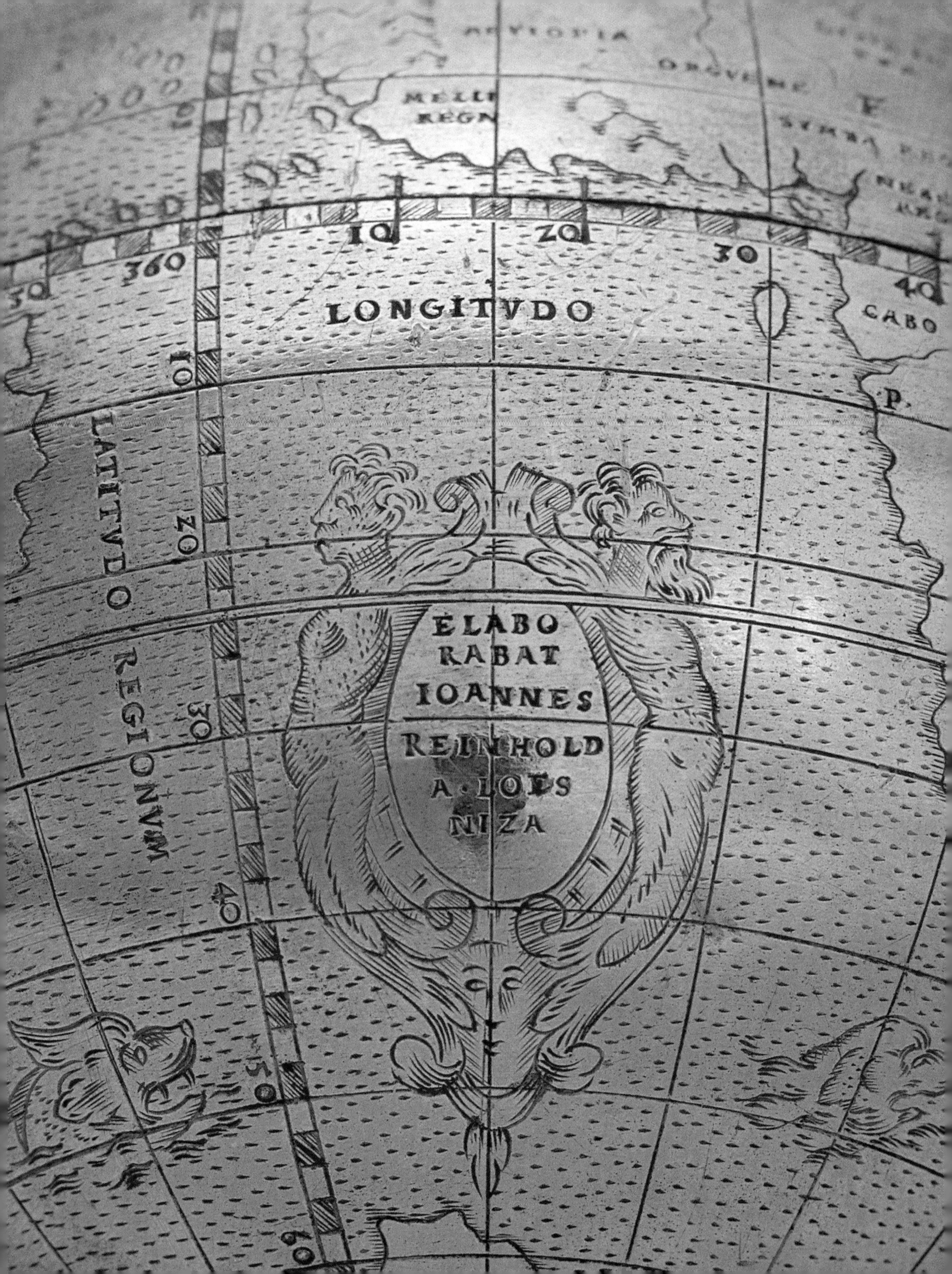

MELLI
REGN
10
20
30
40
360
LONGITVDO
CABO
LATITVDO REGIONVM
ELABO
RABAT
IOANNES
REINHOLD
NIZA

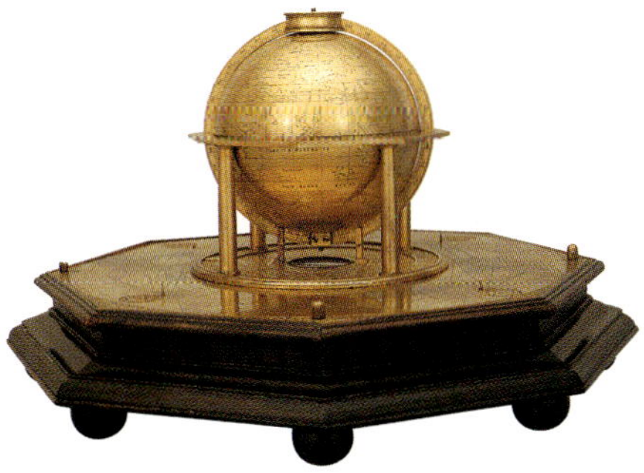

Les globes allemands

3

En europe, certaines régions, et parfois certaines villes, occupèrent durant de courts moments la position de foyer en ce qui a trait à la production de globes. Hormis ces laps de temps bien déterminés, lesdites régions et villes semblent avoir été presque totalement inactives dans ce domaine précis d'activités. Nuremberg, située dans le sud de l'Allemagne, constitua toutefois une exception. La fabrication de globes y débuta au xve siècle et, quoique toujours à une échelle plus modeste qu'à Amsterdam ou à Paris, elle s'étendit sur plusieurs siècles avec un minimum de temps morts. Dès les années 1440, on attribua au cardinal Nicolas de Cues l'acquisition d'un globe céleste à Nuremberg et, en 1492, Martin Behaim y produisit son globe terrestre, toujours conservé dans cette ville (fig. 4). Pendant le xvie siècle, Johann Schöner y travailla (débutant en 1526 à titre de professeur de mathémathiques au Ægidien Gymnasium) et le fabricant d'instruments scientifiques Georg Hartmann y confectionna des fuseaux de globes célestes en 1538 et 1547.

Tard dans le xvie siècle, ce furent les globes célestes mus par des mouvements d'horlogerie complexes (généralement accompagnés d'un petit globe terrestre) qui se démarquèrent des autres réalisations des fabricants allemands. Ces artefacts richement ornementés furent conçus à Augsbourg par des individus de grand talent tels Johann Reinhold* (vers 1550-1590) et son associé Georg Roll.

Survint ensuite en Allemagne un demi-siècle de relative « accalmie » alors qu'à Amsterdam, l'industrie du globe profitait d'une période d'extrême activité. Même si quelques globes virent le jour en Allemagne durant cet entre-temps, aucun ne fut destiné à la commercialisation.

Certains orfèvres de Nuremberg réalisèrent aux xvie et xviie siècles des globes en métal précieux, souvent sous la forme dite de « globe-gobelets », accompagnés d'une représentation de la Terre ou du ciel. La partie supérieure du gobelet était composée d'un couvercle amovible, permettant d'y verser un liquide et ainsi de l'utiliser à bon escient. Le socle représentait habituellement les figures mythiques d'Atlas ou d'Hercule. La carte arborait fréquemment une imitation des personnages se retrouvant sur les globes produits à Amsterdam.

Au cours du premier quart du xviiie siècle, la fabrication de globes imprimés augmenta de façon significative à Nuremberg. Y travaillèrent presque tous en même temps Georg Christoph Eimmart (1638-1705),

* Les noms en lettres majuscules servent à identifier les fabricants de globes dont les œuvres sont présentées dans ce chapitre.

Le détail du globe terrestre de Johann Reinhold de la page précédente est reproduit à la figure 32, page 64.

Johann Philip Andreae, Johann Baptist Homann et Johann Gabriel Doppelmayr. En collaboration avec le graveur et fabricant d'instruments scientifiques Johann Georg Puschner, Doppelmayr réalisa trois paires de globes : une paire de 32 centimètres de diamètre en 1728, suivie deux ans plus tard par une paire de 20 centimètres et enfin, en 1736, d'une paire de 10 centimètres. Doppelmayr portait une attention particulière aux explorations récentes et aux découvertes ; les routes de nombreux explorateurs sont représentées sur son globe le plus volumineux et le cartouche disposé dans l'océan Pacifique est ceint des portraits d'une douzaine d'entre eux. Parmi tous ces savants ayant œuvré dans le domaine de la fabrication de globes, Martin Behaim récolte pourtant la palme de la notoriété. Prédécesseur de Doppelmayr et de ses pairs, Behaim restera pour l'éternité l'artisan du plus ancien globe terrestre conservé de nos jours.

Le grand intérêt de ces globes fabriqués à Nuremberg consiste en la longue période durant laquelle ils furent sur le marché sous forme d'éditions originales et de rééditions ; Wolfgang Paul Jenig (1743-1805), par exemple, édita en 1791 une nouvelle version de la plus imposante paire de globes de Doppelmayr. Mais les connaissances de plus en plus précises des régions bordant l'océan Pacifique, issues en majeure partie des explorations de James Cook, poussèrent Jenig à mettre à jour le tracé géographique desdits globes. Ce dernier, habitant la ville de Weimar, collabora aussi à la production de l'intrigant « globe muet » de Franz Ludwig Güssefeld (1744-1808).

Le dernier fabricant important à Nuremberg fut le négociant d'art et graveur Johann Georg Klinger qui, à partir de 1790, publia un éventail de globes. Sa première paire de globes affichait un diamètre de 32 centimètres. L'entreprise de Klinger poursuivit ses activités jusqu'au XXe siècle sous le nom de « C. Abel-Klinger Kunsthandlung », établissant de façon particulière sa renommée par la production de petits globes destinés à l'enseignement et à une foule d'autres fins didactiques.

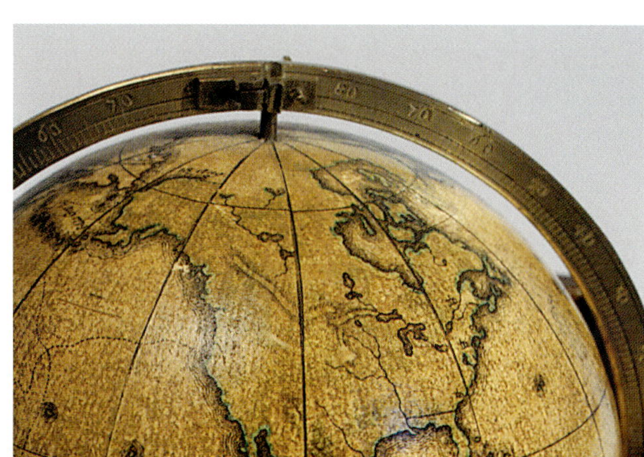

Le globe terrestre de Johann Reinhold, vers 1577-1580

Diamètre : 9 centimètres
Musée Stewart — 1987.15.1 (fig. 31)

Même s'il est de petite taille, un des plus anciens globes du Musée Stewart attire néanmoins l'attention par le raffinement de son exécution, des matériaux utilisés et par la forme de son support. Le créateur de ce globe, Johann Reinhold (vers 1550-1590), était à Augsbourg un horloger de renom qui, en association avec Georg Roll, reçut plusieurs commandes impériales pour la fabrication d'horloges en forme de globe céleste, dont seulement six survécurent.

Toutes ces horloges sont munies de mécanismes et d'indicateurs astronomiques similaires, les pièces individuelles ayant apparamment été fondues à partir des mêmes moules. Les décorations artistiques de leur support diffèrent, ce qui permet de distinguer les horloges les unes des autres. Chacune de celles-ci consiste en un globe céleste de 21 centimètres de diamètre, à l'intérieur duquel se trouve le mouvement d'horlogerie. Le globe céleste est monté sur un support soigné, constitué de quatre pieds reposant sur une base octogonale en bois. Entre les pieds, sous le globe céleste, se trouve un globe terrestre en laiton de plus faible dimension, mesurant 9 centimètres de diamètre et qui, à l'instar du globe

Figure 31. Ce globe de Johann Reinhold daté vers 1577-1580 est le plus vieux globe terrestre conservé au Musée Stewart. On aurait dévolu à ce globe, fabriqué de métal et richement ciselé, un rôle décoratif plutôt qu'un usage scientifique. Six autres exemplaires de l'œuvre de Reinhold ont été répertoriés, dont quatre sont complets et deux incomplets.

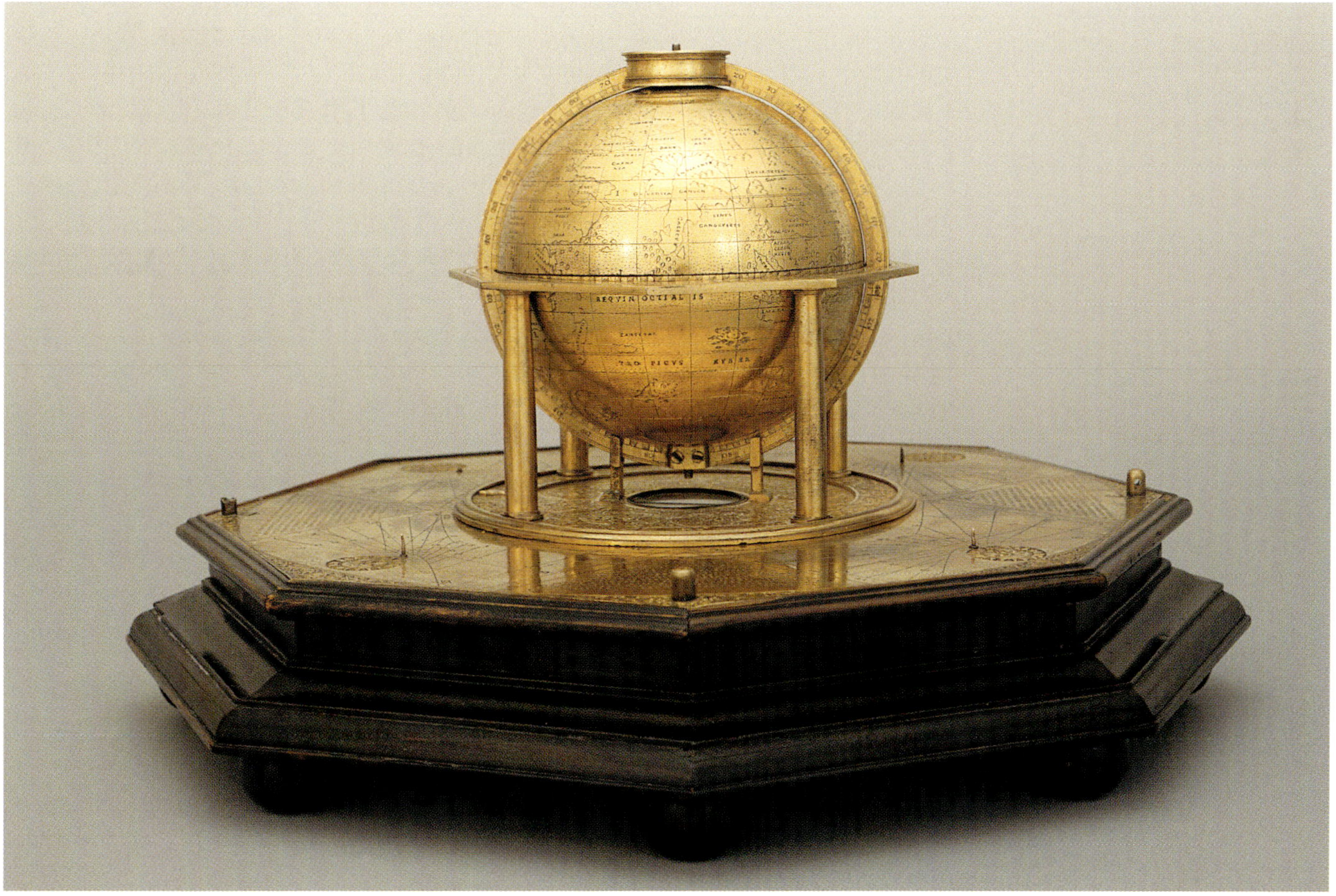

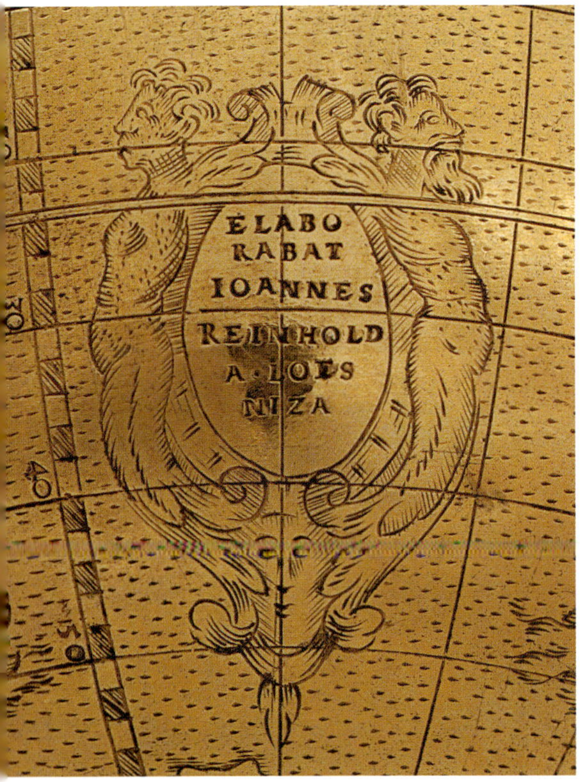

Figure 32. Bien que le cartouche du globe de Johann Reinhold, orné de deux chimères, ne fournisse aucune date, l'inscription « A. LOES NIZA » (une référence à Legnica, Pologne, lieu de naissance de l'auteur) nous permet toutefois de conclure qu'il serait daté vers 1577-1580, devenant ainsi le plus ancien ouvrage connu de Reinhold (voir l'agrandissement à la page 61).

céleste, tourne sur lui-même. C'est ce petit globe métallique, avec son support et sa base en bois, que l'on attribue à Reinhold (fig. 32).

D'un point de vue strictement cartographique, le globe est décevant si l'on s'attend à ce qu'il soit représentatif des connaissances que les Européens avaient alors du monde. Les éléments géographiques y sont décrits comme s'ils étaient tirés de cartes et de globes réalisés antérieurement, voire jusqu'à cinquante années plus tôt. À la décharge de l'auteur, il faut tenir compte que ce globe fut conçu avec l'intention d'être davantage décoratif que scientifique.

Sur le globe terrestre de Reinhold, par exemple, l'Amérique du Nord n'est pas rattachée à l'Asie, un vaste passage s'ouvrant aux confins des océans Pacifique et Atlantique (fig. 33). Toute la partie nord du monde est recouverte d'un continent boréal. Les seuls éléments identifiés concernant le Canada tel qu'on le connaît aujourd'hui sont les régions de Terre-Neuve et du Labrador ; elles portent, inscrit le long de la côte, le nom de « Corterialis » (en référence aux explorations des Corte-Real), ainsi que celui de « Baccalearum Regi » (en référence à la morue) en travers de la partie nord-est du continent.

Un examen de plusieurs globes et cartes des décennies précédant la fabrication du globe de Reinhold révèle des similitudes à la fois avec la double carte cordiforme — en forme de cœur — de Gerard Mercator imprimée en 1538, avec un jeu de fuseaux pour un globe terrestre attribué à Georg Hartmann (vers 1535, mais peut-être plus tard) et particulièrement avec une carte du monde imprimée en deux hémisphères de Jost Amman, parue à Nuremberg vers 1564.

Une identification plus exacte des sources à l'origine du globe terrestre de Reinhold demeure possible en jetant un coup d'œil à la tradition cartographique engendrée par un jeu de fuseaux gravés en France vers 1560 par François Demongenet. Elly Dekker (Dekker 1999) a examiné cette « tradition de Demongenet » et a pu ainsi identifier un certain nombre d'éléments, émanant principalement de l'œuvre cartographique du globe terrestre de 1536 de Gemma Frisius, qui distinguent les travaux inspirés de cette tradition. En se basant sur sa liste de caractéristiques définies, il devient évident que Reinhold s'inspira de Demongenet ; seules de petites variantes apparaissent sur le globe du Musée Stewart. (Par exemple, la phrase « Devicta anno 1530 » [conquis en 1530], gravée en Amérique du Nord : sur le globe de Reinhold, le premier mot de cette phrase est orthographié « Devicca ».)

Il est inutile de développer davantage l'analyse cartographique de ce globe. Celui-ci présente somme toute une image encore acceptable de la forme des continents et des océans telle que connue des Européens à ce moment au XVIe siècle. Et d'ailleurs, puisqu'on n'en attendait rien d'autre, le globe de Reinhold joua parfaitement le rôle d'élément décoratif qui lui fut dévolu.

Principales références bibliographiques

Bertele 1961, p. 17-18 et 46-53 ; Bobinger 1969 ; Dekker 1999, chap. 7, p. 100-105 et 202-203 ; Hayward 1950 ; Shirley 1983, p. 79-84, 106, 120-121 et 129-133 ; Stevenson 1921, I, p. 181-183.

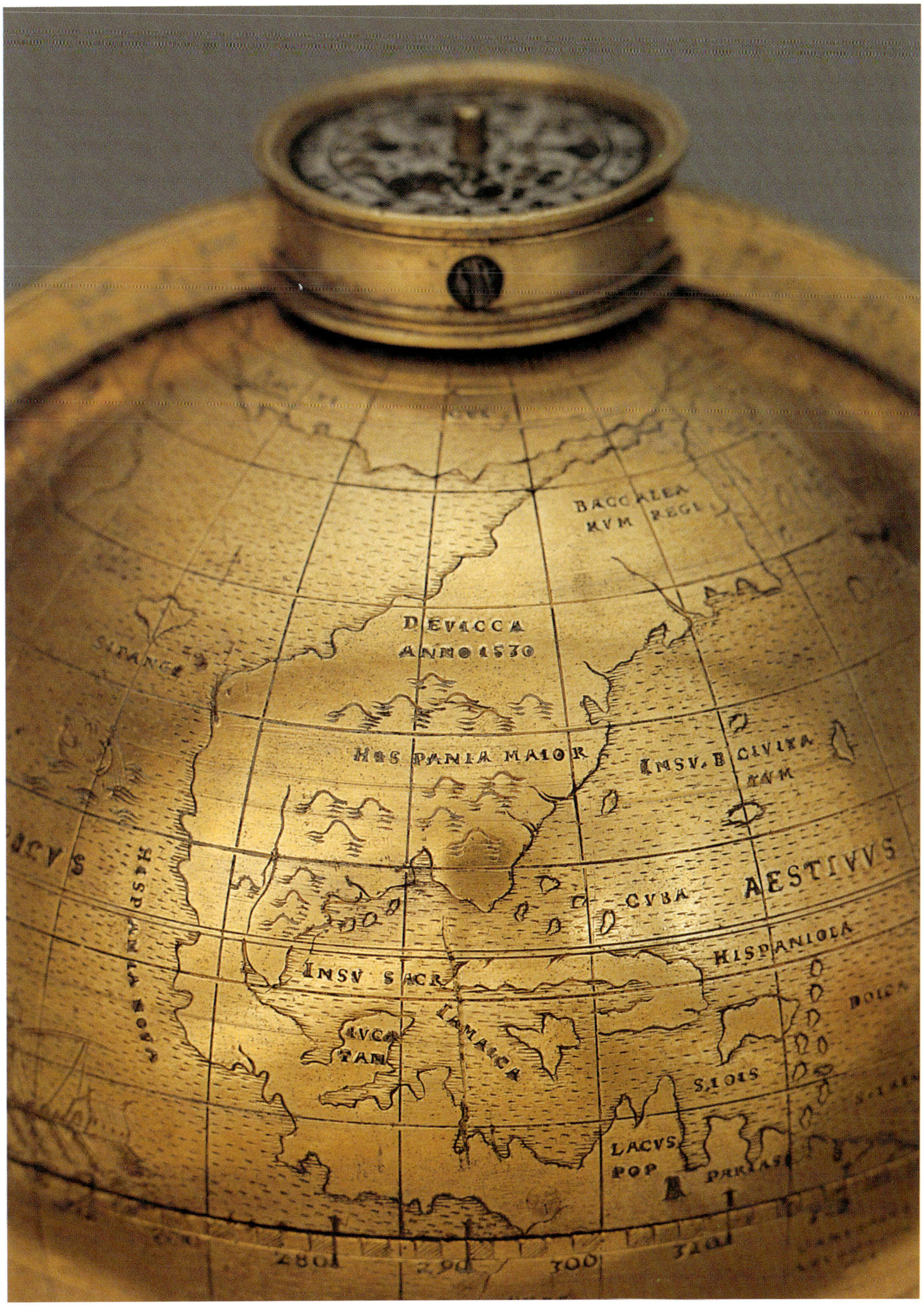

Figure 33. Gravé par Reinhold vers 1577-1580, le tracé géographique de son globe terrestre ne reflète en rien, pour l'époque, l'état général des connaissances européennes du monde. Toutefois, critiquer cette représentation cartographique s'avère sans doute impropre étant donné que le globe fut créé à dessein d'en faire un objet d'art plutôt que de science.

Les fuseaux des globes terrestre et céleste de Georg Christoph Eimmart, 1705

Quatre feuilles en fuseaux destinées à la fabrication
de globes de 30 centimètres de diamètre
Musée Stewart — 1979.586.1-4 (fig. 34 et 35)

On trouve encore quelques rares exemples de feuilles en fuseaux gravées et imprimées qui n'ont jamais été montées sur une sphère afin d'en assembler un globe. C'est le cas des quatre feuilles en fuseaux (prévues pour des globes terrestre et céleste de 30 cm) gravées et coloriées à la main, produites par Georg Christoph Eimmart (1638-1705) et conservées au Musée Stewart. On se souvient tout d'abord d'Eimmart, professeur d'art et éminent astronome et mathématicien allemand, comme de celui qui bâtit son propre observatoire astronomique hors de l'enceinte de Nuremberg; il fabriqua lui-même, à son grand mérite, la majorité des instruments qu'il y installa et utilisa ensuite. Sa mort, survenue en 1705,

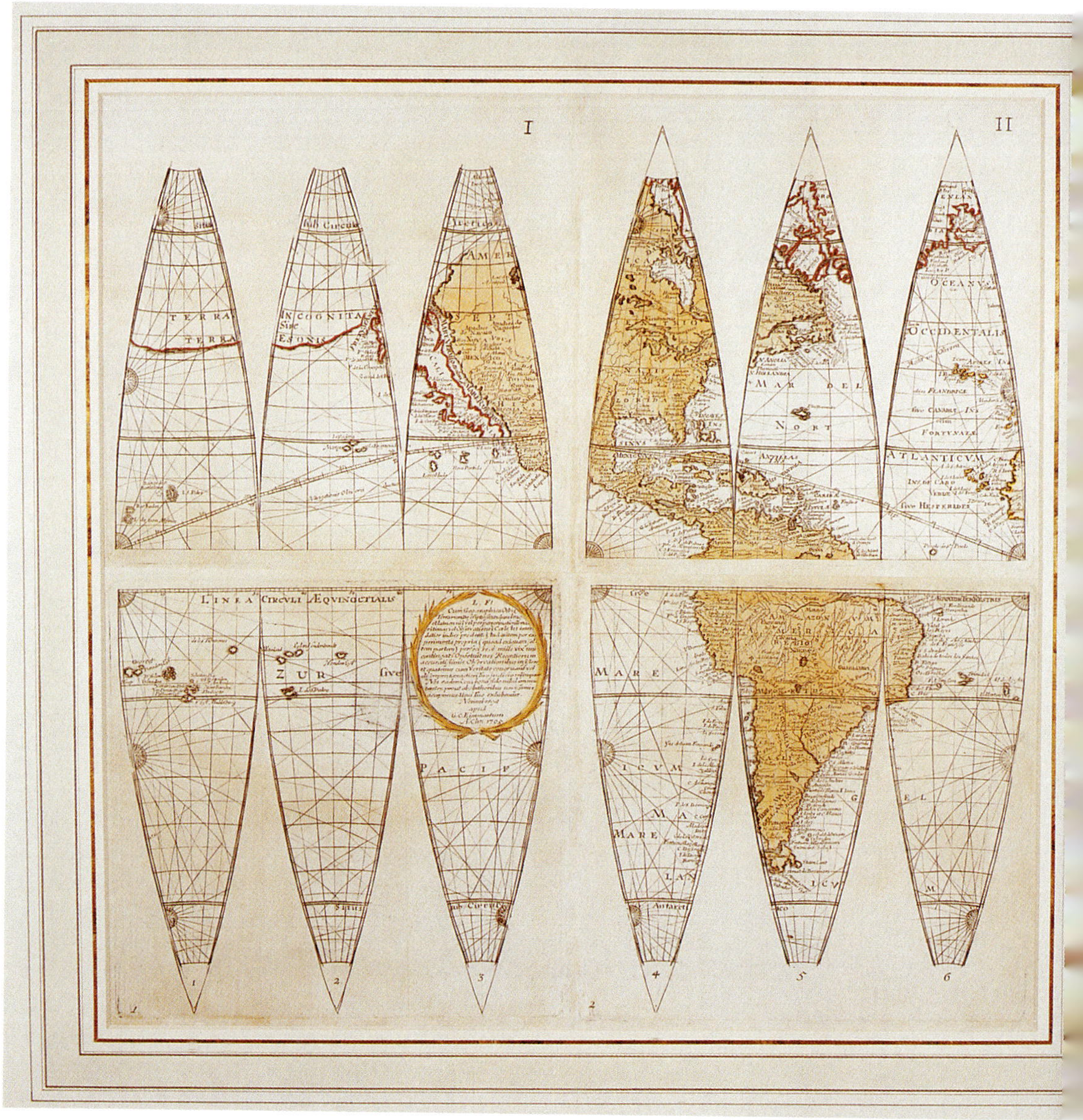

Figure 34. Ces deux feuillets juxtaposés de Georg Christoph Eimmart consistent en 24 demi-fuseaux et deux calottes polaires, permettant la fabrication d'un globe terrestre de 30 centimètres de diamètre. Le décès d'Eimmart, survenu en 1705 alors que venait à peine de débuter l'impression desdits fuseaux, explique en partie pourquoi on ne trouve ses globes qu'en si petit nombre aujourd'hui.

alors que l'on commençait à peine à imprimer les fuseaux qu'il destinait à la fabrication de globes, explique peut-être pourquoi on retrouve aujourd'hui en si petit nombre les globes d'Eimmart. Les feuilles en fuseaux recensées de nos jours apparurent beaucoup plus tard à Nuremberg dans les atlas des Héritiers Homann qui, apparemment, acquirent les plaques de cuivre d'Eimmart.

Les feuilles en fuseaux du globe terrestre consistent en 24 demi-fuseaux permettant de recouvrir les deux hémisphères, de l'équateur aux 80e parallèle nord et sud ; les deux calottes polaires sont aussi gravées sur les feuilles.

Se servant du vaste espace réservé à l'océan Pacifique, qui constituait souvent le lieu de prédilection pour l'apposition d'une longue inscription, Eimmart informe l'utilisateur de son globe que les informations cartographiques recueillies sont issues des plus « récentes autorités » en la matière :

> Puisque la description géographique de la Terre du point de vue de la latitude et de la longitude se fait chaque jour de plus en plus précise grâce aux explorations maritimes et aux observations astronomiques, il se trouve peu d'hommes susceptibles de perfectionner les globes par leurs propres

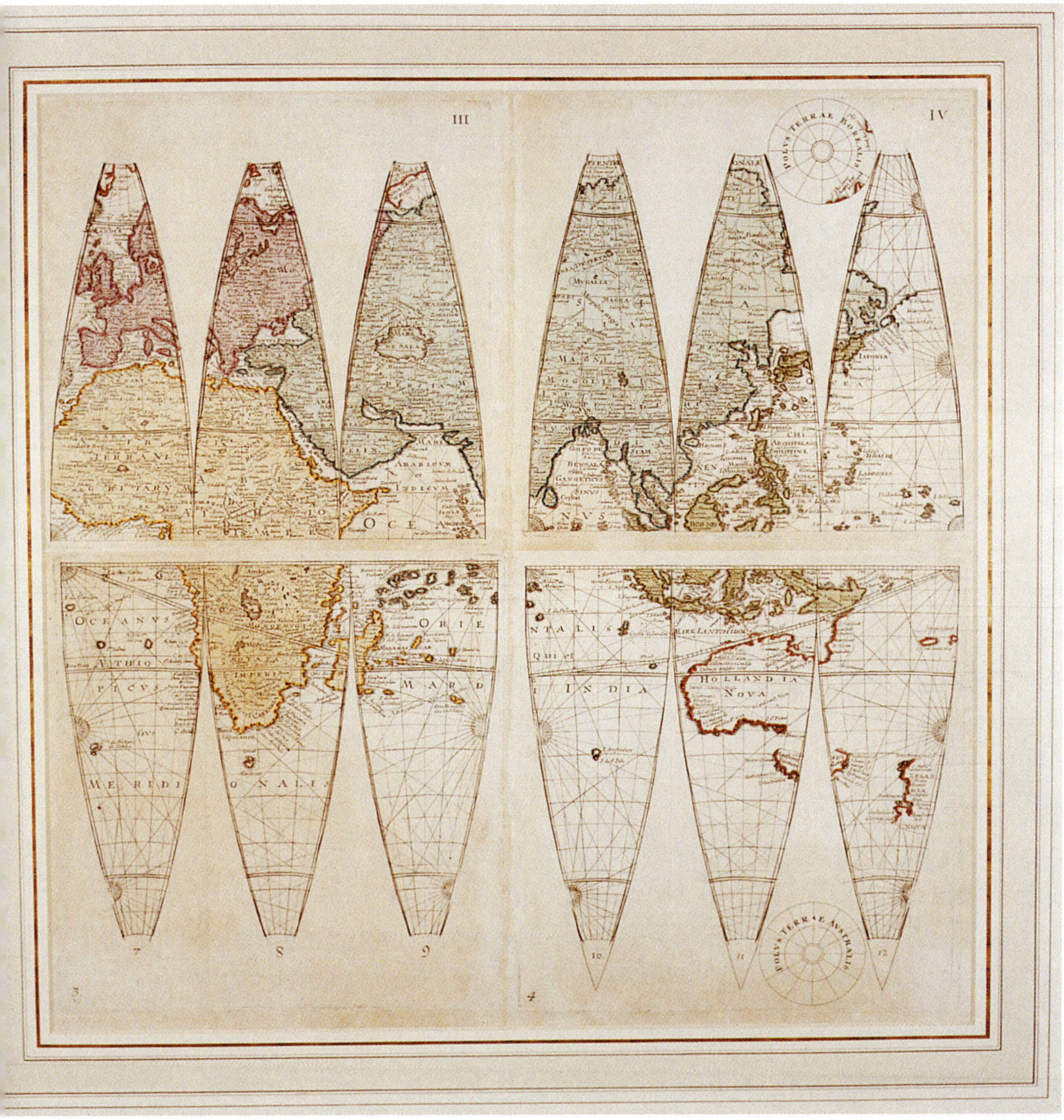

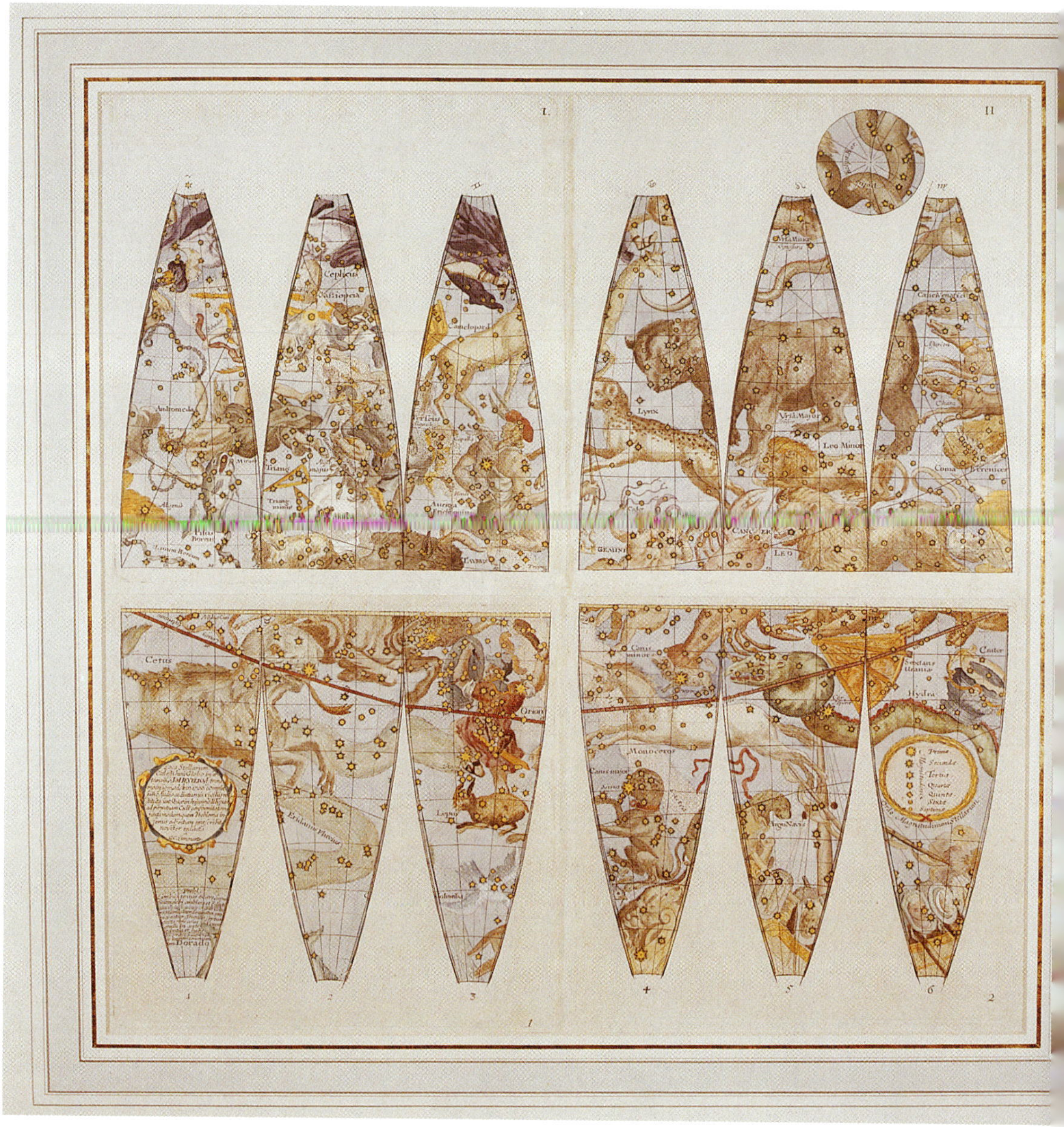

> observations, qui ne peuvent d'ailleurs être que partielles. Dès lors, il nous incombe d'utiliser les observations récentes les plus précises qui existent. Que ces dernières soient conformes à la réalité ou qu'elles s'en écartent, il appartient à vous seul d'en décider sur la base de votre plus exact jugement. En ce qui nous concerne, nous indiquons à votre usage les lieux en toute bonne foi, tels que reçus des plus récentes autorités et auxquels nous n'avons rien changé. Nuremberg, par G. C. Eimmart, 1705.

Mais Eimmart se préoccupait, à l'instar de tous ses collègues fabricants de globes et de cartes, de savoir *quelles* plus « récentes autorités » il devait consulter. En ce qui concerne le Canada, par exemple, les informations les plus fiables seraient venues de Claude et Guillaume Delisle, dont la *Carte du Canada ou de la Nouvelle France* (1703), alors fraîchement publiée, aurait permis d'améliorer considérablement la forme du pays, les caractéristiques hydrographiques et la toponymie. L'utilisation des autres cartes des Delisle eût aussi rendu possible la correction, entre autres, du cours du Mississippi, qui se jette dans le golfe du Mexique plusieurs degrés à l'est de ce qui était généralement accepté. De plus, le détroit de Dampier, situé près de la

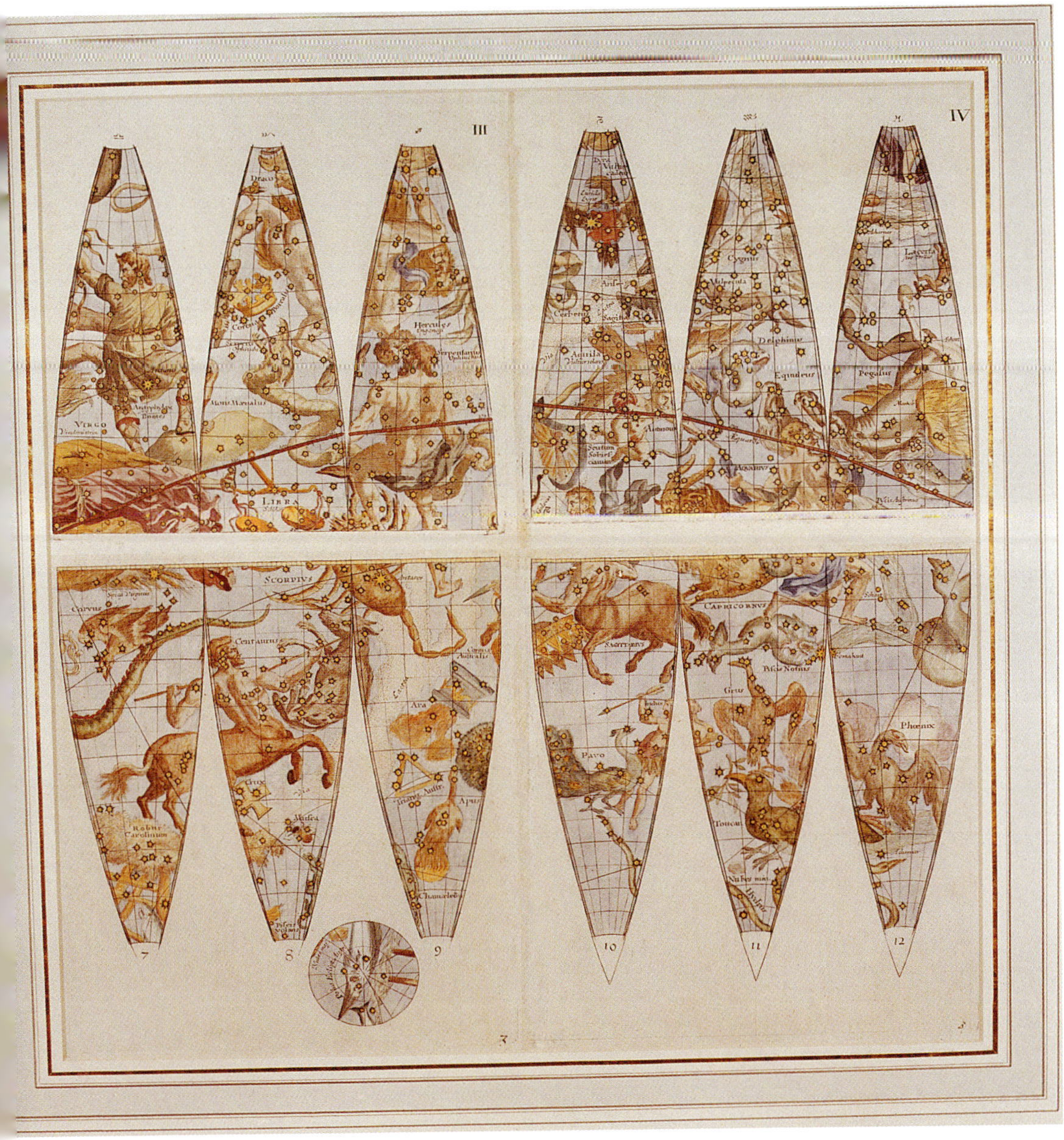

Figure 35. Les fuseaux du globe céleste d'Eimmart, comme ceux du globe terrestre d'ailleurs, consistent en 24 demi-fuseaux, coupés aux 80e degré de latitude écliptique nord et sud et munis de deux calottes polaires. Le tracé des constellations est tiré des travaux de l'astronome polonais Johannes Hevelius, publiés dans son atlas de 1687 intitulé Uranographia. *Puisque Hevelius fut la source principale à la fois d'Eimmart et de Gerard Valk (fig. 13), leurs globes célestes apparaissent comme similaires.*

Nouvelle-Guinée et découvert par William Dampier en 1700, aurait pu être mentionné ; quant à la terre de van Diemen, elle aurait été déplacée vers l'ouest et la Nouvelle-Zélande (dont seule la côte ouest est décrite), vers l'est. Il apparaît que l'une des plus « récentes autorités » à laquelle Eimmart accorda un peu trop sa confiance fut Gerard Valk, d'Amsterdam, et particulièrement son globe terrestre de 1701. Les représentations que fait Eimmart de la « Terra Esonis », située entre l'Amérique et l'Asie, de même que de la côte nord-est de la Sibérie sont identiques à celles dépeintes par Valk. Cependant, la représentation de la côte nordique de l'Amérique du Nord ne se montre pas tellement fidèle au tracé de Valk, prouvant qu'Eimmart puisait sans aucun doute à d'autres sources.

Les fuseaux du globe céleste d'Eimmart, comme ceux du globe terrestre, se présentent sous la forme de 24 demi-fuseaux, tronqués aux 80e parallèle écliptique nord et sud et munis de deux calottes polaires. La carte céleste tire son origine de l'*Uranographia* d'Hevelius et, par le fait même, se montre similaire au globe céleste de Gerard Valk, Hevelius ayant servi de référence aux deux fabricants. Une étude récente de Elly

Dekker (Dekker 1999, p. 332) semble confirmer qu'Eimmart utilisa le globe céleste de Valk comme l'une de ses sources ; en effet, une erreur de Valk (la position de l'étoile Acharnar dans la constellation du Cygne) est reproduite sur les fuseaux d'Eimmart.

Dans le même ouvrage, Dekker relève seulement cinq jeux de fuseaux (n'incluant pas celui du Musée Stewart) et douze copies montées sur globes : trois paires de globes, quatre globes terrestres et deux globes célestes individuels.

Les spécialistes ont aussi noté que le texte imprimé sur les globes d'Eimmart demeurait en latin alors que les Français et les Italiens utilisaient déjà la langue vernaculaire dans le domaine des cartes et des globes.

Principales références bibliographiques

Dekker 1999, p. 330-332 ; Dekker et Van der Krogt 1993, p. 83, 90 et 100-101 ; Lamb et Collins 1994, p. 52 et 54-55 ; Stevenson 1921, II, p. 122-124 ; Van der Krogt 1984, p. 122-124 ; Zögner 1989, p. 95-96 et 101.

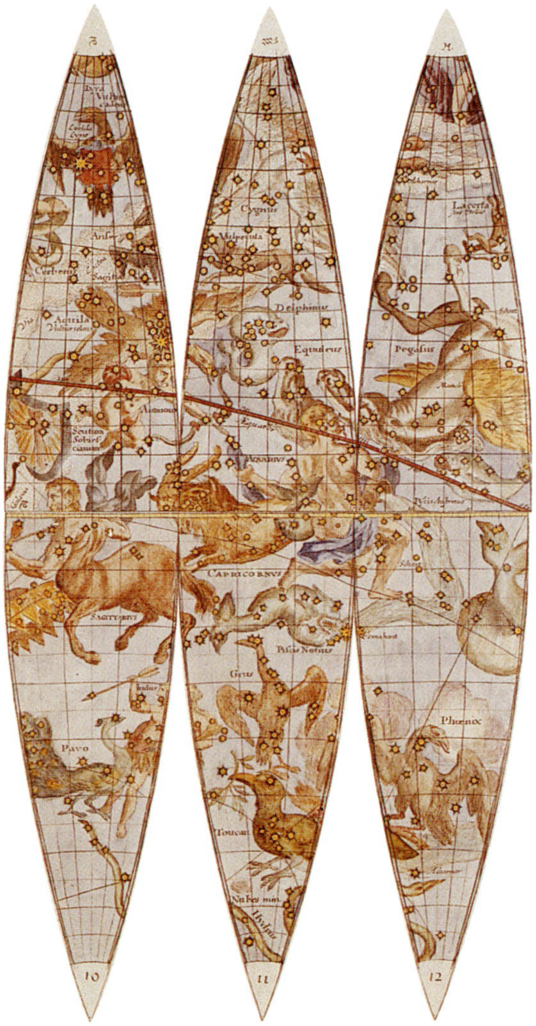

Le « globe muet » de Franz Ludwig Güssefeld, vers 1792-1805

Diamètre : 10,3 centimètres
Musée Stewart — 1992.21.1 (fig. 36)

Bien que les globes de poche anglais fussent en partie considérés comme des outils pédagogiques, ils ne le devinrent jamais autant que ce « globe muet » produit à Weimar, en Allemagne, entre 1792 et 1805. Voyant l'intérêt grandissant des États envers l'éducation, de concert d'ailleurs avec une population de plus en plus nombreuse à s'y intéresser, les fabricants de globes pressentirent l'ouverture d'un nouveau marché, qu'ils s'empressèrent d'exploiter en fournissant un assortiment d'outils appropriés. Curieusement, très peu de ces globes ont survécu jusqu'à nous.

Ce globe était appelé « globe muet » à cause de son paysage vierge de textes et de toponymes. En situation d'apprentissage, on mettait les étudiants à l'épreuve en leur faisant situer sur le globe les lieux géographiques évoqués dans leurs ouvrages de même qu'en leur faisant imaginer les légendes manquantes. Cette méthode didactique, supposant une plus grande implication de l'étudiant, devait, en principe, lui être profitable.

Le globe, mesurant 10,3 centimètres, est constitué de 12 fuseaux gravés et tendus d'un pôle à l'autre. Quoique le globe ne porte aucun

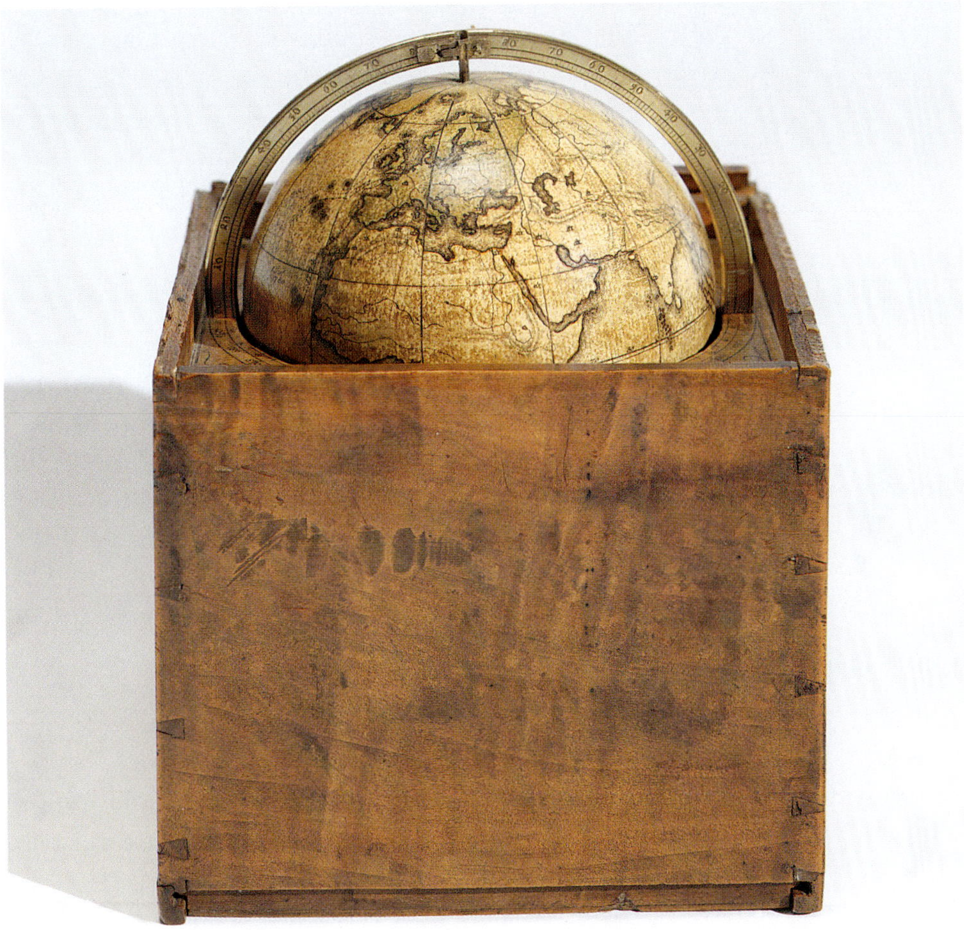

Figure 36. Ce globe de Franz Ludwig Güssefeld est appelé « globe muet », car il n'illustre ni texte ni toponyme. Il fut utilisé à titre d'outil didactique, l'élève devant suppléer aux informations manquantes. Étonnamment, très peu d'exemplaires de cet objet jadis populaire dans les salles de classe allemandes existent encore de nos jours.

nom de fabricant ni ne soit intitulé, une notice imprimée et collée sur le recto de la boîte mentionne : « Entworfen von F. L. Güssefeld / Gestochen von J. C. Müller », dessinateur et graveur respectifs de l'œuvre. Franz Ludwig Güssefeld (1744-1808) entreprit sa carrière à Nuremberg aux éditions de cartes et d'atlas des Héritiers Homann, puis à Weimar pour le compte du « Landes-Industrie-Comptoir » (rebaptisé en 1804 « Geographisches Institut Weimar »).

Sur le méridien en laiton est gravée la mention « Jenig fecit », faisant référence à Wolfgang Paul Jenig (1743-1805), gendre de Johann Georg Puschner, qui avait collaboré avec J. G. Doppelmayr à la production de plusieurs globes importants de la première moitié du XVIIIe siècle. Jenig, artisan talentueux, réédita certains globes de Doppelmayr tard dans le XVIIIe siècle, gravant d'ordinaire son nom sur le méridien, comme cela fut fait sur le globe de Güssefeld présentement décrit.

On doit ajouter aux noms de Güssefeld, Müller et Jenig celui d'un individu aussi associé d'assez près à la création du globe. En 1792, Adam Christian Gaspari, géographe et pédagogue renommé, publia le *Methodische Schulatlas* et un manuel scolaire d'accompagnement intitulé *Lehrbuch der Erdbeschreibung zur Erläuterung des neuen Methodische Schulatlasses*. Dans la préface de la première édition du manuel, datée de 1792 et reprise dans la réédition de 1807 (acquise récemment par le Musée Stewart), Gaspari signale que le petit globe accompagnant ce volume serait bien accueilli par les professeurs à titre de support à l'enseignement des aspects mathématiques de la géographie (*Erdbeschreibung*). Puisque c'est, explique-t-il, le seul et unique rôle du globe, les généralités géographiques de même que les ressources premières et manufacturières furent omises, à l'exception toutefois des deux derniers voyages de James Cook, dont les récits étendirent considérablement nos connaissances du monde. Dans l'introduction du manuel, comprise au sein d'une section qui précise les directives concernant l'emploi des globes et des cartes à projections hémisphériques, Gaspari indique par le moyen d'une note infrapaginale que le petit globe permettra aux étudiants d'accéder à une compréhension approfondie de cette leçon particulière.

Le méridien en laiton est surmonté d'un écrou papillon permettant de le retirer facilement de cet anneau afin de l'étudier de plus près. Le méridien repose dans le coffret sur une petite traverse. Celle-ci peut être enlevée et, en faisant glisser vers l'extérieur le couvercle inférieur du coffret, il devient possible d'insérer le globe à l'intérieur du coffret pour le ranger. La surface supérieure du coffret se compose d'un mince panneau de bois percé d'un trou circulaire servant à y déposer le globe. Un morceau de papier collé y est apposé, sur lequel sont inscrites les informations habituellement retrouvées sur une table d'horizon, c'est-à-dire les signes du zodiaque, une échelle des degrés et la direction des vents servant de points cardinaux. Il ne manque au coffret que le couvercle plat en bois conçu pour glisser dans des sillons aujourd'hui disparus.

On peut dater le globe vers 1792-1805 puisque Gaspari le mentionne dans le *Lehrbuch* de cette année-là. On en connaît aussi une autre version datée de 1805, année du décès de Jenig. Rudolph Schmidt notait en 1999 que sur les globes non datés, la Tasmanie est encore rattachée à l'Australie, la forme insulaire de la première n'ayant été reconnue qu'en 1798

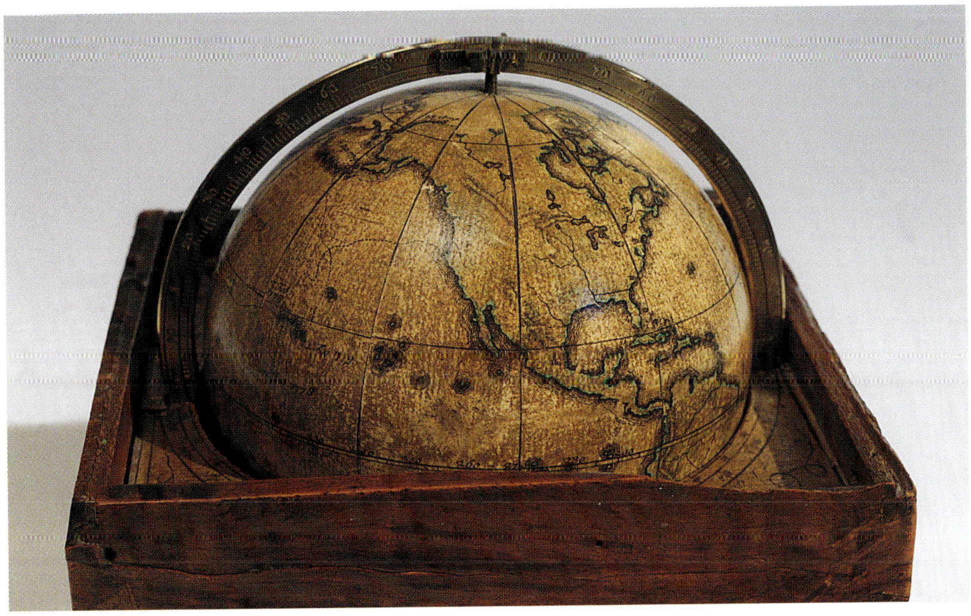

Figure 37. Le tracé géographique du « globe muet » de Güssefeld se veut minimal. Une seule ville canadienne est représentée : une maisonnette situe Québec, ancienne capitale de la Nouvelle-France. Les montagnes Rocheuses sont indiquées par des hachures, ressemblant à la forme d'une chenille, et aucune côte arctique n'est dépeinte, quoique les embouchures des rivières Coppermine et Mackenzie aient été indiquées.

par la circumnavigation de Matthew Flinders. La version datée de 1805 représente l'Australie et la Tasmanie distinctement séparées. L'exemplaire non daté conservé au Musée Stewart montre la Tasmanie reliée au continent australien, en accord avec l'affirmation de Schmidt.

En ce qui a trait à la représentation visuelle du globe, des couleurs pâles sont utilisées pour les continents alors que des teintes plus sombres et des rangées de lignes parallèles gravées sont employées afin de bien souligner les zones côtières (fig. 37). Des traits pointillés indiquent certaines frontières entre pays ou groupes de pays. En Amérique du Nord, les Rocheuses sont représentées à l'aide de hachures assimiliées aux traits d'une chenille ; l'importance des cinq Grands Lacs et du fleuve Mississippi est très clairement illustrée. Au nord, la côte arctique n'est pas dessinée, quoique apparaissent les embouchures des rivières Coppermine et Mackenzie. S'il est vrai que ni les rapports officiels de Hearne ni ceux de Mackenzie étaient publiés en 1792, l'information au sujet de la rivière Coppermine apparut dès 1784 sur une carte du Pacifique Nord publiée par William Faden. Quant à l'exploration faite par Mackenzie du fleuve qui porte aujourd'hui son nom, elle fut intégrée à la carte de l'Amérique du Nord dessinée en 1791 par D. F. Sotzmann et publiée dans un volume par Georg Forster à Berlin en 1792. Une seule ville peut être distinguée au Canada : une maisonnette, où jadis se situait la capitale de la Nouvelle-France, indique l'emplacement de la ville de Québec, sur la rive nord du fleuve Saint-Laurent.

Outre ce globe terrestre de Güssefeld conservé au Musée Stewart, six autres exemplaires, dont un daté de 1805, sont connus. Cinq se trouvent en Europe et un à la New York Public Library. Enfin, deux globes célestes du même auteur datés de 1798 et de 1805 ont aussi survécu à l'épreuve du temps.

Principales références bibliographiques

Dörflinger 1978, p. 250 ; Gaspari 1807, p. 12-13 et 21 ; Schmidt 1999.

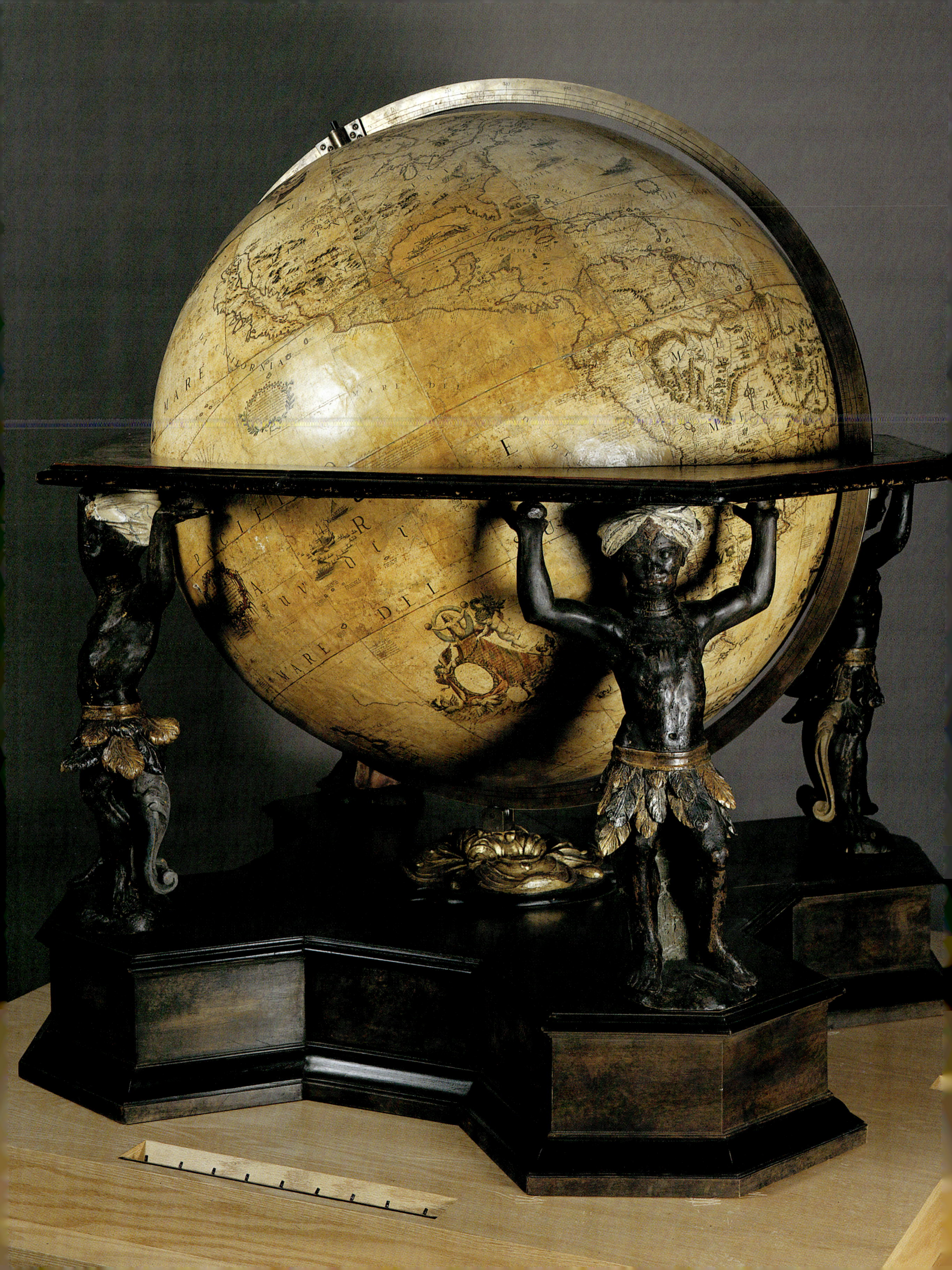

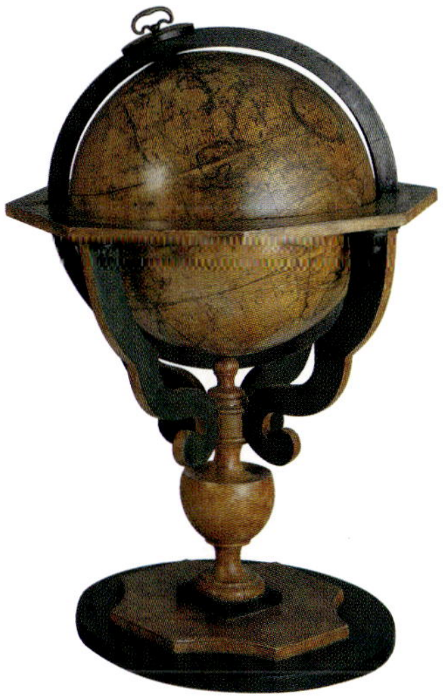

Les globes italiens

4

La majeure partie de la production de globes en Italie se résume à trois principaux protagonistes — Matthäus Greuter, Vincenzo Coronelli et Giovanni Maria Cassini — nés au milieu de trois siècles différents, les XVIe, XVIIe et XVIIIe siècles. Que ce nombre soit si peu élevé peut sembler surprenant étant donné que les cartographes italiens influencèrent grandement, dès la Renaissance, la représentation du monde connu. Leurs œuvres encouragèrent quelques-uns des plus grands marins de l'époque à questionner les limites géographiques du monde ; elles leur permirent, par conséquent, de réaliser une série d'explorations téméraires pour l'Espagne, l'Angleterre et la France, explorations porteuses en Europe d'un éveil intellectuel à plusieurs égards inégalé. Si, en Italie, la production de globes manuscrits — entretenue par quelques moines dispersés férus d'astronomie et de science — se développa au cours du XVIe siècle, il fallut pourtant attendre le XVIIe siècle et l'influence des fuseaux imprimés des Pays-Bas pour que se manifestent les premières réalisations italiennes dignes des œuvres hollandaises.

Le premier des trois principaux protagonistes se nomme MATTHÄUS GREUTER* (1566 ?-1638). Originaire de Strasbourg, il reçut une éducation de peintre et de graveur qui lui permit de se consacrer à la réalisation de cartes géographiques. Mais l'emprise des grands éditeurs d'Anvers et d'Amsterdam dans ce champ d'activités le força à chercher fortune ailleurs. Il se tourna alors vers le Midi. D'Avignon, où il apprit la gravure sur bois, il se rendit jusqu'à Rome, qu'il atteignit au début du XVIIe siècle. Il put alors mettre à profit son métier de cartographe et de graveur en réalisant divers plans urbains, cartes et autres réalisations de nature architecturale, dont un plan grand format de la ville éternelle, *Disegno nuovo di Roma* (1618). Aujourd'hui, ce sont surtout les globes de Greuter (publiés entre 1632 et 1638) qui font sa notoriété, bien qu'ils ne constituent pas des œuvres aussi originales que ses travaux d'architecte.

En effet, les globes de Greuter empruntèrent aux fabricants néerlandais — surtout chez Willem Jansz. Blaeu, Petrus Plancius et Pieter van den Keere — leurs plus importantes caractéristiques scientifiques, tant du point de vue du contenu géographique qu'astronomique. Reproduits nombre de fois jusqu'à la fin du XVIIe siècle par la famille d'éditeurs de Rossi — héritiers de GIUSEPPE DE ROSSI (actif vers 1615), ayant lui-même copié en 1615 la paire de globes de Hondius datée de

* Les noms en lettres majuscules servent à identifier les fabricants de globes dont les œuvres sont présentées dans ce chapitre.

Le globe terrestre de Vincenzo Coronelli de la page précédente est reproduit à la figure 46, page 87.

1601, dont un exemplaire du globe terrestre sera discuté à la suite de cette introduction —, les globes de Greuter représentaient la plus importante contribution italienne à ce chapitre, jusqu'au moment où les travaux d'un Vénitien vinrent leur ravir cet attribut enviable.

Avant que la production de globes à Paris n'atteigne une certaine envergure, au point de menacer vers 1700 le quasi-monopole d'Amsterdam, Venise hébergea le plus célèbre des fabricants de globes italiens, le premier Européen d'ailleurs à vraiment jouir d'une notoriété en dehors de la Hollande : le franciscain Vincenzo Maria Coronelli (1650-1718). On pourrait dire sans trop de risque que le père Coronelli symbolise l'archétype de l'*uomo universale* de la période baroque, encore que son centre d'intérêt principal fût la géographie. C'est d'ailleurs pourquoi il fonda en 1684 l'Accademia Cosmografica degli Argonauti, la première société géographique d'Europe. En tant que cosmographe officiel de la république de Venise, il publia des centaines de cartes et plusieurs atlas, bien qu'il dût finalement une bonne partie de sa renommée, à l'instar de Greuter, à la réalisation de globes.

Entre 1681 et 1683, il réalisa la plus impressionnante de ses œuvres : une gigantesque paire de globes d'un diamètre de près de quatre mètres pour le compte du roi de France Louis XIV. Il se consacra, dans les années qui suivirent, à les rééditer à une échelle plus humaine. La première édition de ces modèles réduits (1688) consista en ses exemplaires les plus volumineux, atteignant un diamètre de 108 centimètres ! Jamais égalés en Italie, ces globes demeurent encore, dans bien des cas, les joyaux de nombreuses bibliothèques. Le support habituellement proposé par Coronelli pour un tel globe n'étant pas à la hauteur de l'œuvre et de l'environnement pour lequel il se voyait voué, les institutions et les individus qui en acquirent un exemplaire commandèrent généralement à un artisan-artiste local la fabrication d'un support susceptible de mettre en valeur cette pièce magistrale. L'exemplaire du Musée Stewart n'est pas sans rappeler pareille contribution artistique. Malheureusement, dans ce cas-ci comme dans la majorité des cas d'ailleurs, le nom de cet artisan-artiste reste inconnu.

Les travaux de Coronelli ne permirent pas toutefois de mettre sur pied une production italienne ou encore un style national. Selon la spécialiste Elly Dekker, le fait que les producteurs de globes d'Italie fabriquaient leurs œuvres de façon individuelle et isolée pourrait être interprété en fonction de l'organisation politique de la péninsule italienne d'alors, c'est-à-dire un amalgame de cités-États indépendantes les unes des autres. Mis à part quelques fabricants somme toute obscurs, il fallut ainsi attendre la fin du XVIIIe siècle pour finalement retrouver en Italie de nouvelles activités dans ce domaine. Celles-ci vinrent d'un autre homme de robe, de l'ordre dominicain des Clerici regolari Somaschi, Giovanni Maria Cassini (vers 1745-vers 1824). Du plus loin que l'on sache, il n'a aucun lien de parenté avec les Cassini qui régnèrent durant quatre générations à l'Observatoire de Paris.

Giovanni Maria Cassini apprit son métier de dessinateur et de graveur à Rome alors qu'il étudiait sous la supervision de Giambattista Piranesi, reconnu pour ses nombreux recueils architecturaux richement illustrés et fortement inspirés de l'Antiquité grecque et romaine. Selon toute vraisemblance, Cassini entreprit sa carrière cartographique en 1787. À ce titre, sa plus importante contribution fut à n'en pas douter — quoique son nom ne figure pas sur la page de titre de l'œuvre — les tailles-douces de l'atlas romain intitulé *Nuovo atlante geografico universale* (1792-1801), pour la plupart réalisées entre 1788 et 1791. C'est dans la première partie de ce triptyque que l'on retrouve les fuseaux de ses globes. À l'instar de Coronelli et de son *Libro dei globi* (1697), et au contraire de la plupart des fabricants qui conservaient scrupuleusement leurs fuseaux imprimés, limitant ainsi leurs reproductions afin d'éviter qu'ils soient copiés, Cassini, à partir de 1792, favorisa la fabrication de ses globes par la vente du *Nuovo atlante* ou encore par l'achat des fuseaux en feuilles séparées. La majorité de ses globes se retrouvent aujourd'hui au sein de collections italiennes.

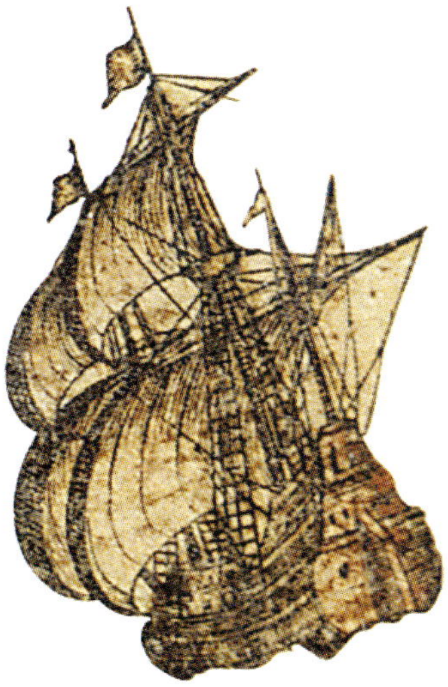

Une copie du globe terrestre de Jodocus Hondius (1601) par Giuseppe de Rossi, 1615

Diamètre : 21 centimètres
Musée Stewart — 1980.54.3 (fig. 38)

On sait peu de chose au sujet de Giuseppe de Rossi, l'éditeur de ce globe, excepté qu'il travailla à Milan vers 1615 et que sa principale activité consistait en la publication de copies de globes hollandais. Van der Krogt (Van der Krogt 1993) conjecture que la production de globes attribuée à de Rossi aurait même pu surpasser celle de Hondius. Cette hypothèse, il la base sur la constatation qu'aux Pays-Bas seulement se trouvent trois globes terrestres et deux globes célestes édités par de Rossi, sans compter les feuilles de fuseaux imprimées qui existent au sein de diverses collections.

On ne manque pas, en revanche, d'informations à propos du créateur originel de ce globe. Jodocus Hondius (1563-1612) naquit en Flandres, à Wakken. Il dut, pour des raisons religieuses, se réfugier en Angleterre où il put graver les tailles-douces associées à la paire de globes maintenant célèbre de Emery Molyneux. Hondius gagna Amsterdam vers 1593 où il établit, dans la Kalverstraat, une maison d'édition cartographique qui connut rapidement un vif succès. Jusqu'à sa mort en 1612, il y publia plusieurs paires de globes mesurant 21 et 35,5 centimètres de diamètre. C'est celui de 21 centimètres, en l'occurrence, qui nous intéresse plus particulièrement, car le « globe de Hondius » du Musée Stewart est, comme nous l'avons déjà mentionné, une copie italienne. Giuseppe de Rossi reproduisit de manière intégrale ce globe de Hondius, modifiant uniquement la date de parution — 1615 au lieu de 1601 — et la dédicace.

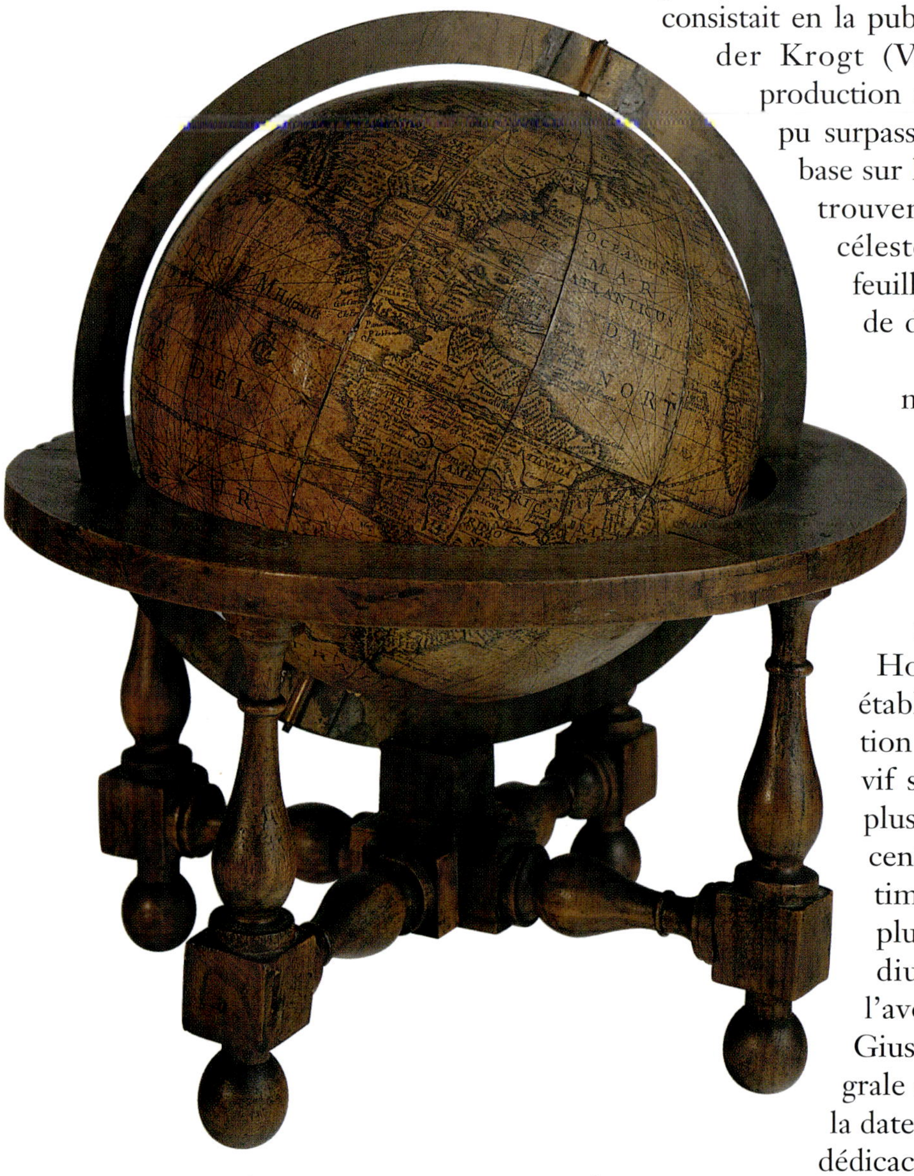

Figure 38. Bien avant que le concept de copyright ne soit accepté et respecté, Giuseppe de Rossi réalisa à Milan, en 1615, une copie presque conforme du globe terrestre de Jodocus Hondius originellement publié à Amsterdam en 1601. Le support et le méridien de cuivre sont probablement de construction plus récente.

À cette époque, la forte demande de globes à travers toute l'Europe semble avoir été trop importante pour être comblée par les seuls fabricants d'Amsterdam. Il ne faudrait donc pas se surprendre que des copies aient été réalisées à l'étranger afin de satisfaire à cette demande. En outre, puisque les globes montés étaient particulièrement fragiles, ils s'avéraient coûteux et difficiles à transporter de ville en ville, élément supplémentaire qui encouragea certes la production de copies étrangères.

Contemporain de Giuseppe de Rossi, Matthäus Greuter, à Rome, devint un autre de ces importants copistes des productions hollandaises; en France, ce fut Jean Boisseau qui remplit ce rôle.

Le globe édité par de Rossi et conservé au Musée Stewart se compose de 12 fuseaux entièrement gravés, disposés et collés d'un pôle à l'autre. Quant à son support en bois, il semble de fabrication récente, du XIXe voire du XXe siècle. Il consiste en quatre colonnettes tournées supportant la table d'horizon, sur laquelle les informations imprimées et originellement collées ont été complètement effacées. Les pieds sont reliés entre eux par deux croisillons et le pivot central servant de support au méridien repose sur un bloc de bois placé à l'intersection des croisillons. Le méridien équinoxial est fabriqué d'une mince feuille de cuivre.

Lorsqu'il réalisa son globe daté de 1601, Hondius y apporta une modification notée, consistant en l'adoption du méridien d'origine traversant les îles de Corvo et de Florès, aux Açores, plutôt que celui plus habituel croisant la plus à l'ouest des îles du Cap-Vert, comme c'était le cas d'ailleurs sur son globe antérieur de plus fort diamètre. Hondius croyait avoir ainsi corrigé de manière significative les erreurs de longitude présentes sur son globe précédent; cela ne fut malheureusement pas le cas.

Figure 39. Le tracé géographique de ce globe correspond intégralement à celui de la version originale de Hondius datée de 1601. Cependant, cette version de Giuseppe de Rossi, produite en 1615, aurait grandement profité des cartes de la Nouvelle-France publiées par Champlain en 1613. Prédominant, le cartouche de la dédicace couvre une surface considérable de l'Amérique du Nord, façon heureuse de pallier le manque d'information associée à cette terra incognita *septentrionale.*

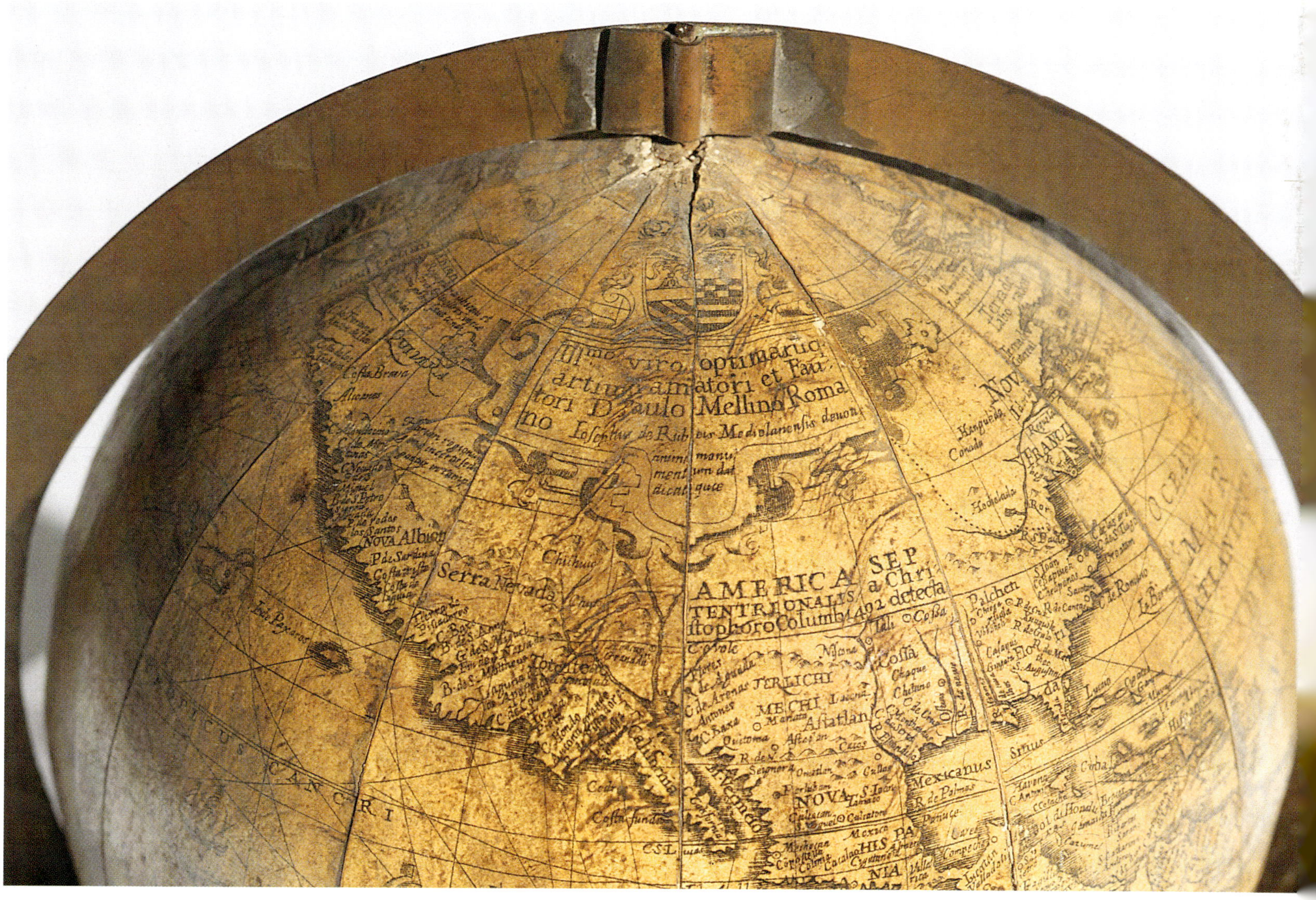

Le tracé géographique du globe de de Rossi reste identique à celui qui se trouve sur le globe original de Hondius édité en 1601. Dans l'espace cartographique occupé aujourd'hui par le Canada, la première chose sur laquelle se porte notre attention est le cartouche de la dédicace (fig. 39) recouvrant entièrement la zone nordique du pays, façon fort habile de contourner la nécessité d'y dessiner les caractéristiques d'une région toujours non explorée. Dans la partie nord-ouest du continent, le détroit d'Anian (« Anian Fretum ») sépare dorénavant l'Amérique de l'Asie, et dans le prolongement sud de la côte occidentale, un grand nombre de toponymes décrivent cette zone. Celui de « Quivira » (un royaume insulaire d'une richesse légendaire) couvre la plus grande partie du Canada et des États-Unis d'Amérique actuels. Sur le territoire de la Nouvelle-France, le « a » final de « Nova » manque au toponyme de « Nova Francia », laissant supposer une révision ou un remplacement du fuseau qui couvre cette partie du monde. Le fleuve Saint-Laurent est dessiné, mais aucun des Grands Lacs ne l'est. On peut aussi y lire les appellations « Canada » et « Hochelada » (pour Hochelaga, toponyme antérieur de Montréal). D'autres noms apparaissent le long de la côte du Labrador (« Terra de Laborador ») et une péninsule, représentant possiblement Terre-Neuve, est dénommée « Terra de Cotereal » (faisant référence à la famille de navigateurs portugais Corte-Real, qui explorèrent ladite côte en 1500-1501). Compte tenu de la dimension du globe, le tracé géographique qui dépeint la Nouvelle-France était adéquat à l'époque de sa publication originale par Hondius en 1601. La copie exécutée en 1615 par de Rossi, cependant, présente un certain nombre d'inexactitudes étant donné sa publication ultérieure de quelques années à la parution des premières cartes de Samuel de Champlain. En effet, celles-ci redéfinirent radicalement, à la lumière de ses explorations des côtes et de l'intérieur de la colonie, le tracé géographique de la Nouvelle-France.

Principales références bibliographiques

Dekker 1999, p. 357-359 et 482-484; Van der Krogt 1984, p. 148-151; Van der Krogt 1993, p. 163-165, 209-214 et 473-476.

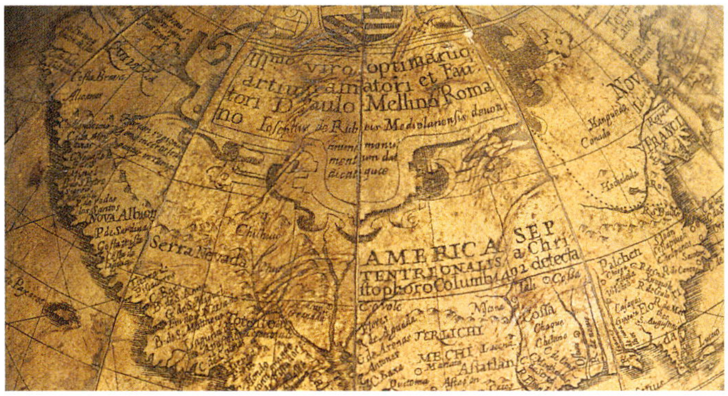

Les globes terrestre (1632) et céleste (1636) de Matthäus Greuter

Diamètre : 49 centimètres
Globe terrestre : Musée Stewart — 1968.8.1 (fig. 40)
Globe céleste : Musée Stewart — 1968.8.2 (fig. 41)

L'œuvre de Matthäus Greuter (1566?-1638), Alsacien d'origine, est intimement liée au Pays-Bas. En effet, en début de carrière, Greuter quitta sa région natale parce que chassé, pourrait-on dire, par la trop forte pression intellectuelle et commerciale de l'édition cartographique amstellodanoise. À Rome, où il se retrouva au début du XVIIe siècle, il se consacra à son art avec ardeur et, selon toute vraisemblance, avec succès. Ce ne serait qu'au début des années 1620 qu'il aurait entrepris la gravure de fuseaux aux fins de la production d'une paire de globes. À l'instar de plusieurs de ses proches contemporains — tels de Rossi à Milan, Boisseau à Paris et Moxon à Londres —, il se serait laissé influencer par les maîtres de l'art et de la technique de l'époque, les Hollandais, et en particulier par Willem Jansz. Blaeu. La paire de globes terrestre (1632) et céleste (1636) produite par Greuter est en vérité une copie presque conforme, quoiqu'en format réduit, de la paire de globes de 68 centimètres fabriquée par Blaeu en 1622, deuxième état d'une paire originellement datée de 1616-1617 (consulter la section sur la famille Blaeu du chapitre 1, pages 25-30).

Dédié à Iacobo Boncompagno de Bologne — dont l'arrière-grand-père fut le pape Grégoire XIII, principal patron de la réforme du calendrier de 1582 —, le globe terrestre de Greuter se différencie de celui de Blaeu, de prime abord, par l'omission des lignes loxodromiques (courbes fictives que suivent les navires lorsqu'ils coupent les méridiens sous un même angle). En éliminant ainsi toute référence aux lignes loxodromiques sur le globe et dans le cartouche « Avis au Lecteur » (fig. 42), il devient tout à fait vraisemblable de prétendre que Greuter n'eut pas l'intention d'en vendre à titre d'instruments de navigation. Deux autres distinctions peuvent être notées à propos des cartouches. Certains, par exemple celui de la « Note sur la détermination de la longitude », furent gravés à l'inverse de celui que l'on retrouve sur le globe de Blaeu, c'est-à-dire que le personnage tenant entre ses mains le bâton de Jacob se positionne à droite chez Greuter plutôt qu'à gauche, et vice-versa pour le personnage manipulant le quadrant (il en va de même pour le cartouche « Avis au Lecteur »). Cette façon de faire était courante à cette époque quand il s'agissait pour un graveur de copier une œuvre existante. L'autre cartouche, situé au nord-ouest de l'Amérique du Nord, est pourvu d'une apparence tout à fait différente et l'inscription, fournissant un historique des explorations, semble être un résumé du discours que Blaeu énonça sur son propre globe.

En ce qui concerne le tracé géographique, la copie se montre somme toute fidèle. Peu de détails sont disponibles pour la Nouvelle-France (fig. 43), outre le fait que le fleuve Saint-Laurent trouve sa source dans un

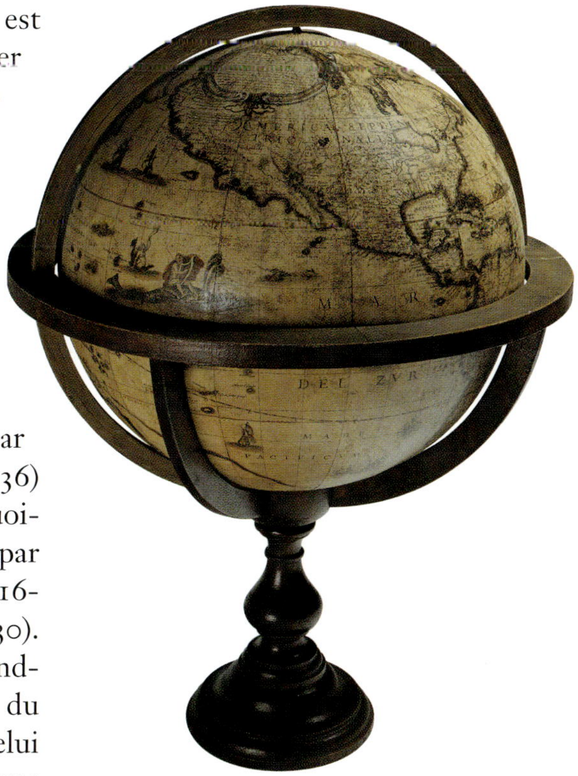

Figure 40. Le globe terrestre de 1632 de Matthäus Greuter est en majeure partie une copie du globe terrestre de Blaeu (dont une réédition est présentée dans le chapitre des Pays-Bas, fig. 7). À cette époque, on copiait souvent les globes néerlandais parce que, entre autres, les fabricants d'Amsterdam n'arrivaient plus, seuls, à répondre à la très forte demande européenne (voir l'agrandissement à la page suivante).

Figure 41. À l'instar du globe terrestre, le globe céleste de 1636 de Greuter est une copie révisée de la seconde version datée de 1622 du globe de Blaeu de 68 centimètres de diamètre (fig. 8). La position des étoiles est cependant calculée pour l'année 1636, embrassant dans le même élan les travaux de Tycho Brahé qui inspirèrent Blaeu lors de la fabrication de ses globes (voir l'agrandissement à la page 83).

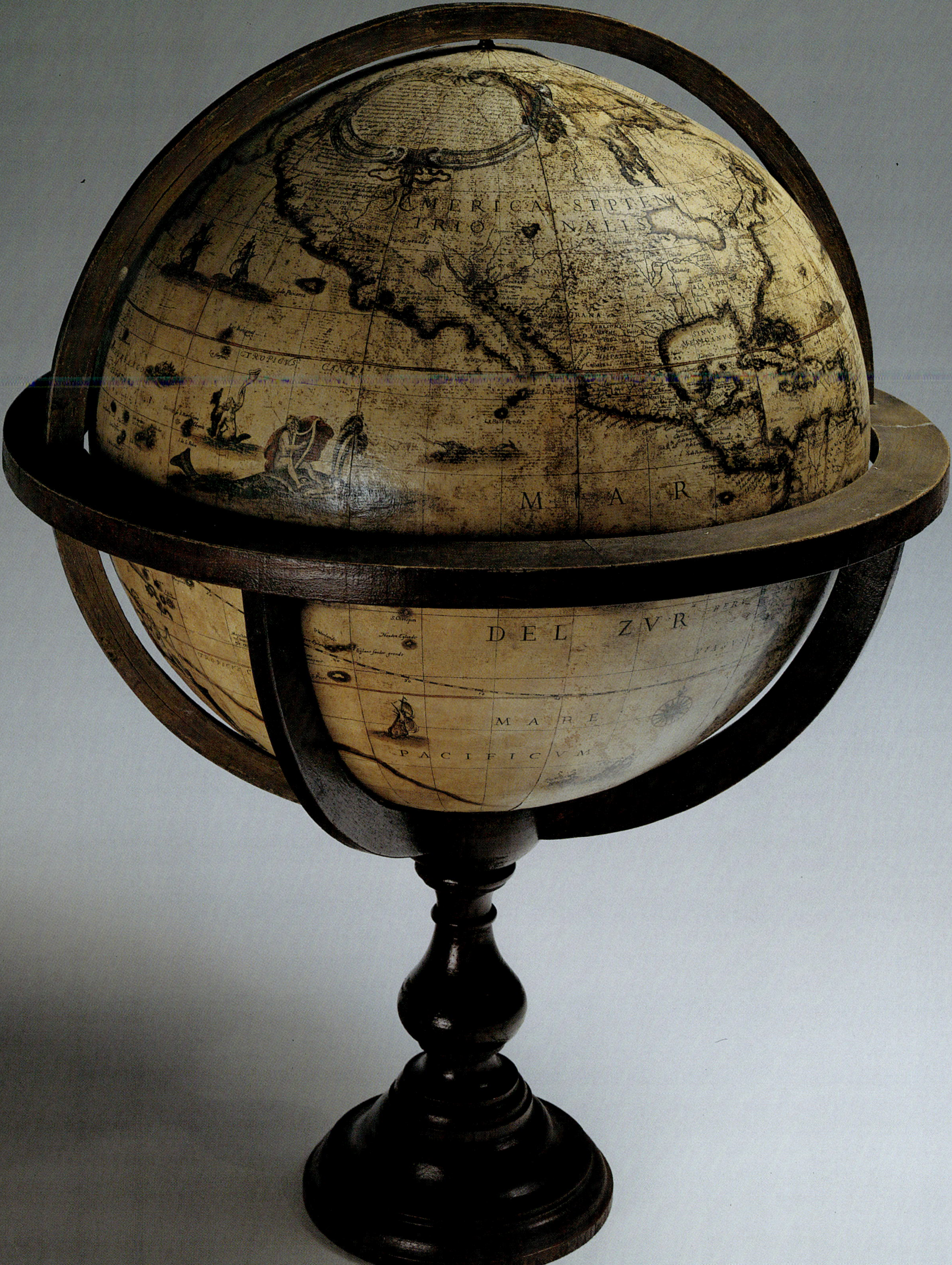
AMERICA SEPTEN
TRIO NALIS
M A R
DEL ZVR
MARE
PACIFICVM

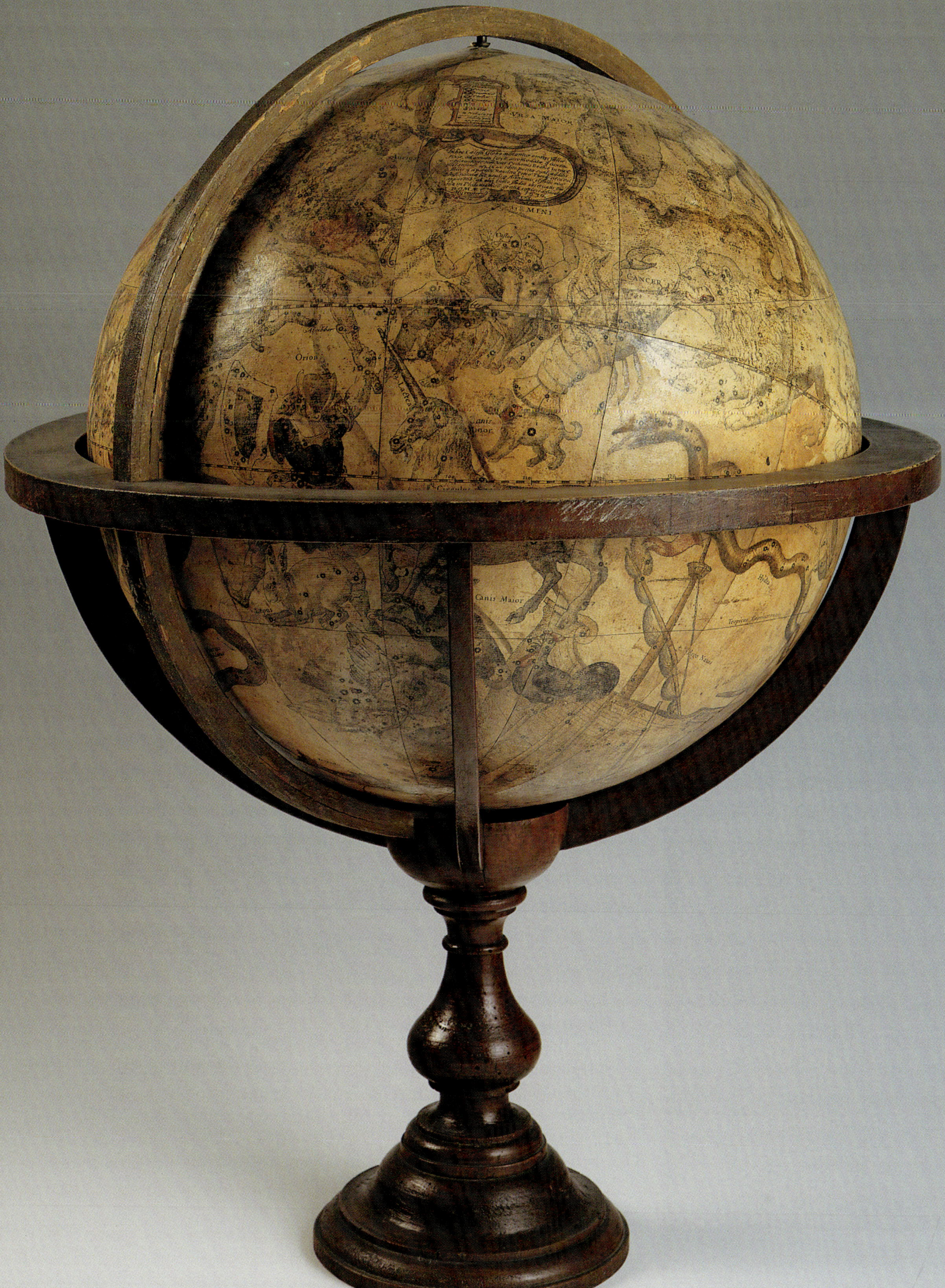
GEMINI
CANCER
Orion
Canis Maior

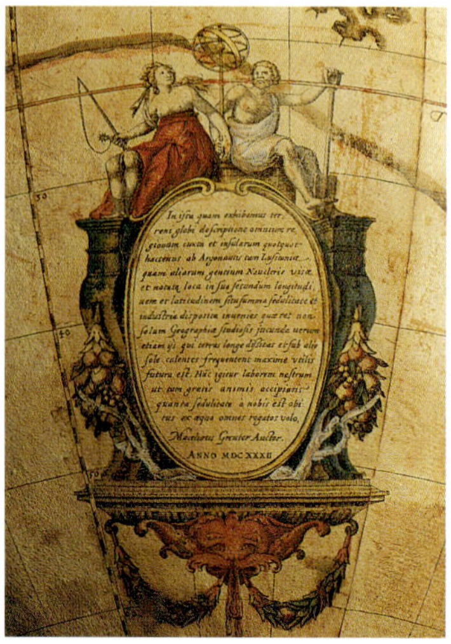

Figure 42. Le texte de ce cartouche — une image miroir de celui, identique, gravé sur le globe terrestre de Blaeu — décrit les principales caractéristiques du globe terrestre de Greuter.

Figure 43. Si l'on compare la Nouvelle-France de Greuter à celle de Blaeu (fig. 9), on doit admettre la ressemblance du tracé géographique. Cela ne devrait point surprendre puisque Blaeu s'inspira de cartes publiées par Champlain en 1613 cependant que Greuter copia le fabricant amstellodanois.

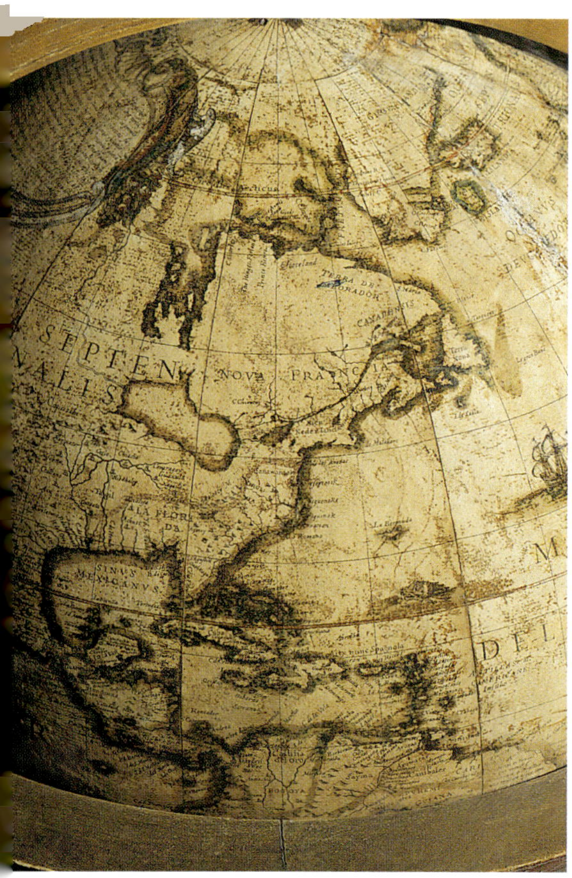

lac que l'on pourrait associer au lac Ontario, lui-même juxtaposé à une immense étendue d'eau, sans nom, tenant lieu des futurs quatre autres grands lacs de la région. Greuter aurait certes bénéficié des travaux de son contemporain Samuel de Champlain, et particulièrement de sa carte de la Nouvelle-France imprimée en 1632, s'ils avaient été portés à son attention. À l'instar du globe de Blaeu, le toponyme de « Nieu Nederland » — Blaeu fut le premier à utiliser ce toponyme sur un de ses globes — sert à illustrer les revendications territoriales hollandaises dans la région actuelle de la ville de New York.

Un détail géographique fort intéressant de ce globe demeure la représentation de l'île « Yezo » au nord du Japon, l'actuelle Hokkaidō (fig. 44). Cette particularité cartographique ne provient pas de Blaeu. En effet, il fallut attendre 1645 et le compte rendu du voyage d'exploration du navigateur flamand Maerten Gerritsz. Vries pour que l'île soit reconnue et documentée en Hollande. Et par conséquent, selon Peter van der Krogt, « Yezo » n'apparut sur le globe terrestre de 68 centimètres de Blaeu qu'au sein du quatrième état, soit entre les années 1645 et 1648. Greuter ne se serait donc pas basé uniquement sur le second état dudit globe de Blaeu afin de confectionner le sien. L'hypothèse la plus vraisemblable serait plutôt que Greuter eut accès à la carte de Christophoros Blancus, publiée à Rome en 1617, la première représentation européenne imprimée de l'île en question. Le tracé géographique de cette région du globe nous permet de croire en la justesse de cette conjecture. Il pourrait dès lors s'agir de la première représentation cartographique sur un globe terrestre de l'île japonaise d'Hokkaidō.

Le globe céleste de 1636 s'affiche aussi, quant à lui, comme une copie largement inspirée du travail de Blaeu. Le principal cartouche cite l'origine de l'œuvre, basée sur les observations de l'astronome danois Tycho Brahé, que le fabricant de globes amstellodanois eut l'occasion de rencontrer à son observatoire situé sur l'île de Hven (aujourd'hui Ven, baignant dans les eaux territoriales de la Suède). On peut ainsi lire dans le cartouche la mention suivante : « In hoc Coelesti Globo notantur omnes stellæ fixæ, ad annum 1636 accomodatæ, q iuxta observatione Nob. Viri Tychonis Brahæ, in max illo Iansonij, an. 1622 edito [...] » (Toutes les étoiles de ce globe céleste sont fixées pour l'année 1636 et positionnées conformément aux observations du noble Tycho Brahé, telles que représentées sur l'œuvre [le globe] extraordinaire de Jansson [Blaeu], éditée en 1622 [...]). Pour représenter le nombre de degrés de longitude à ajouter ou à soustraire aux étoiles afin de rendre compte, au fil des décennies, de la précession des équinoxes, Greuter copia *verbatim* le travail de Petrus Plancius.

Mis à part les constellations traditionnelles attribuées à Ptolémée et les plus récentes de l'hémisphère sud dévoilées par les explorations aux Indes orientales de navigateurs hollandais — principalement Frederik de Houtman —, les constellations dépeintes comprennent aussi celles de 1624 de Jacob Bartsch : « Camelopardalis » (la Girafe), et « Vnicornis » (la Licorne) (fig. 45), toutes deux absentes chez Blaeu, mais dépeintes chez Plancius (1625). Greuter ne tint pas compte non plus de la nova de 1604 repérée dans la constellation « Ophiuchus » (le Serpentaire). L'année suivante, en 1605, Blaeu la confondit avec la planète Jupiter, celle-ci se

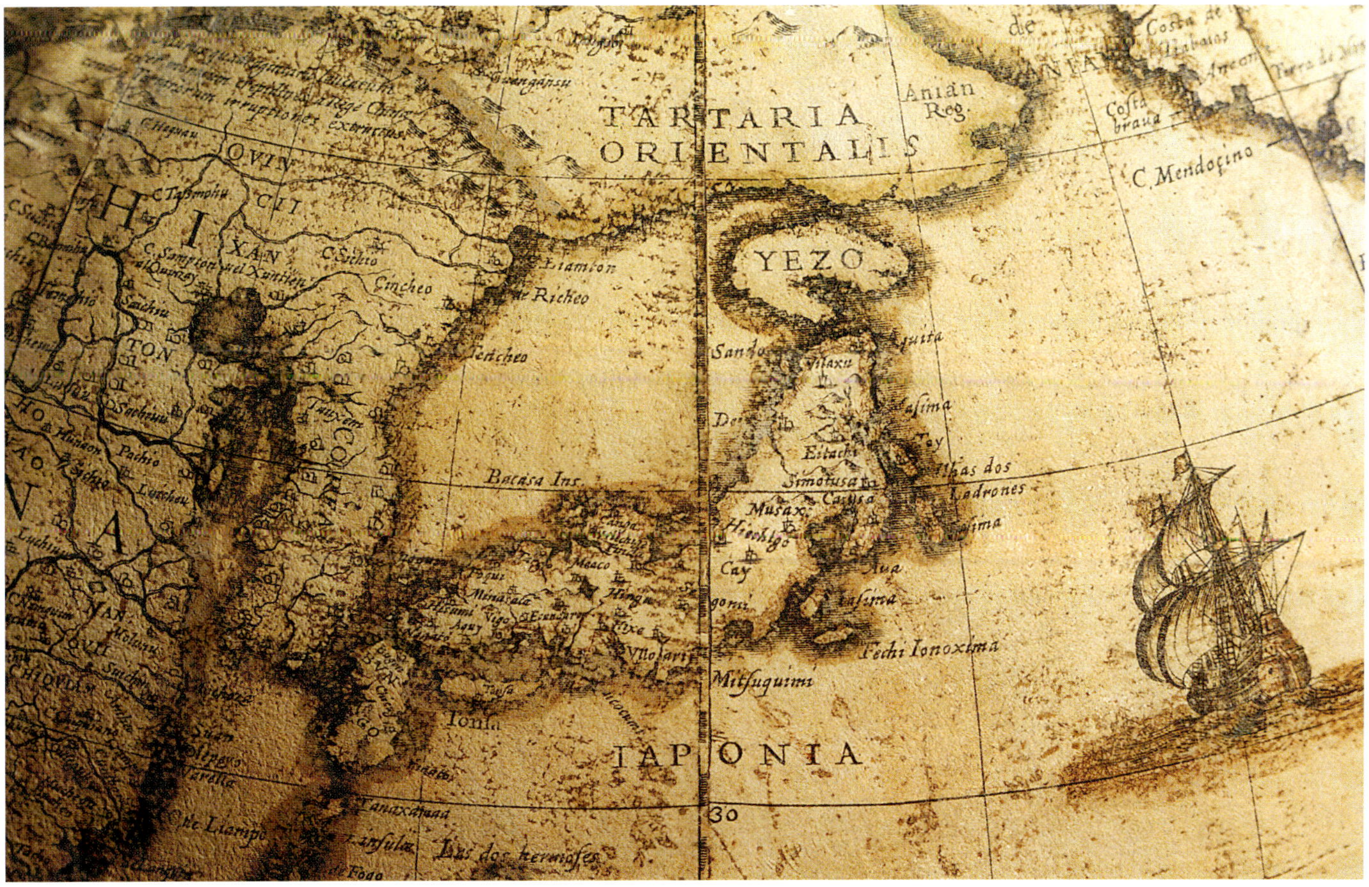

trouvant au moment de l'observation à deux degrés et demi à l'est de la nova originelle de l'année précédente. En s'abstenant de copier la nova de 1604 sur son globe céleste, Greuter évita l'association erronée du Hollandais.

Pareil choix éditorial laisserait-il entendre que Greuter douta de la véracité de cette information et qu'ainsi, pour éviter toute controverse scientifique, il s'abstint simplement de copier ce détail qui lui aurait semblé hors de l'ordinaire ? Quoi qu'il en soit, bien qu'il copiât en grande partie le fabricant d'Amsterdam, Greuter eut au moins le souci de mettre tant soit peu à jour son globe céleste par l'ajout des constellations de Bartsch, qualité qu'on ne lui attribue pas assez souvent. Par ailleurs, à la lumière de ces informations, il serait important de réexaminer l'apport scientifique de Plancius à l'œuvre de Greuter puisqu'il nous est d'avis qu'il pourrait s'avérer plus important que nous le crûmes par le passé.

Le globe céleste de Greuter diffère aussi de l'œuvre de Blaeu par l'addition, au sein de « Ursa Maior », d'une ancienne représentation de cette constellation, nommée « Plaustrum ». Dessinés dans la queue et sur la croupe de l'ourse, trois chevaux tirent un char de guerre sur lequel trois pila figurent derrière un soldat romain, arc et flèche encochée entre les mains. Chez Pierre Apian — mathématicien, astronome et géographe allemand, professeur à l'Université d'Ingolstadt —, Plaustrum est clairement identifié à la Grande Ourse (connue aussi sous le nom du Grand Chariot). Sur le globe de Greuter, par contre, le second cheval tirant ledit char ne se voit pas monté d'un cavalier alors que c'est en effet le cas sur un planisphère céleste du *Cosmographia, seu descriptio totius orbis* (1524)

Figure 44. Située au nord du Japon, l'île « Yezo » (l'actuelle Hokkaidō) fait figure de distinction notable entre les globes terrestres de Blaeu et de Greuter. Ce dernier aurait obtenu cette information d'une carte publiée à Rome en 1617 par Christophoros Blancus. Les successeurs de Blaeu durent attendre, quant à eux, le compte rendu des explorations du navigateur hollandais Maerten Gerritsz. Vries, vers 1645, pour inclure finalement l'île sur une nouvelle édition du globe terrestre.

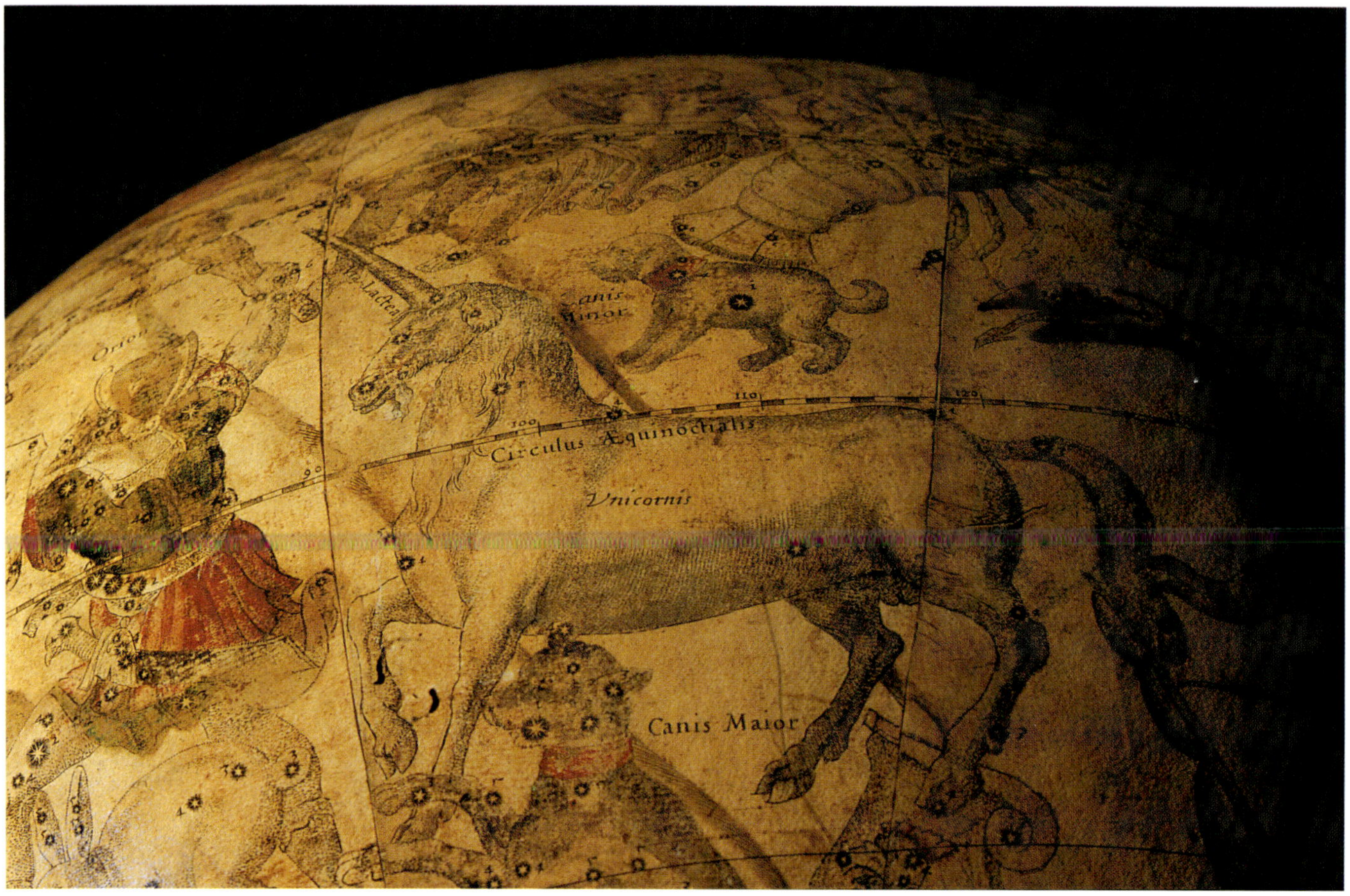

Figure 45. Greuter intègre à son globe céleste de 1636 les deux nouvelles constellations élaborées en 1624 par Jacob Bartsch, soit « Camelopardalis » (la Girafe) et « Vnicornis » (la Licorne). Cette dernière, représentée ci-haut, illustre l'animal fabuleux, symbole de virginité et de pureté dans les légendes médiévales.

d'Apian. Ce cavalier symbolisait une étoile, Alcor, représentée par ce même Apian, et ce, pour la première fois en Europe. Tycho Brahé en omit toute référence, suivant entre autres la convention des tables alphonsines médiévales, ce qui en explique l'absence sur le globe céleste de Blaeu et, ensuite, sur celui de Greuter. Blaeu, finalement, cite cette ancienne appellation de Ursa Major, mais n'en fait pas la représentation graphique sur ses globes.

Greuter conçut une seconde paire de globes, entre les années 1636-1638, dont le diamètre fut de 26,5 centimètres. Le globe terrestre (1638) s'avère être une réplique réduite de son précédent globe de 49 centimètres tandis que le globe céleste (1636) serait une copie du globe de la même dimension produit par Pieter van den Keere et daté de 1612. Les globes de Greuter connurent du succès tout au long du XVIIe siècle, reproduits à maintes reprises par Giovanni Giacomo et Domenico de Rossi et actualisés une ultime fois à Rome en 1744 avec l'indication de l'imprimeur « Calcografia della R.C.A. ». Somme toute, Greuter fit davantage que recopier naïvement l'ouvrage de son contemporain septentrional. Là où il le jugea nécessaire, il modifia et mit à jour les représentations cartographiques terrestre et céleste de ses globes, dans la plus pure tradition des cosmographes du Grand Siècle.

Principales références bibliographiques

Hubbard 1994; Stevenson 1921, II, p. 54-61; Van der Krogt 1993, p. 211-212; Zögner 1989, p. 84-85 et 87.

Le globe terrestre de Vincenzo Maria Coronelli, 1688

Diamètre : 108 centimètres
Musée Stewart — 1979.33.1 (fig. 46)

Considéré par certains comme « le plus grand fabricant de globes de tous les temps » (Wallis 1969, p. xviii), le franciscain Vincenzo Maria Coronelli (1650-1718) supervisa, entre les années 1680 et 1690, la production de six tailles différentes de globes, des globes de poche de 5 centimètres aux globes de 108 centimètres de diamètre. Sa renommée repose indubitablement sur l'impressionnante paire de globes de 3,85 mètres de diamètre présentée à Louis XIV en 1683 et, ensuite, sur les copies de 108 centimètres des précédents, construites à partir de 1688 et apparaissant dans nombre de bibliothèques privées et princières d'Europe.

Né en 1650 dans la cité-État de Venise, Coronelli fut le cinquième enfant d'une famille issue d'un milieu modeste. À dix ans, il rejoignit son frère à Ravenne où il devint apprenti chez un graveur sur bois. À treize ans, il entra dans l'ordre franciscain des Conventuels au couvent Santo Nicolò della Lattuca et à seize ans, il publia son premier ouvrage, *Calendario perpetuo sacro profano*, qui fournit, pour Venise, une description des jours saints, des festivals ainsi que l'heure du courrier. Il étudia ensuite à Rome dans le but de devenir docteur en théologie, titre qu'il reçut en 1674. On ignore à quand remonte son intérêt pour la géographie, bien que nous sachions qu'il étudia l'astronomie pendant quatre ans et l'œuvre d'Euclide pendant trois ans.

En 1678, il construisit pour le duc de Parme une grande paire de globes manuscrits de 1,5 mètres de diamètre. Ces globes impressionnèrent tant le cardinal d'Estrées, alors ambassadeur de France auprès du Saint-Siège, qu'il mandata *subito presto* Coronelli pour la construction d'une paire de globes devant être présentée à Louis XIV. À Paris jusqu'en 1683 afin de porter la touche finale aux énormes globes (mieux connus sous le nom de *globes du château de Marly*, du nom d'une des résidences royales de Louis XIV où les globes furent tout d'abord déposés), Coronelli rentra à Venise où il reçut le titre de cosmographe (*cosmografo*), accompagné d'un traitement annuel de 400 florins. Il passa le reste de sa vie à Venise où une étonnante liste de publications et de globes virent le jour sous sa direction. Parmi ces publications se trouvent l'*Atlante Veneto* (1690-1705) — une série d'atlas conçue afin de rivaliser avec la série hollandaise de Blaeu —, des traités de géographie, une encyclopédie — *Biblioteca universale sacro-profano* (45 volumes prévus, seulement 7 publiés) — et finalement le compte rendu d'un voyage de Venise en Angleterre effectué en 1697. De plus, son *Epitome cosmografica* (1693) présente une compilation des lectures en astronomie et en géographie qu'il fit à l'université.

La carrière ecclésiastique de Coronelli se vit couronnée lorsqu'il fut élu en 1701 ministre général de l'ordre auquel il appartenait. Néanmoins, à peine trois années plus tard, à la suite des griefs de certains de ses coréligionnaires, il fut relevé de sa charge par le pape. « De toute évidence,

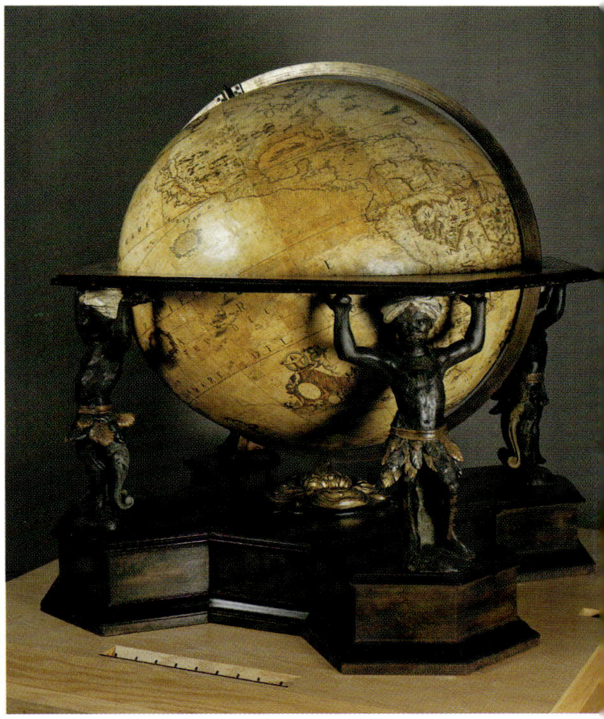

Figure 46. Ce splendide globe terrestre de Vincenzo Coronelli, daté de 1688, aurait fièrement décoré, quelque part en Europe, la bibliothèque d'un prince, d'un ambassadeur ou encore d'un riche mécène. Gravé à l'atelier vénitien de Coronelli, ce globe est monté dans un support à quatre caryatides, probablement construit par un artisan-artiste engagé spécialement à cette fin par un propriétaire précédent (voir l'agrandissement à la page 74).

la progression de Coronelli sur les chemins du gouvernement ecclésiastique et de la science universelle dénotait à la fois dynamisme et fertilité d'esprit. » (Wallis 1969, p. v)

Cette grande fertilité d'esprit le conduisit à mettre sur pied en 1684 la première société géographique au monde, l'Accademia Cosmografica degli Argonauti. Appelée ainsi en référence à Jason et à la légende grecque antique de sa quête de la toison d'or sur le navire *Argo*, l'emblème de la société savante consistait en l'image d'un globe surmonté d'un navire et d'une Gloire ailée soufflant dans une trompette (fig. 47). Les membres de la société savante étaient recrutés à travers toute l'Europe : Italie, France, Angleterre, Allemagne, Pologne, etc. Parmi eux figuraient des princes, des cardinaux, des ambassadeurs, des scientifiques et des bibliothécaires ; une liste des membres effectifs fut publiée dans l'*Epitome cosmografica*. Les membres avaient le privilège de recevoir six tailles-douces chaque mois, jusqu'à un total de 260.

La ville de Venise, depuis plusieurs siècles un important centre de commerce international grâce à ses contacts privilégiés avec l'Europe, l'Afrique et l'Asie via le bassin méditerranéen, était de ce fait stratégiquement située pour susciter l'intérêt tout particulier des arts géographiques. Les sciences et la géographie y étaient donc assidûment soutenues, et les princes vénitiens s'enorgueillissaient d'agrémenter leurs palais de cartes de toutes sortes. Venise, venant qui plus est de sortir victorieuse de sa guerre contre l'empire ottoman, était en pleine période d'expansion.

Pour que les globes de Coronelli devinssent une entreprise commerciale fructueuse, il eut besoin tout d'abord d'un investissement en capital initial, ensuite d'une main-d'œuvre de graveurs expérimentés et finalement d'une organisation structurée pour la distribution des cartes et des globes. À travers sa société géographique, Coronelli s'assura à la fois un appui financier et une clientèle assidue. Il commença de former des artisans à l'art de la gravure dans son atelier du couvent de Santa Maria Gloriosa dei Frari, où il s'était vu allouer des locaux en 1686. Il se lia aussi avec le graveur parisien Jean-Baptiste Nolin pour la réalisation de ses

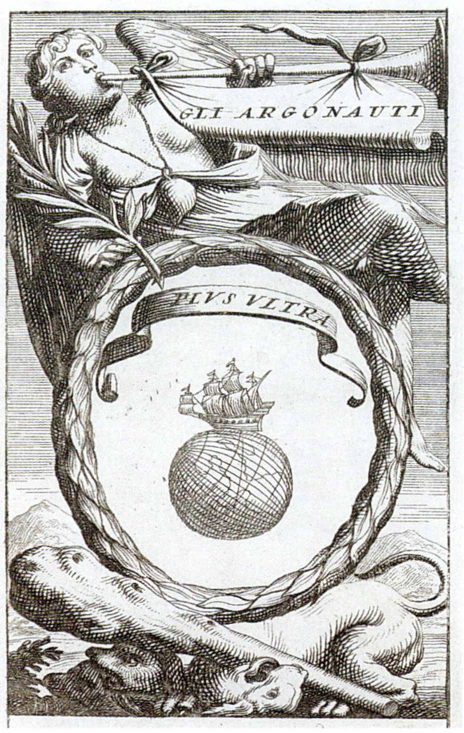

Figure 47. L'emblème choisi par Coronelli illustre un navire, un globe et une Gloire ailée soufflant dans une trompette. En associant son œuvre aux Argonautes, partis à la recherche de la toison d'or, Coronelli voulut attester des explorations géographiques les plus anciennes. La devise PLVS ULTRA *signifie « encore plus loin », très à propos à une époque où les voyages d'exploration continuent d'accroître les connaissances géographiques des Européens.*

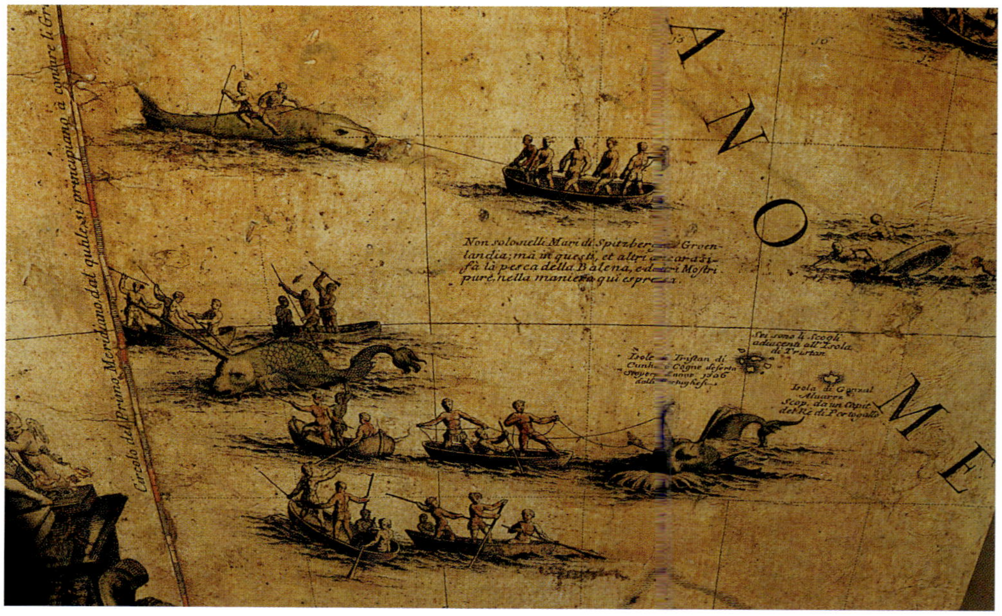

Figure 48. Le globe est parsemé, au milieu des grandes étendues d'eau, de navires primitifs et modernes de toutes sortes, brièvement décrits. Ces illustrations reflètent certes l'importance des explorations, mais avant tout le commerce d'ores et déjà mondial. Dans la scène ci-contre, Coronelli illustre la façon de faire la pêche à la baleine et aux autres « monstres marins ».

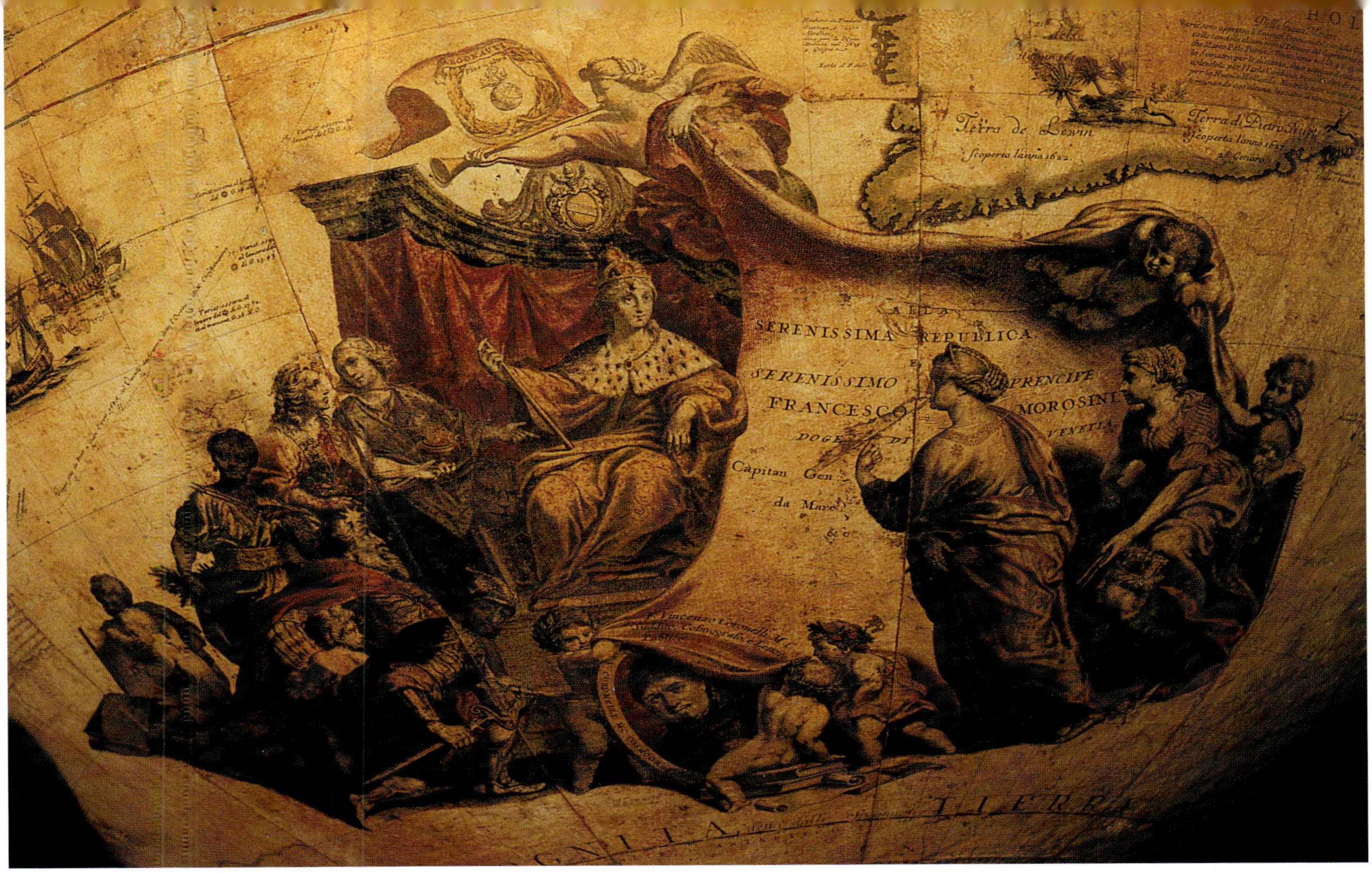

Figure 49. De grandes et belles dédicaces au doge vénitien Morosini ainsi qu'au cardinal d'Estrées, ambassadeur de France auprès du Saint-Siège, furent intégrées à ce globe. Le second fit mander Coronelli à Paris pour la fabrication d'une paire de globes dédiée à Louis XIV; le premier encouragea l'initiative. La dédicace au doge, présentée ci-haut, est ceinte d'un personnage féminin représentant Venise; les autres allégories servent à figurer les pays commerçant ou conquis par la République de Venise.

globes célestes. Coronelli commença d'éditer ses grands globes (108 cm de diamètre) dans ses ateliers franciscains en 1688.

Le globe de Coronelli appartenant au Musée Stewart est typiquement gravé dans son style vigoureux. On retrouve sur ses globes nombre d'inscriptions et d'images relatives aux explorations, à la navigation et à l'histoire. Les multiples illustrations de navires sont ravissantes, comme le prouve la figure 48. La décoration du globe comprend aussi cinq cartouches : un groupe de personnages au niveau de la Nouvelle-Hollande, agrémenté d'une dédicace au doge de Venise, Morosini, et d'un autoportrait de Coronelli (fig. 49 et 50), une allégorie et une dédicace au cardinal d'Estrées, une représentation du pape Alexandre VI divisant le Nouveau Monde entre l'Espagne et le Portugal, un cartouche sur le Nil et, en dernier lieu, un cartouche au pôle Sud commémorant Ferdinand Magellan.

Coronelli obtint, pour ce globe terrestre, quantité de sources géographiques alors qu'il travaillait sur ses grands globes, à Paris, entre 1681 et 1683. Il eut accès à tous les livres de la bibliothèque royale, de même qu'aux plus récents rapports d'exploration des jésuites en Nouvelle-France, portant principalement sur les Grands Lacs et le fleuve Mississippi. D'ailleurs, le voyage de Cavelier de La Salle à l'embouchure du Mississippi y figure. En outre, la route parcourue de Brest au Siam (1685-1686) par l'émissaire français Alexandre, chevalier de Chaumont, est représentée dans son intégralité.

L'intérêt particulier pour les Nord-Américains se trouve certes au sein de la description du Mississippi, mais avant tout dans la description des Grands Lacs (fig. 51), la plus complète depuis leur apparition sur une carte de Sanson datée de 1656. Le fait que l'embouchure du Mississippi apparaisse plus à l'ouest qu'elle ne l'est en réalité est le résultat d'une distorsion délibérée effectuée par le sieur de La Salle qui voulait promouvoir un projet d'établissement en Louisiane. La Californie, quant à

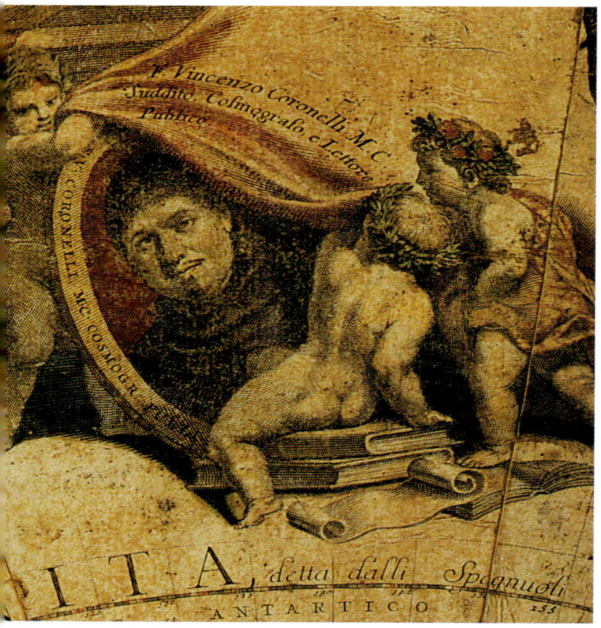

Figure 50. Cosmografo *(cosmographe), tel est le titre officiel que lui attribua en 1685 la République de Venise. Dès lors, une rétribution annuelle de 400 florins en plus de privilèges sur les droits d'auteur furent accordés à Coronelli.*

Figure 51. Les cartes, avant 1688, n'illustraient pas les limites occidentales des lacs Michigan et Supérieur. Coronelli se basa sur quelque trente années d'explorations françaises pour cartographier cette contrée. Il en obtint un tracé si heureux que certaines portions des Grands Lacs demeurèrent inchangées pendant presque deux siècles.

elle, est représentée sous les traits d'une île, à l'instar des cartes produites depuis 1622. Quatre éditions de ces globes virent le jour : 1688, 1692 ou 1693, 1696 et 1707. La première et la dernière furent dédicacées au doge de Venise, Morosini.

Puisqu'il n'existait aucune instruction sur la manière de fabriquer de grands globes, Coronelli décida que « la manière la plus sûre et la plus commode de fabriquer des sphères appropriées aux globes, quand ils sont de dimensions moyennes, est de construire un châssis de cercles en bois » (*Epitome cosmografica*). Quoique Coronelli n'ait jamais rédigé une véritable procédure de fabrication, d'aucuns pensent que ses sphères étaient construites de papier mâché appliqué à un fuseau-modèle amovible s'étendant d'un pôle à l'autre sur un châssis de bois. On coulait ensuite du plâtre pour parfaire la forme sphérique avant de coller à leur place les fuseaux imprimés. Ces derniers étaient finalement recouverts des couches superposées suivantes : peinture, albumen (blanc d'œuf) mélangé à du sucre et deux couches de laque.

Que reste-t-il, trois siècles plus tard, de l'héritage des globes de Coronelli ? On apprit un peu plus d'une décennie après la mort du cartographe en 1718, par l'entremise d'un voyageur à Venise, que les plaques de cuivre utilisées pour réaliser les magnifiques globes furent vendues au simple prix du cuivre. Ce qui reste dans certains musées privilégiés sont les globes eux-mêmes, dont l'exégèse des textes imprimés sur ces derniers nous donne un aperçu de l'Histoire telle que décrite à la fin du XVIIe siècle. Il nous reste à imaginer le globe comme pièce de choix dans l'environnement majestueux d'un château ou encore d'un palais.

Principales références bibliographiques

Bonasera 1967 ; Dekker et Van der Krogt 1993, p. 63-66 ; Dilke et Dilke 1984 ; Pelletier 1982 ; Scianna 1995 ; Stevenson 1921, II, p. 97-120 ; Wallis 1969 ; Wallis et Pelletier 1980 ; Witt 1974.

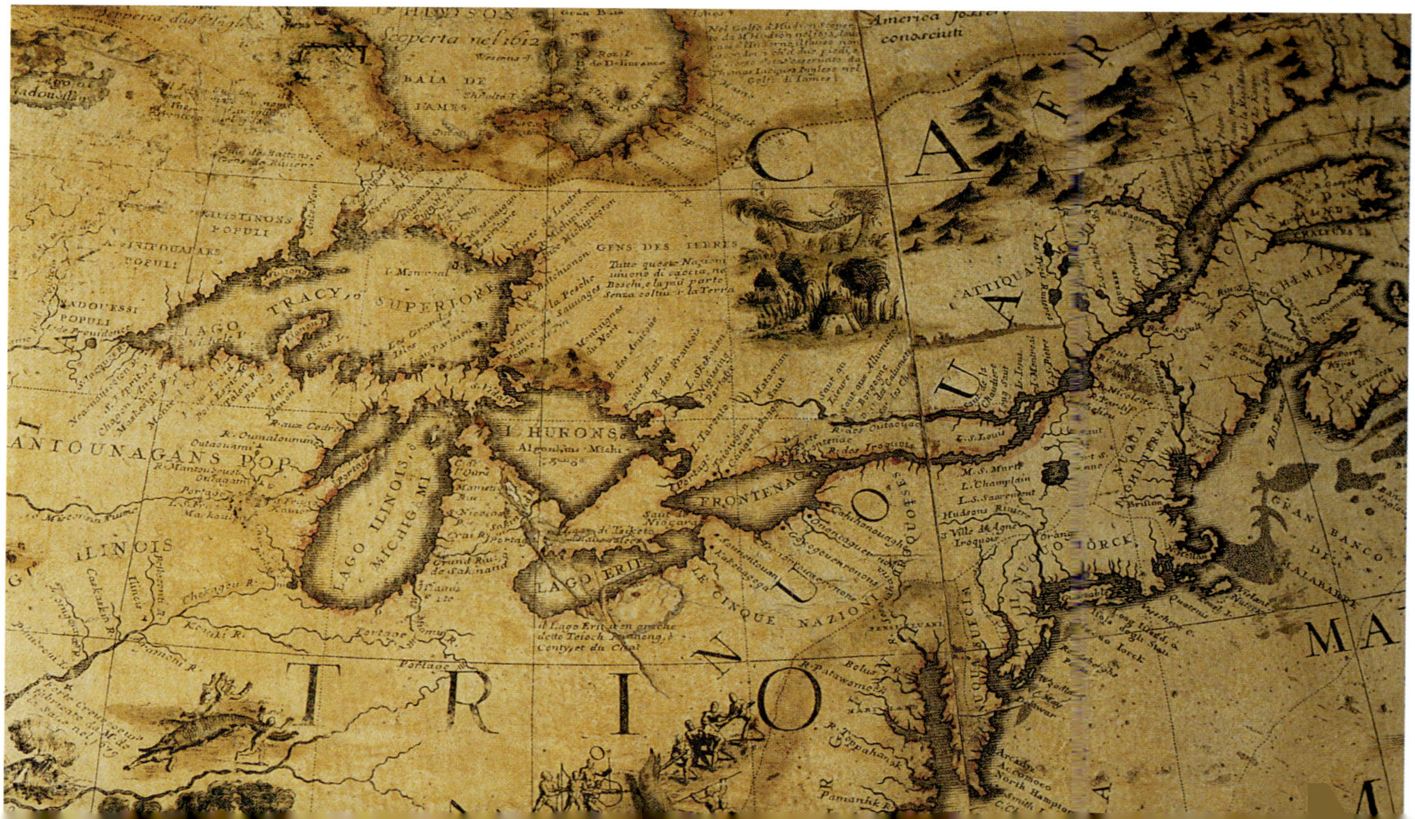

Les globes terrestre (1790) et céleste (1792) de Giovanni Maria Cassini

Diamètre : 33 centimètres
Globe terrestre : Musée Stewart — 1997.20.1 (fig. 52)
Globe céleste : Musée Stewart — 1997.20.2 (fig. 53)

Après qu'il eut fait ses armes à titre de graveur aux côtés de l'artiste italien Giambattista Piranesi, Giovanni Maria Cassini (vers 1745-vers 1824) consacra un grand pan de sa carrière à la cartographie, son *opus magnum* étant certes les nombreuses planches qu'il réalisa pour le *Nuovo atlante geografico universale*, atlas publié entre les années 1792 et 1801. Ce travail lui permit, sans aucun doute, de poser les premiers jalons d'une notoriété scientifique indispensable à son objectif de se voir donner accès à la plus haute sphère de patronage à Rome : le Vatican.

Les douze planches en fuseaux du *Nuovo atlante* — les planches 7 à 10 étant réservées au globe terrestre, 11 à 14 au globe céleste et 15 à 18 à la table d'horizon et au cercle méridien — pouvaient être détachées et découpées afin de les recomposer et de les mettre en forme de globes. L'atlas tout entier fut réédité en 1843 et il semble bien que les corrections cartographiques n'aient pas été exécutées sur les planches en fuseaux malgré le fait que l'inscription du nouveau cartouche du globe terrestre indique le contraire : *Globo Terrestre Nuovamente Delineato Rettificato ed Accresciuto Giusta le Piu Recenti Scoperte, Roma, Oficino Calcographia Camerale*. Le globe terrestre tel que conçu par Cassini pourrait être considéré, dans ses grandes lignes, comme un hommage à la carrière de James Cook, son tracé géographique étant fortement inspiré par les trois voyages d'exploration du capitaine anglais, voyages figurant ostensiblement sur ledit globe.

En ce qui concerne le Nord canadien (fig. 54), le mythique Bartholomew de Fonte fait place aux travaux de Samuel Hearne. Les fuseaux du globe ayant été gravés *grosso modo* à l'époque où se déroulèrent les explorations sur la côte ouest américaine de Alejandro Malaspina, Cayetano Valdés et George Vancouver — illustres navigateurs qui contribuèrent dans une grande mesure à la cartographie de cette région —, cette côte est privée d'une partie non négligeable d'éléments cartographiques importants (par exemple, l'île de Vancouver), qui d'ailleurs ne paraîtront sur les globes terrestres qu'au tournant du siècle suivant. Quoique Cassini signale plusieurs grands cours d'eau d'Amérique, tels la rivière Mississippi et les fleuves Amazone et Orinoco, il omet de mentionner l'entrée fluviale privilégiée du nord-est, le Saint-Laurent. Les États-Unis — « Provincie Unitie » — nouvellement formés sont représentés, et les revendications françaises dans la vallée du Mississippi sont soulignées par le toponyme de « Luigiana ».

Le globe céleste de Cassini se base sur la plupart des sources astronomiques alors disponibles. En plus des constellations classiques de Ptolémée, il commémore l'œuvre scientifique des Pays-Bas, fruit des

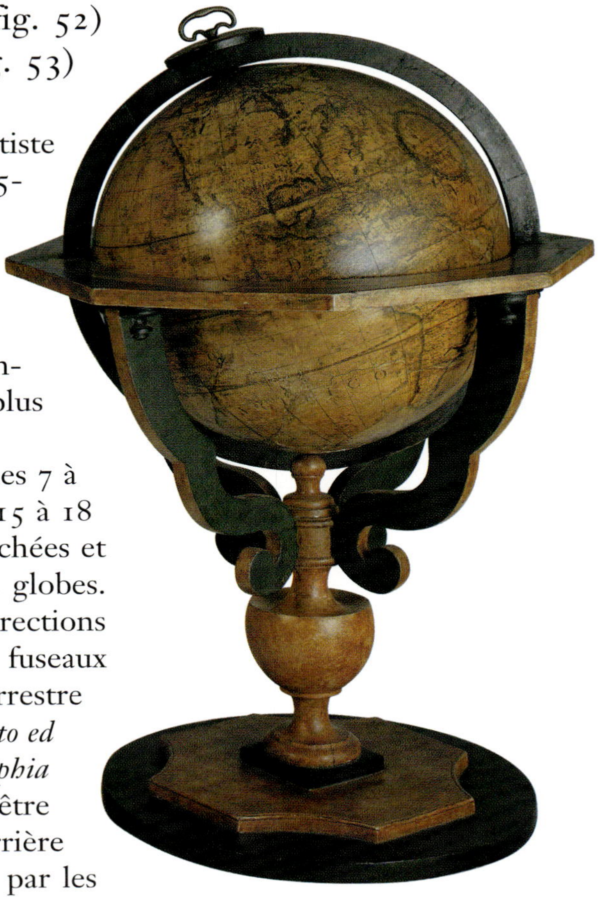

Figure 52. Les fuseaux utilisés par Giovanni Maria Cassini pour produire ses globes terrestres et célestes se retrouvèrent aussi sous la forme de planches dans l'atlas intitulé Nuovo atlante geografico universale. *Ses globes et sa contribution à l'atlas lui permirent de poser les premiers jalons d'une notoriété scientifique indispensable à son objectif le plus cher : se voir donner accès à la plus haute sphère de patronage à Rome, le Vatican (voir l'agrandissement à la page 93).*

Page suivante
Figure 53. Ce globe céleste de Cassini correspond au savoir astronomique de l'époque, basé entre autres sur les atlas de Flamsteed et de Lacaille. Le style du support, toutefois, évoque un caractère naïf qui le rapproche plutôt des arts populaires ou primitifs. Un nombre restreint de globes de Cassini existent à l'extérieur des collections italiennes.

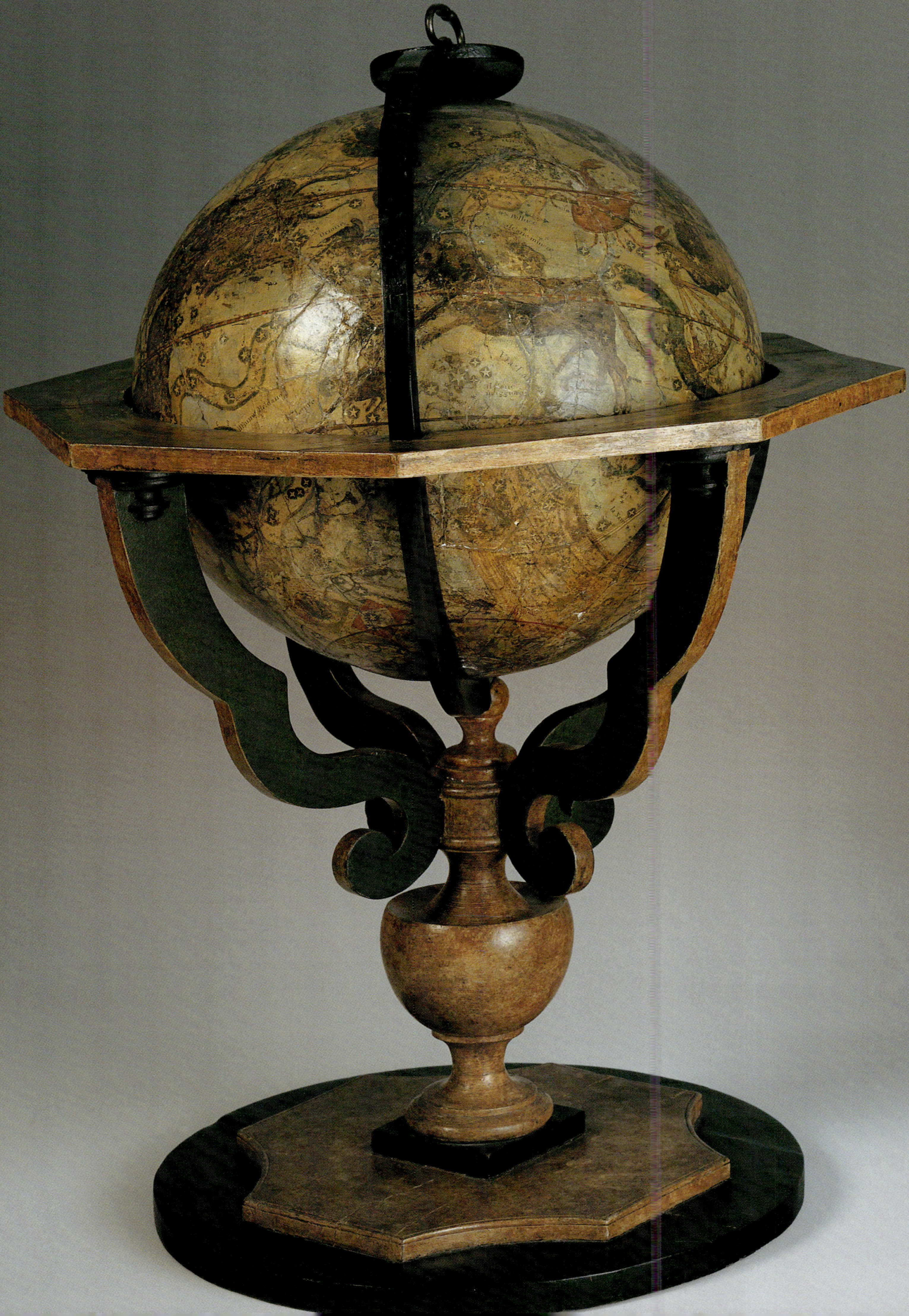

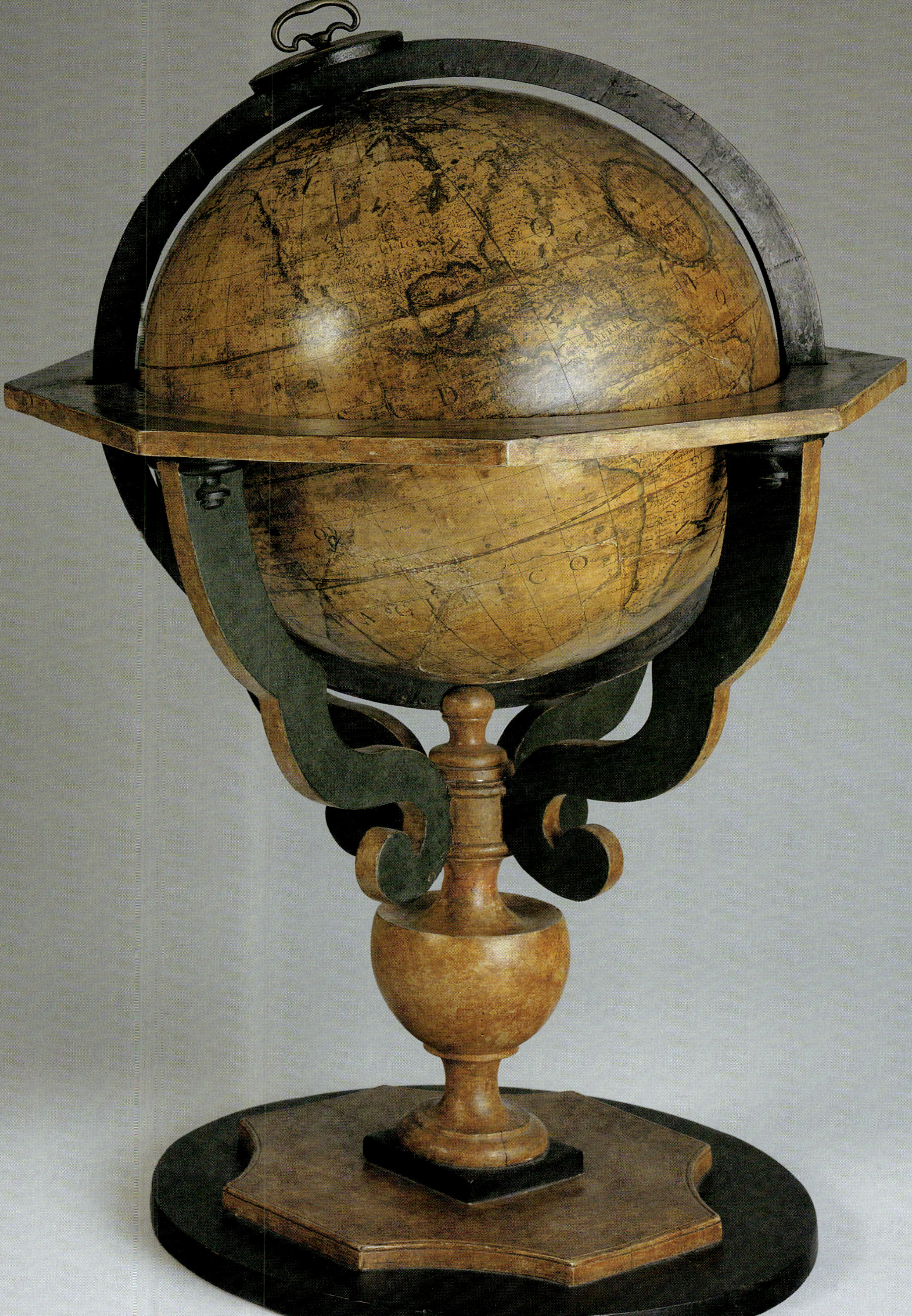

Figure 54. Sans grande originalité, ce tracé de l'Amérique du Nord reflète malgré tout une connaissance adéquate des plus importantes explorations en date. La côte ouest demeure encore dépourvue d'information, la date de publication du globe précédant les importants voyages de Vancouver, Valdés et Malaspina.

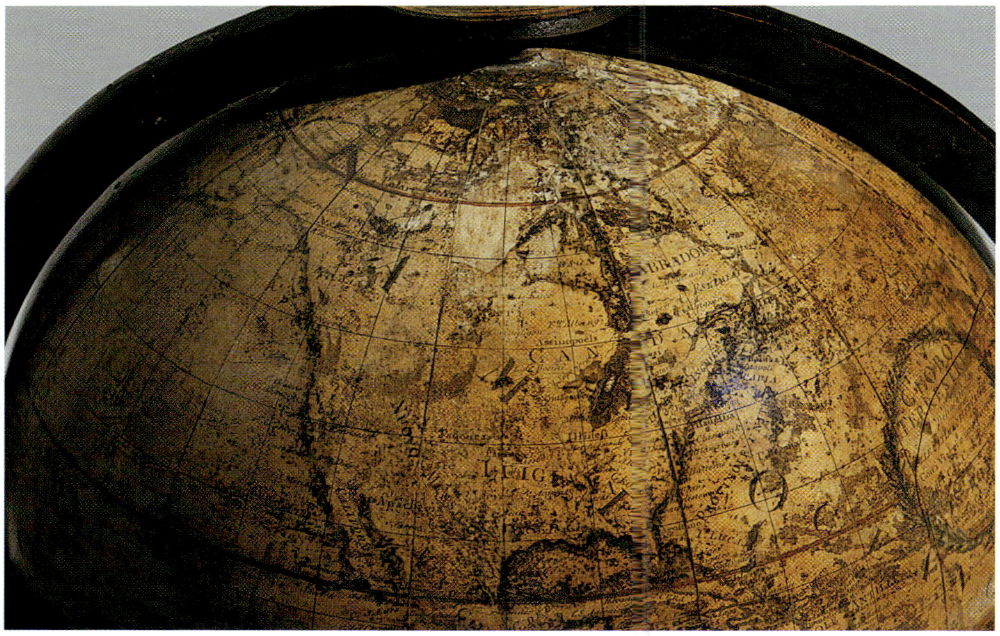

Figure 55. Élaborée en 1776 par l'astronome français Charles Le Monnier, la constellation du Solitaire (un oiseau tropical) servit à combler un espace vide dans le zodiaque. Cette constellation n'existe plus aujourd'hui. Les étoiles qui la formaient ont été intégrées aux constellations de l'Hydre, de la Balance et de la Vierge.

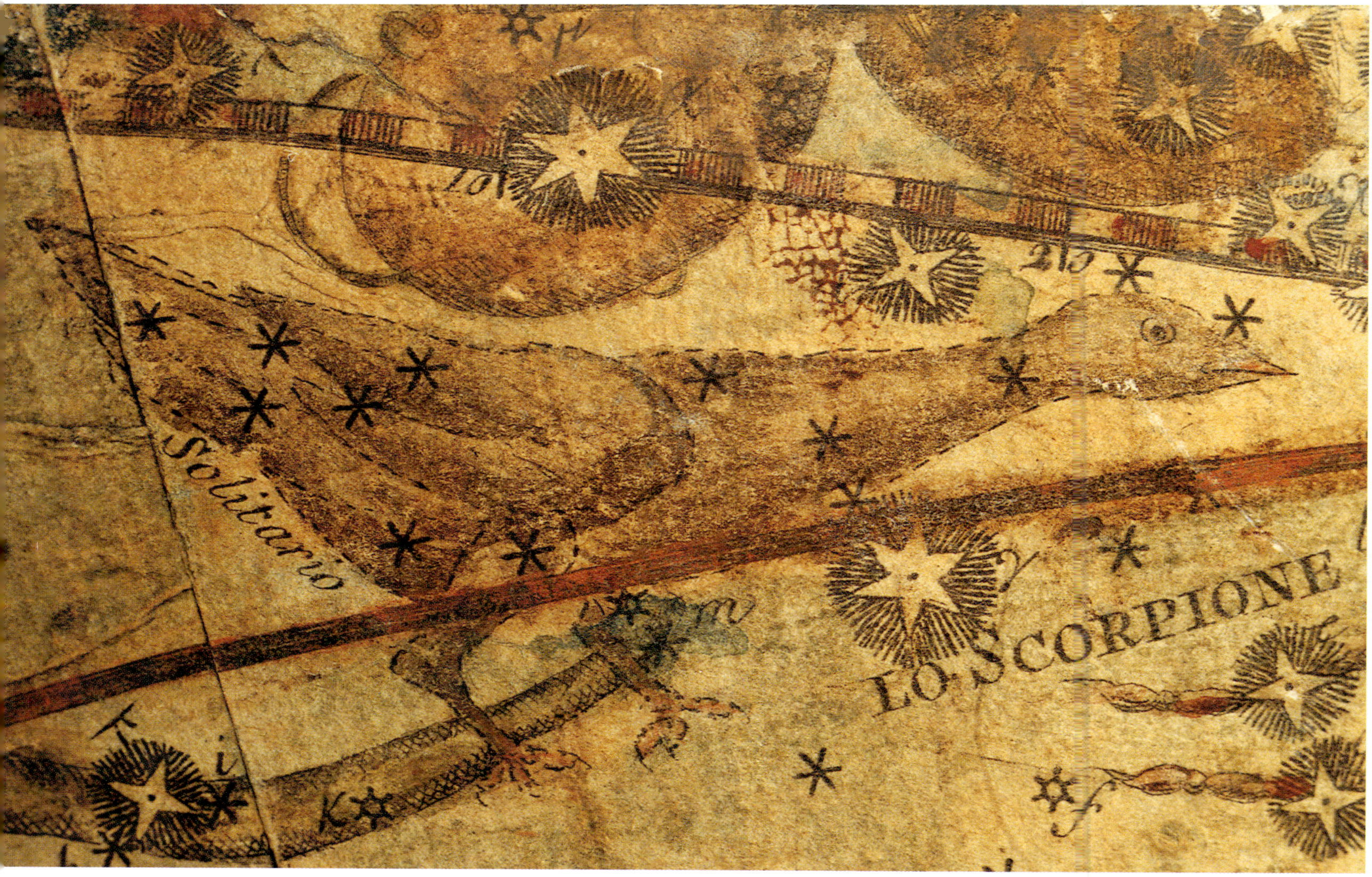

voyages d'exploration et de conquêtes sur la route des Indes orientales. Car en plus des deux constellations de l'hémisphère Sud — « La Colomba » (la Colombe) et « D'Livicorno » (la Licorne) — originellement élaborées entre 1589 et 1598, sur leurs propres globes célestes, par Petrus Plancius et Jacob Floris van Langren, Cassini inclut les douze constellations supplémentaires forgées lors du second voyage hollandais aux Indes orientales (1598-1599), dirigé par Frederik de Houtman.

Le tracé astronomique correspond donc en partie à celui dépeint par les Hollandais, mais avec quelques erreurs ou modifications personnelles, telles que la constellation « Il Dorado » (la Daurade) qu'il représenta comme un espadon et « Il Levello » (le Niveau), qui eût dû représenter le Triangle méridional attribué à de Houtman, constellation pour laquelle Cassini se servit plutôt de la nomenclature composée par Nicolas Louis de Lacaille ou encore de la version française du catalogue d'étoiles de Flamsteed (1725) publiée à Paris en 1776. Les constellations d'Hevelius et celles de Lacaille complètent le portrait astronomique et cartographique général de ce globe. Point digne d'intérêt : Cassini reproduisit les deux constellations introduites par Charles Le Monnier, soit « La Renna » — le pittoresque renne qui est aussi représenté sur les globes célestes de Robert de Vaugondy et de Delamarche présentés au chapitre suivant — ainsi que le « Solitario » (le Solitaire) (fig. 55), oiseau rare dépeint près du « Lo Scorpione » (le Scorpion). Notons, en dernier lieu, que la perspective exocentrique traditionnelle du globe diffère des *Planisfero celeste settentrionale* et *Planisfero celeste meridionale* de Cassini inclus au *Nuovo atlante*, où les projections stéréographiques polaires sont gravées d'un point de vue géocentrique.

Les indications sont assez nombreuses pour que nous puissions supposer que Cassini manufactura ses globes et ses sphères armillaires à partir principalement des instructions, quoique sommaires, données par Coronelli dans son *Epitome cosmografica* de 1693. Mais, bien que la maîtrise d'une technique fût indéniablement au rendez-vous, les globes de Cassini exhibent une apparence visuelle et graphique moins sophistiquée et soignée que les globes fabriqués à pareille époque à Londres et à Paris. Somme toute — et à l'instar, pourrait-on dire, de celle de son éminent prédécesseur —, l'œuvre de Cassini, en partie influencée par l'aura politique et religieuse papale, illustre à merveille l'idiosyncrasie propre à une érudition académique et scientifique parfois trop soucieuse de paramètres étrangers à la science *per se*.

Principales références bibliographiques

Baldwin 1995 ; Dekker et Van der Krogt 1993, p. 66 ; Zögner 1989, p. 85-86 et 91-94.

Une sphère armillaire (italienne ?) anonyme, XVIIIe siècle

Diamètre : 52 centimètres
Musée Stewart — 1995.26 (fig. 56)

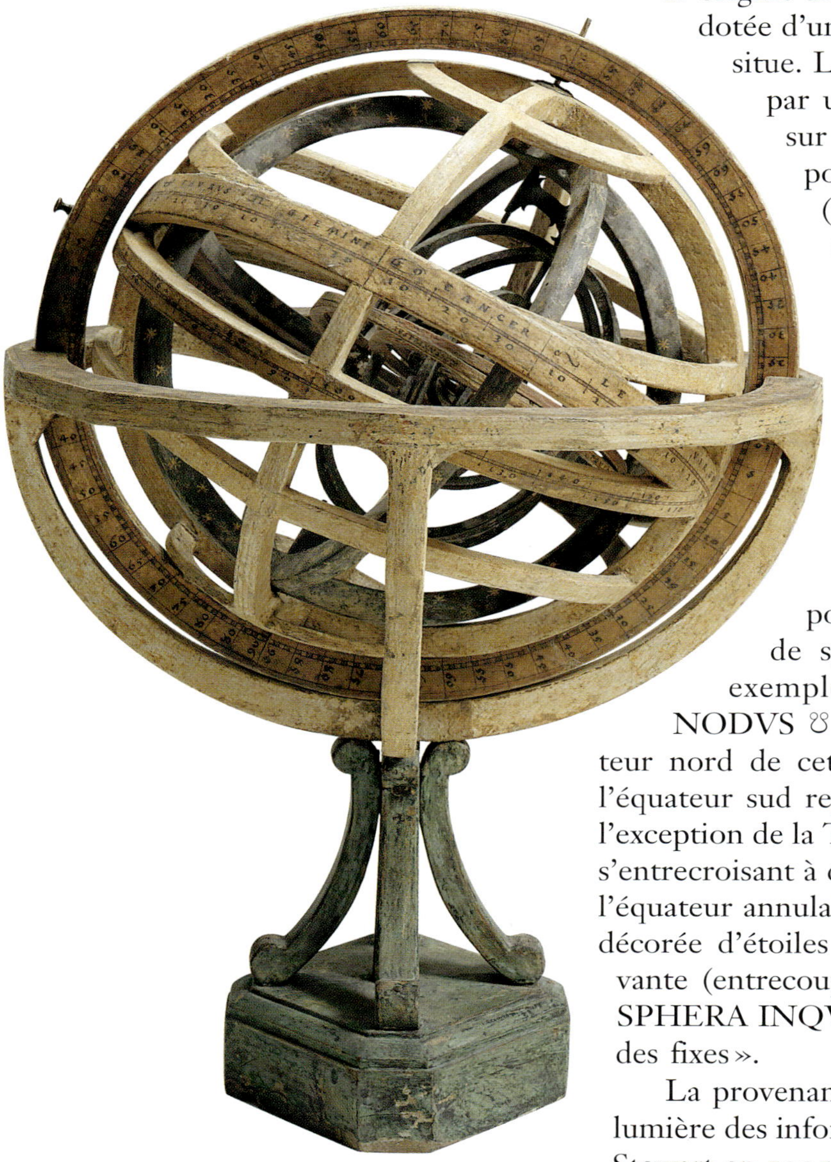

Figure 56. Bien qu'on ne puisse affirmer que cette sphère armillaire soit d'origine italienne, son héliocentrisme ne fait aucun doute. Et puisque la planète Uranus, découverte par Sir William Herschel, est absente de l'ensemble, on peut conjecturer (sous toute réserve) qu'elle fut construite avant 1781.

D'origine un peu douteuse, cette sphère armillaire héliocentrique est dotée d'une facture somme toute grossière pour l'époque où on la situe. Les anneaux sont fabriqués de papier mâché et supportés par une base rectangulaire de bois. L'information contenue sur la table d'horizon (deux quadrants gradués de 180° ; 36 points cardinaux), de même que sur le méridien équinoxial (quatre quadrants gradués de 90°), le cercle zodiacal (symboles astrologiques et nombre de jours) et l'équateur céleste (0°-360°), n'est pas imprimée mais plutôt manuscrite. Au centre se trouve le Soleil suivi d'un anneau respectif pour Mercure et Vénus, la Terre et la Lune, Mars, Jupiter et Saturne et finalement les étoiles fixes. L'ensemble des anneaux comprenant le système solaire pivote sur un axe de métal, lui-même désaxé par rapport au pôle écliptique afin d'illustrer la précession des équinoxes.

Chacun des anneaux, sauf l'ensemble Terre-Lune, porte une inscription latine, les termes étant entrecoupés de symboles graphiques à caractères astrologiques. Par exemple : « * NODVS ☊ [B]OREVS * VIA SATVRNI * NODVS ☋ AVSTRINVS * VEL IOVIS », c'est-à-dire que l'équateur nord de cet anneau représente le chemin de Saturne tandis que l'équateur sud représente celui de Jupiter. En effet, tous les anneaux, à l'exception de la Terre et des étoiles fixes, sont dotés de deux « équateurs » s'entrecroisant à deux endroits, en deux nœuds (fig. 57). Finalement, sous l'équateur annulaire de la sphère des étoiles fixes, peinte en vert foncé et décorée d'étoiles dorées, nous pouvons distinguer la phrase latine suivante (entrecoupée cette fois des symboles du zodiaque) : « OCTAVA SPHERA INQVA FIXEA », ou « La huitième sphère que l'on dit aussi des fixes ».

La provenance de cette sphère armillaire fut attribuée à l'Italie à la lumière des informations fournies par l'antiquaire qui la vendit au Musée Stewart en 1995. L'intérêt historico-scientifique réel de cette pièce reste toutefois à être déterminé.

Principales références bibliographiques

Dekker 1999, p. 143-176 ; Turner 1992.

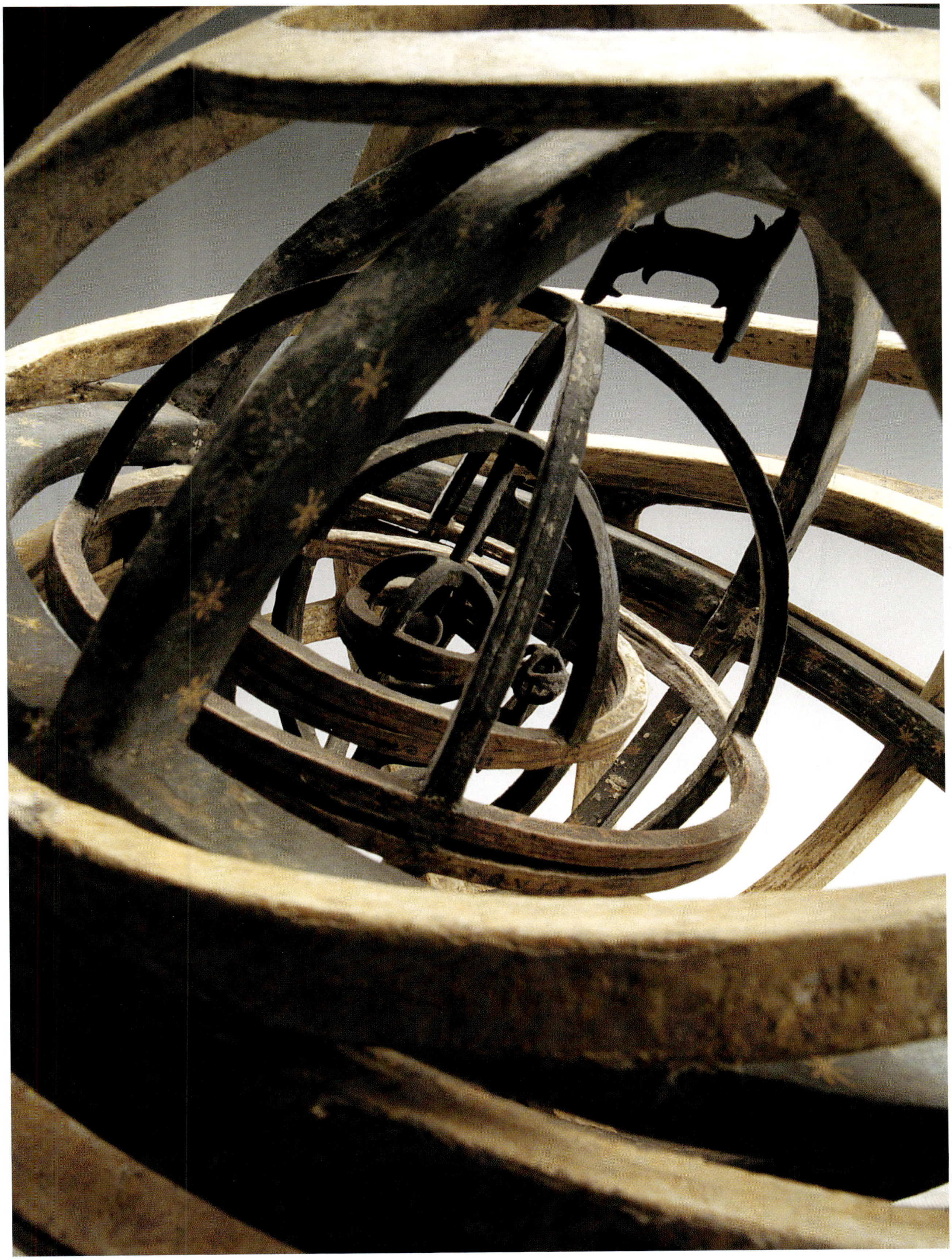

Figure 57. On voit très bien sur cette image les anneaux concentriques qui évoquent le système du monde. La pièce métallique dans le coin supérieur droit de l'illustration permet de reproduire le mouvement circulaire de l'axe de rotation de la Terre, à l'origine de la précession des équinoxes.

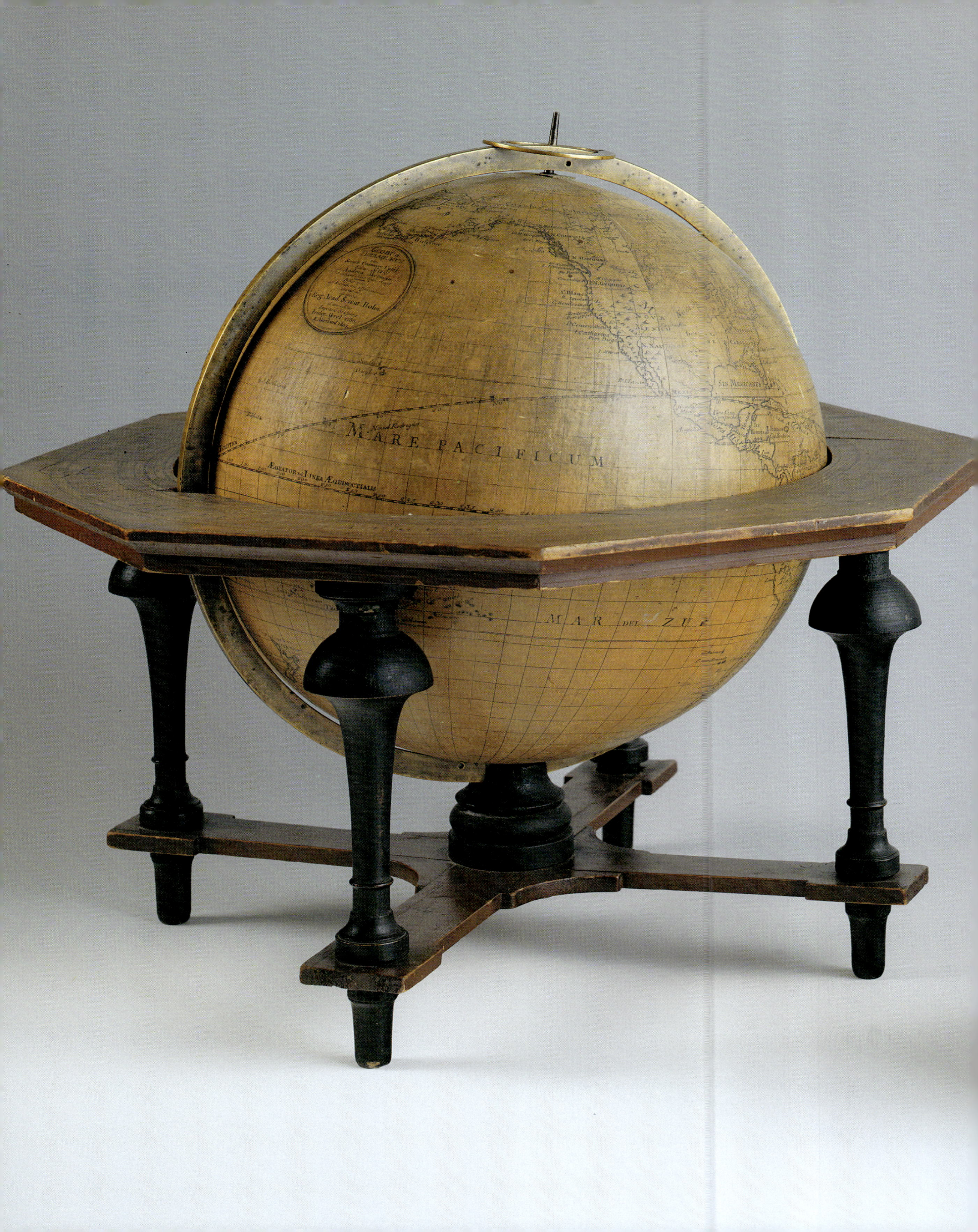
MARE PACIFICUM

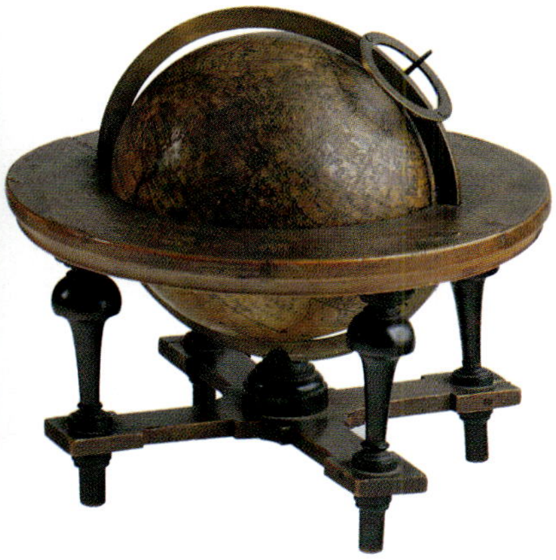

Les globes suédois

5

Les débuts de la fabrication de globes en Suède, au milieu du XVIIIe siècle, furent le résultat plus ou moins direct des réalisations scientifiques de l'Académie royale des sciences de Paris. À l'instar de cette dernière, l'Académie royale des sciences de Suède encouragea vivement les travaux à caractère géographique de ses membres. Ainsi, afin de redonner du lustre à la géographie nationale, la *Kosmografiska Sällskapet*, ou Société cosmographique d'Uppsala — dont était membre, entre autres, Torbern Olof Bergman, qui fit plus tard sa renommée dans le domaine de la géophysique —, engagea un graveur aux multiples talents et doté de bonnes connaissances mathématiques : Anders Åkerman* (vers 1721-1778). En étroite association avec un professeur d'astronomie de l'Université, Fredrik Mallet, Åkerman créa à Uppsala un atelier dans lequel il entreprit la fabrication de globes terrestres et célestes. Ses premiers globes (30 cm de diamètre) furent présentés en 1759 à la Société cosmographique, un an seulement après sa fondation. Ces principaux globes (59 cm de diamètre) parurent en 1766, un événement qui, malgré tout, ne résorba en rien ses graves problèmes financiers, causés à la fois par la clientèle nationale trop restreinte et par la quasi-inexistence d'une exportation vers le vaste marché continental. Ces troubles pécuniaires accablèrent Åkerman jusqu'à sa mort en 1778.

Son successeur, Fredrik Akrel (1748-1804), reprit en main l'entreprise, cette fois à Stockholm. Plusieurs rééditions, basées sur les nouvelles explorations de James Cook, entre autres, virent le jour. Le fils d'Akrel, Carl Fredrik, poursuivit les activités de l'entreprise jusque passé le milieu du XIXe siècle. La grande majorité des globes ainsi construits se retrouvent aujourd'hui au sein de collections suédoises.

* Les noms en lettres majuscules servent à identifier les fabricants de globes dont les œuvres sont présentées dans ce chapitre.

Le globe terrestre d'Anders Åkerman de la page précédente est reproduit à la figure 58, page suivante.

Les deux globes terrestres de Anders Åkerman réédités par Fredrik Akrel, 1779 et 1804

Globe terrestre de 1759 réédité en 1804
Diamètre : 30 centimètres
Musée Stewart — 1993.53.2

Globe terrestre de 1762 réédité en 1779
Diamètre : 11 centimètres
Musée Stewart — 1993.53.1

Figure 58. Ces deux globes terrestres évoquent la contribution de la Suède dans ce secteur d'activités particulier. Tous deux furent réédités après le décès en 1778 de Anders Åkerman, le véritable architecte de cet élan créateur qui dura près de cent ans. Le globe le plus volumineux date de 1804 (voir l'agrandissement à la page 100), le plus petit date de 1779. Cette version de 1779 du globe terrestre de 11 centimètres est l'unique exemplaire répertorié à ce jour.

L'année qui suivit la fondation de la Société cosmographique d'Uppsala (1758), Anders Åkerman (vers 1721-1778) produisit une paire de globes de 30 centimètres de diamètre. Ils furent fabriqués avec un souci tangible de précision car, selon l'astronome Fredrik Mallet, le globe terrestre était basé sur les cartes de D'Anville, Mitchell, Bellin, Maijer et Muller alors que le globe céleste était dressé à partir du catalogue d'étoiles, le *Catalogus*

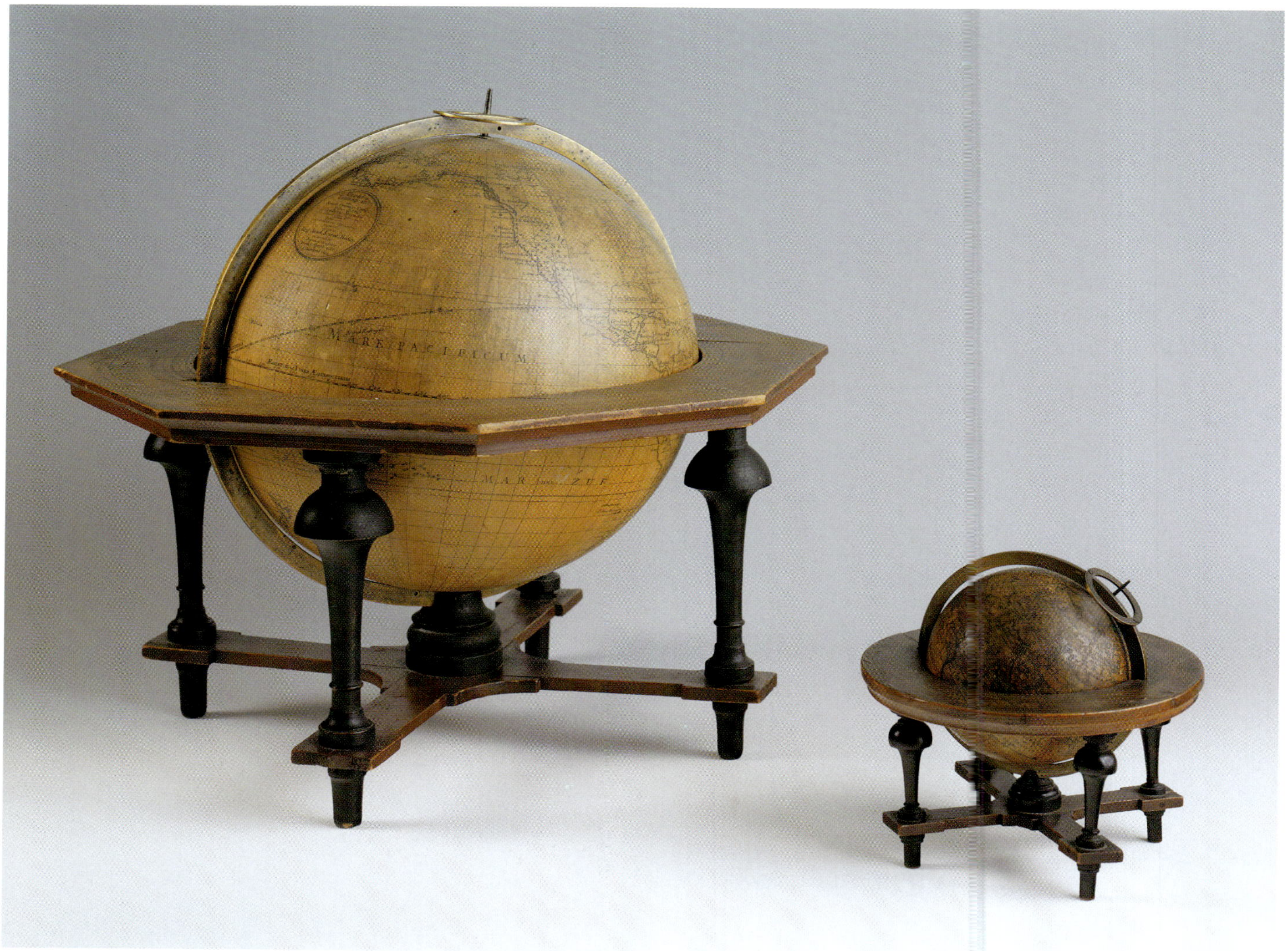

Britannicus (1725), de John Flamsteed et surtout de la nouvelle carte du ciel de l'hémisphère Sud de Nicolas Louis de Lacaille. Selon le répertoire des globes suédois établi par l'historien des globes Einar Bratt, Åkerman ne réédita pas de son vivant ces globes de 30 centimètres et seul le globe terrestre fut réédité par son successeur en 1779, 1792 et 1804. Cette dernière édition de 1804, dont le Musée Stewart possède un exemplaire (fig. 58), fait montre d'une respectable exactitude cartographique, comme en témoigne d'ailleurs le tracé géographique de l'Amérique du Nord.

L'île de Vancouver, explorée en 1792 par George Vancouver, acquit définitivement son caractère insulaire après que parut l'ouvrage posthume du navigateur anglais intitulé *Voyage of Discovery to the North Pacific Ocean* (1798). D'un plus grand intérêt encore que le tracé de cette île, l'édition du globe de 1804 comporte l'important réseau hydrographique du Nord-Ouest canadien associé au Grand Lac des Esclaves (fig. 59). On y retrouve le majestueux fleuve Mackenzie qui se jette dans la mer Arctique, par delà laquelle le tracé géographique restait un mystère : « Incognitum est, utrum Mare an Terra hæc occupant loca » (On ignore si c'est la terre ou la mer qui occupe ce lieu) ; plus à l'est, le système de lacs et de rivières mis à jour par les découvertes de Samuel Hearne au début des années 1770 ; au sud, le tracé du lac Athabasca est clairement défini. Le fleuve Mackenzie, qui plus est, coule selon un parcours dessiné au sein de la chaîne de montagne connue aujourd'hui sous le nom de Franklin, un détail de géographie physique — à l'instar des courants marins, de la déclinaison magnétique et des principaux alizés — cher à Torbern Olof Bergman, géophysicien et collaborateur d'Åkerman à l'occasion. L'exploration très poussée en 1789 par Alexander Mackenzie du fleuve qui porte aujourd'hui son nom ne fut internationalement reconnue qu'en 1801 lors de la parution de son ouvrage *Voyages from Montreal [...] to the Frozen and Pacific Oceans*. Quelques cartographes et voyageurs européens, toutefois, prirent connaissance très tôt de ces explorations, tels l'éditeur allemand Georg Forster (1792) et le navigateur français Jean-François de Galaup, comte de La Pérouse, dont il est d'ailleurs fort probable que les auteurs de cette réédition de 1804 aient utilisé l'atlas paru en 1797, compte tenu de la similitude cartographique. Aucun détail toponymique relatif à la région du fleuve Mackenzie n'apparaît sur ce globe terrestre.

Notons finalement que des trois fuseaux qui forment le Canada, celui dépeignant la côte occidentale donne la vive impression qu'il est plus récent que les autres, étant donné sa couleur moins défraîchie et sa plus grande clarté. Ce fuseau correspond en tous points au réseau hydrographique déjà mentionné et associé au Grand Lac des Esclaves, la plus notable des innovations cartographiques nord-américaines sur ce globe terrestre. Par ailleurs, cette réédition de 1804, à l'instar de la première édition en date de 1759, associe une fois de plus le toponyme de « Nova Francia » à la partie orientale du Canada, territoire pourtant perdu par la France dès 1763 lors de la signature du traité de Paris qui mit fin à la guerre de Sept Ans. Cet indice supplémentaire nous laisse croire que pour le Canada, seulement un fuseau du globe de 1759, celui représentant l'Ouest canadien, fut changé pour la version révisée de 1804.

En 1762, Åkerman conçut un second globe, de petit diamètre cette fois, soit 11 centimètres. Bratt ne répertoria que quelques rares exemplaires de l'édition originale et aucun de la réédition de 1779 par Akrel, ci-dessous présentée et conservée dans la collection du Musée Stewart (fig. 58). Jusqu'à ce qu'un inventaire plus exhaustif des globes suédois ne soit fait, ce globe de 11 centimètres demeure unique en son genre.

Ce globe terrestre de 1779 se voit pourvu d'un tracé géographique sommaire — étant donné sa faible dimension — qui présente néanmoins la plupart des caractéristiques physico-géographiques de son prédécesseur plus volumineux de 1759. Il n'y a entre autres aucune mention du tracé géographique apocryphe attribué à Bartholomew de Fonte et, fait plutôt intéressant, l'édition de 1779 attribue le nom « Endeavour » au détroit séparant la Nouvelle-Guinée de la Nouvelle-Hollande. Cette caractéristique est frappante lorsqu'on sait que le globe terrestre de 59 centimètres d'Åkerman, monté en 1766, fut l'une des premières cartes modernes à représenter le détroit de Torres, ignoré depuis sa découverte par l'Espagnol Luis Váez de Torres en 1606. Il semble donc que les successeurs d'Åkerman, après le premier voyage de Cook, aient eux aussi préféré l'appellation Endeavour au détriment de Torres, car sur les deux globes conservés au Musée Stewart (édition de 1779 et de 1804), le « Torres » du globe de 1766 fut remplacé par « Endeavour ».

Tout au long de sa vie, Åkerman, bien que soutenu par diverses institutions publiques, eut de graves problèmes financiers. Il n'était pas le seul dans cette situation : les fabricants d'instruments scientifiques suédois eurent presque tous des difficultés financières, le marché national n'étant tout simplement pas suffisant au maintien de cette activité. En 1779, Fredrik Akrel (1748-1804), assistant de Åkerman et graveur pour l'Académie royale des sciences de Suède, reprit l'entreprise en main, à Stockholm. Il fit plusieurs rééditions des globes, une dernière en 1804 avec l'aide d'Erik Åkerland, le graveur de l'atelier à cette époque. À la mort d'Akrel, son fils Carl Fredrik Akrell poursuivit la fabrication de globes nombre d'années (on retrouve des éditions de globes, publiées avec la participation de Johan Hofgren, pour les années 1817, 1819 et 1824) ; la Société cosmographique d'Uppsala, quant à elle, fut dissoute en 1824.

Page suivante
Figure 59. Ce détail de l'ouest et du nord-ouest de l'Amérique du Nord, tiré du globe d'Åkerman et d'Akrel de 1804, indique très clairement l'île de Vancouver et le réseau hydrographique associé au Grand Lac des Esclaves, illustrant ainsi l'importante révision effectuée depuis la précédente édition. Près du pôle, une citation latine mentionne l'absence d'information au sujet du tracé géographique de cette région.

Principales références bibliographiques

Bratt 1960, 1965 et 1968 ; Dekker et Van der Krogt 1993, p. 81 et 84-87.

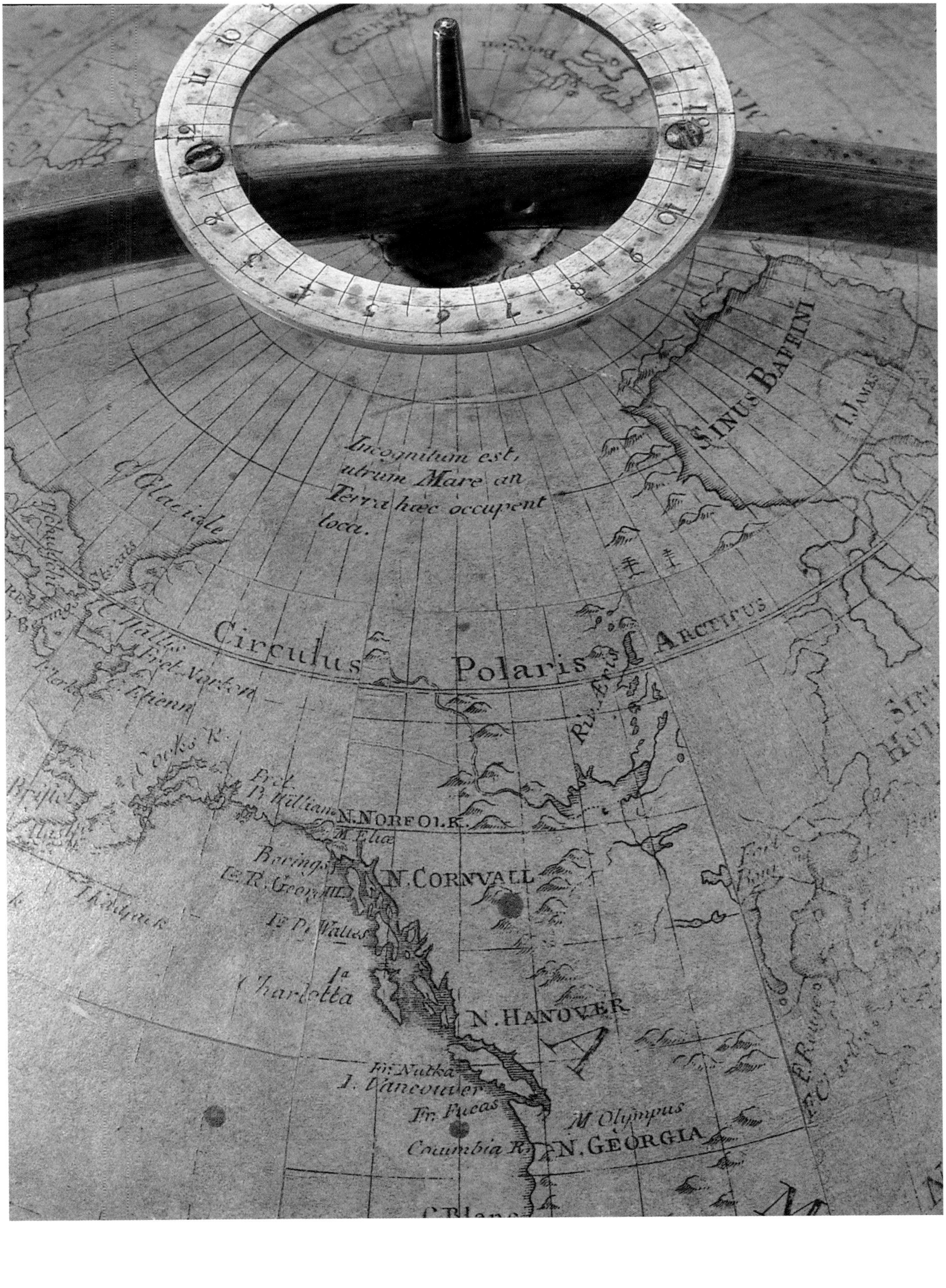
Incognitum est, utrum Mare an Terra hæc occupent loca.
Circulus Polaris Arcticus
Sinus Baffini
Cooks R.
Fret. P. William
N. Norfolk
M. Eliæ
N. Cornvall
N. Hanover
Charlotta
Fr. Nutka
I. Vancouver
Fr. Fucas
M. Olympus
Columbia R.
N. Georgia

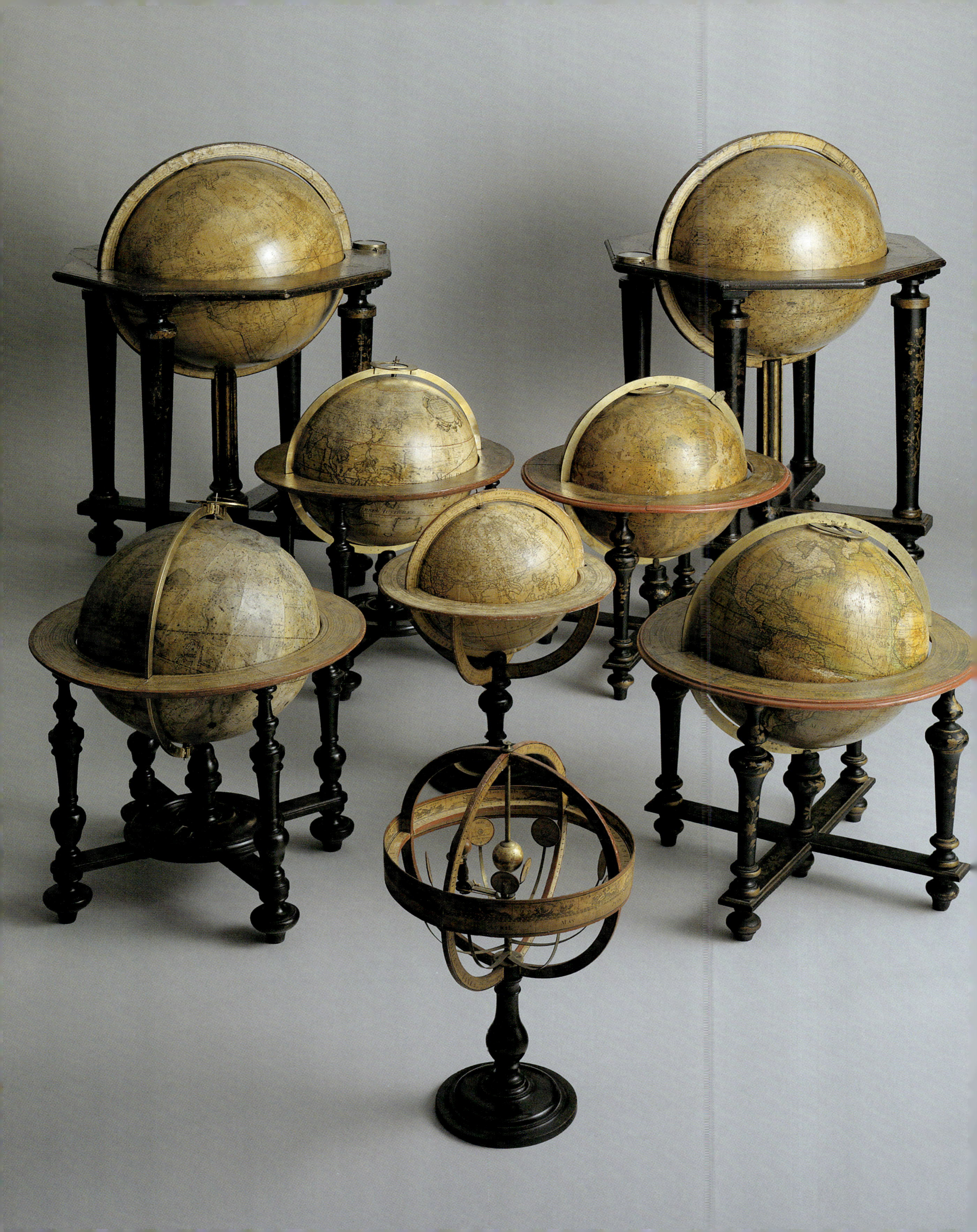

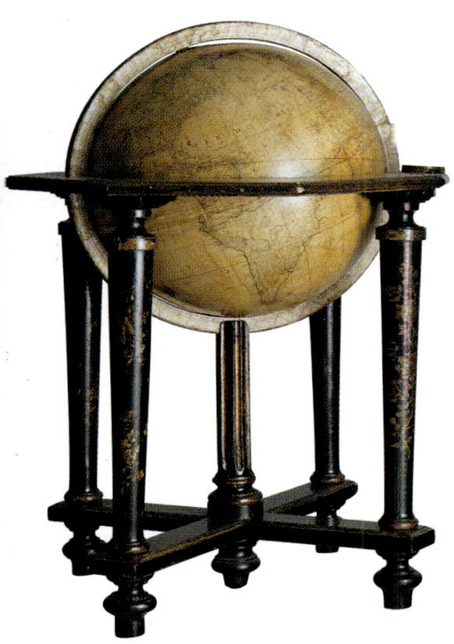

Les globes français

6

La fondation à Paris de l'Académie royale des sciences en 1666 et de l'Observatoire en 1667 favorisa, à la fin du XVIIe siècle, une redéfinition spatiale du globe, mise de l'avant par le directeur de l'Observatoire, le savant italien Jean-Dominique Cassini, et étayée par l'utilisation systématique qu'il fit des satellites de Jupiter comme moyen de déterminer la longitude terrestre. Cette période qui s'amorça en France devint celle des Lumières, époque dite aussi de l'esprit géométrique, entendue par une vibrante passion d'ordonner et de systématiser, de mesurer et de calculer (fig. 60).

Élève de Cassini, Guillaume Delisle* (1675-1726) reprit et utilisa pleinement les observations et les calculs des « messieurs de l'Académie » afin de créer, dès 1700, une paire de globes terrestre et céleste de 31 centimètres de diamètre chacun ; le premier, davantage que le second, brille par la multitude de corrections importantes apportées au tracé géographique planétaire. Cette paire de globes fabriquée par Delisle reflète la rigueur scientifique qui se perpétua tout au long du siècle par les géographes de l'Ancien Régime.

Contemporain de Delisle, Nicolas Bion, fabricant d'instruments scientifiques de renom, publia en 1699 son *Usage des globes céleste et terrestre, et des sphères suivant les différents systèmes du monde, précédé d'un traité de cosmographie*, car, précisa-t-il, aucun traité français n'avait encore été rédigé à ce sujet. Les quelques globes qu'il produisit entre 1710 et 1712 ne furent, selon certains, que de pâles imitations des œuvres de Delisle. Son *Usage des globes*, par contre, peut être considéré comme l'ouvrage le plus complet sur le sujet depuis le *Tweevoudigh Onderwijs* de Blaeu paru pour la première fois à Amsterdam en 1634.

Malgré les efforts d'hommes de talent tels Delisle et Bion, la production française des premières décennies du XVIIIe siècle n'arriva pas à égaler l'abondance des globes hollandais et italiens introduits sur le marché hexagonal. Aux dires de Mme de Premontval — fille de Jean Pigeon, autre fabricant de globes parisien —, cette situation ne résultait pas d'une faiblesse au niveau des connaissances géographiques et astronomiques, mais plutôt d'un manque de savoir-faire dans la fabrication des globes : « c'étoit la manière de construire qui gatoit tout ». L'ouvrage de Bion, plus savant que pratique, ne régla en rien cette situation, malgré la popularité et les nombreuses éditions qu'il connut pendant plus de cinquante ans.

* Les noms en lettres majuscules servent à identifier les fabricants de globes dont les œuvres sont présentées dans ce chapitre.

Page précédente
Figure 60. En rassemblant ainsi les globes fabriqués par Delisle, Robert de Vaugondy et Delamarche, on évoque à la fois les étapes charnières (début, milieu et fin du XVIIIe siècle) et le savoir-faire de la production de globes français du Siècle des lumières. L'unique planétaire français de la collection occupe le premier plan de l'image.

Au sein de la prestigieuse Société des arts de Paris — composée d'un groupe restreint recruté parmi les plus habiles artisans et ouvriers français —, un jeune abbé du nom de Jean-Antoine Nollet (1700-1770) construisit vers 1728 une paire de globes d'un pied français de diamètre (32,5 cm) faisant montre d'un souci scientifique certain et, de surcroît, d'une valeur esthétique indiscutable. Jamais réédités, les globes auront été pour Nollet le catalyseur qui lui permit de lancer sa carrière de grand vulgarisateur, d'électricien habile et de fabricant d'instruments scientifiques récréo-éducatifs pour la noblesse et la grande bourgeoisie.

Cinq autres faiseurs de globes connurent, dans la première moitié du XVIIIe siècle, une popularité toute relative. Il s'agit de Jacques Baradelle, du père capucin Louis Legrand, de Jacques et Nicolas Hardy et finalement de Louis-Charles Desnos, successeur de ces derniers. Leur production modeste ne laissa que peu d'œuvres. Desnos, toutefois, réussit dans le domaine de l'édition, devenant l'un des plus prospères libraires et éditeurs de cartes et d'atlas de géographie des Lumières. Quant au père Legrand, il eut le mérite d'avoir construit les plus imposants globes français depuis ceux, gigantesques, du Château de Marly élaborés par Vincenzo Coronelli à la fin du siècle précédent. On peut aujourd'hui les contempler à la Bibliothèque municipale de Dijon (globe terrestre, 194 cm) et à la Bibliothèque municipale de Chalon-sur-Saône (globes terrestre et céleste, 162 cm).

Le concurrent le plus important de Desnos au milieu du siècle se nommait Didier Robert de Vaugondy (1723-1786). En vue d'obtenir le titre de « géographe ordinaire du roi », Robert de Vaugondy fabriqua en 1745 des fuseaux pour un globe de 17 centimètres. Six ans plus tard, il présenta au roi une paire de globes de 45,5 centimètres destinée à la Marine. Quelques membres désignés de l'Académie des sciences remarquèrent la grande qualité du travail et s'en virent même impressionnés puisqu'il s'agissait des plus grands globes fabriqués à Paris depuis ceux de Nollet vingt ans plus tôt. Le roi lui ordonna l'année suivante de réaliser un globe de 6 pieds (195 cm) afin de représenter l'aplatissement de la Terre aux pôles, tel que déterminé par les expéditions françaises envoyées en Laponie et au Pérou dans les années 1730. La réalisation fut annulée, les sommes en jeu (dont un atelier au Louvre) étant beaucoup trop élevées. En 1757, Robert de Vaugondy écrivit pour l'*Encyclopédie* un article sur l'art de la fabrication des globes. On peut dire que c'est à partir de ce moment, en France, que les obstacles entourant la pratique de la fabrication de globes furent finalement aplanis.

Les globes que fabriqua Robert de Vaugondy figurent de droit parmi les objets de luxe : on apprend dans le *Journal des sçavans* que le globe richement décoré et illustré sur une des planches de l'*Encyclopédie* se vendait 1000 livres, somme que pouvait uniquement se permettre la bourgeoisie la plus aisée, par exemple Mme de Pompadour qui en acquit une paire similaire. Des problèmes familiaux obligèrent Robert de Vaugondy à vendre son entreprise en 1778. Cela ne l'empêcha pas toutefois de participer en tant que géographe et cartographe à l'une des entreprises les plus monumentales du siècle, soit le globe terrestre de 260 centimètres de Dom Claude Bergevin, réalisé à Paris entre 1784 et 1795.

Charles-François Delamarche (1740-1817), avocat de formation, acquit en 1786 tout le fonds de Robert de Vaugondy et plusieurs autres fonds de cartographes par la suite. S'il corrigea certaines planches et réédita nombre de cartes afin d'en faire de nouveaux atlas, il ne publia rien qui fût réellement original. Ses plus proches rivaux furent l'hydrographe Rigobert Bonne et l'astronome Joseph-Jérôme Lefrançais de Lalande, qui publièrent ensemble vers la fin du siècle une paire de globes terrestre et céleste aujourd'hui rarissimes.

À la suite de la Révolution, Delamarche redirigea son tir vers un marché fort lucratif, celui des écoles centrales. Pour Delamarche, le xixe siècle s'ouvrit en France sur une expansion vers de nouveaux horizons commerciaux, rendue possible grâce à la vente de produits fort peu onéreux, remplaçant sur les globes et les sphères armillaires, par exemple, les méridiens de laiton au profit du bois ou du papier mâché. Cette caractéristique marque bien le passage décrit par Monique Pelletier (Pelletier 1986) lorsqu'elle traite de l'évolution de l'édition des globes en France aux xviiie et xixe siècles : les globes, durant cette période, se transformèrent d'objets de luxe en produits de consommation courante.

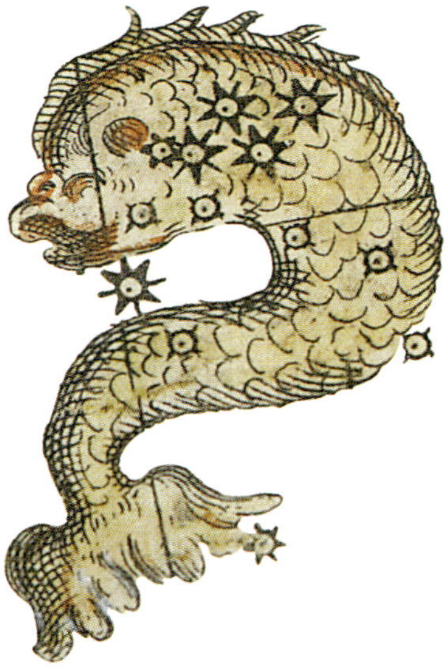

Un globe céleste de la ville de Blois, 1533, attribué à l'atelier de Julien et Guillaume Coudray et Jean Du Jardin

Diamètre : 26 centimètres
Musée Stewart — 1980.47 (fig. 61)

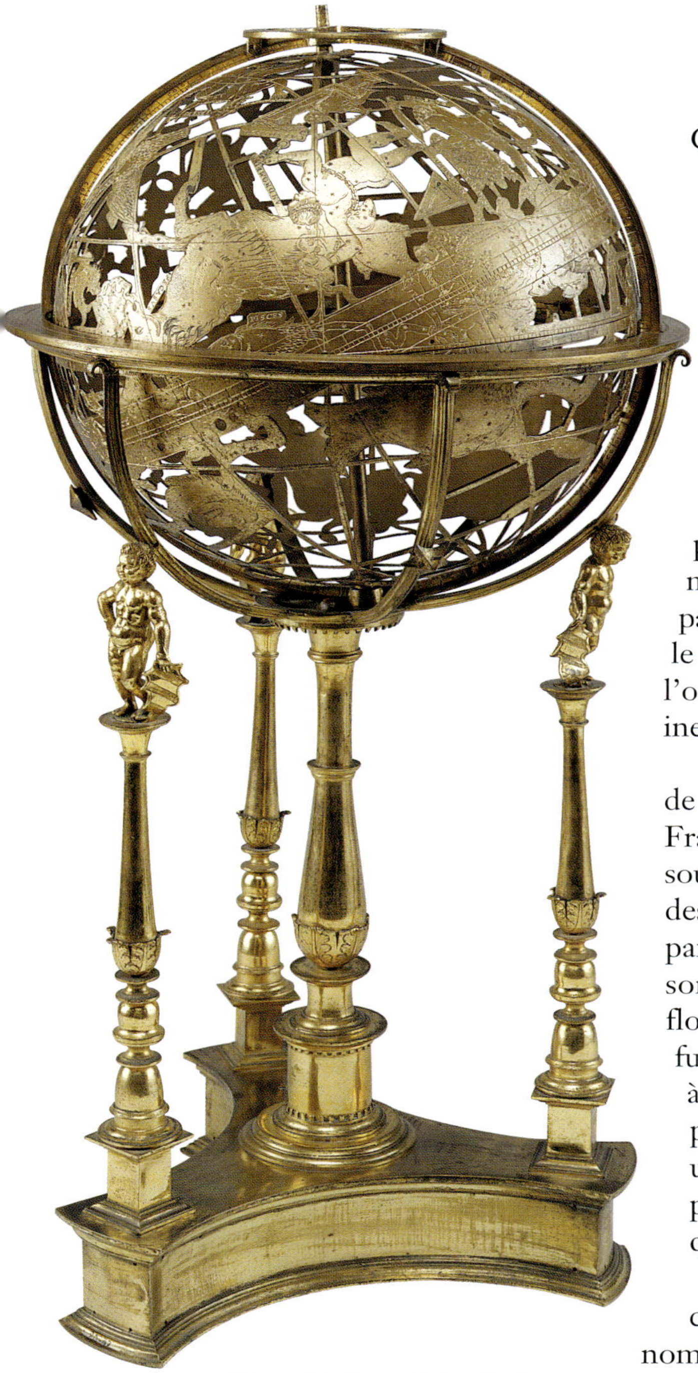

Figure 61. Doyen de la collection, ce globe céleste pourrait s'avérer une œuvre unique dont la fabrication tirerait son origine d'un atelier blésois, sous la direction d'un horloger du roi. Il s'agirait davantage d'un objet d'art que de science.

Ce globe céleste finement ciselé et travaillé provient de la ville de Blois, en France. Située dans la vallée de la Loire, cette cité royale fait partie d'une région riche en châteaux et en demeures luxueuses, à l'époque propriétés des plus grandes familles de sang bleu français. Cette pièce n'est malheureusement pas signée, et retracer son auteur s'avère une tâche très difficile. Pourtant, à la lumière des informations recueillies par Robert Derome (voir *Les globes vus par un historien de l'art de l'édition originale*, Sillery, Septentrion, 2000, p. 25-65), nous pouvons conjecturer avec force conviction l'origine de ce globe céleste aux ateliers blésois de Julien et Guillaume Coudray ou encore à celui de Jean Du Jardin, tous horlogers de profession et, de surcroît, horlogers du roi. Certes, quelques cosmographes français de cette époque auraient été capables de fabriquer pareil artefact, tels Robert de Bailly, Louis d'Albi Boulengier et même le renommé Oronce Fine. Mais les rapprochements circonstanciels que l'on peut faire entre ces savants et Blois sont trop minces, voire inexistants, pour en tirer une quelconque conclusion probante.

Le château de la ville de Blois — bâti au XIIIe siècle par les comtes de Blois et remanié au XVe siècle par Louis XII — se vit agrandir, par François Ier, d'une aile complète entre les années 1515 et 1524. Ce souverain, dont certains prétendent qu'il fut le père et le restaurateur des lettres et des arts en France, se sentit dès son très jeune âge attiré par le patrimoine artistique et scientifique italien. C'est d'ailleurs durant son règne que l'illustre humaniste, artiste et homme de sciences florentin Leonardo da Vinci vint s'établir au royaume des Francs. Il ne fut d'ailleurs pas le seul de ses compatriotes à se retrouver auprès du roi à cette époque. Bien qu'il ne soit pas complètement irréaliste de supposer que le globe céleste en notre possession ait été originellement un élément de décoration du château de Blois, fabriqué, qui plus est, par un de ces nombreux artistes à la solde du roi, tout porte à croire qu'il fut plutôt l'œuvre d'un des trois horlogers susmentionnés.

Le globe céleste indique la date de 1533 (fig. 62). Il est de confection métallique à surface ajourée et dépeint le tracé astronomique de son temps, c'est-à-dire strictement ptoléméen. Le dessin des constellations correspond presque exactement à la carte céleste gravée sur bois en 1515 par Albrecht Dürer, le grand artiste nurembourgeois de la Renaissance, à la différence près que les étoiles sur le globe ne sont pas numérotées (fig. 63). Leur position, toutefois, fut fixée avec la précision du catalogue de Ptolémée. L'absence sur ce globe de la constellation Antinous, introduite seulement en 1536 par Caspar Vopel, correspond parfaitement à la date de 1533 poinçonnée sur le support. La reproduction en trois dimensions de l'œuvre de Dürer inspira un grand nombre de faiseurs de globes au XVIe siècle. Le globe céleste imprimé en 1537 par Gemma Frisius, par exemple, montre des constellations dont la gravure, exécutée en partie par Mercator, s'apparente à celle de Dürer. Aujourd'hui, par contre, les globes ainsi gravés ne sont pas légion.

Deux autres sphères célestes métalliques et similaires à celle du Musée Stewart peuvent être identifiées, l'une au National Maritime Museum de Greenwich et l'autre au Germanisches Nationalmuseum de Nuremberg. La première — attribuée à l'Italien Petrus Aspheris et datée de 1586 — de même que la seconde — anonyme et datée du XVIIe ou du XVIIIe siècle — sont dites de la tradition associée à l'œuvre du fabricant de globes français François Demongenet, actif quelque trente années après le décès de Dürer. Antérieur à ces deux dernières, le globe de Blois ci-devant décrit agit à titre de doyen de la collection du Musée Stewart. Cet artefact d'apparence remarquable construit sous le règne de François Ier rend un vibrant hommage, autant d'un point de vue artistique que scientifique, à l'état des connaissances astronomiques au cours des premières décennies du XVIe siècle.

Principales références bibliographiques

Dekker 1999, p. 149-151; Develle 1978, p. 17-19 et passim; Fauser 1973, p. 164-167; Warner 1979, p. 71-75.

Figure 62. Selon cette inscription, le globe aurait été fabriqué en 1533 dans la ville de Blois, située dans la vallée de la Loire, en France. Le symbole gravé au-dessus de la ville d'origine échappe cependant à toute explication.

Figure 63. Le globe comprend uniquement les 48 constellations de Ptolémée, leur représentation artistique étant directement inspirée d'une gravure sur bois d'Albrecht Dürer de 1515. Ce détail montre Persée empoignant dans sa main gauche la tête de Méduse.

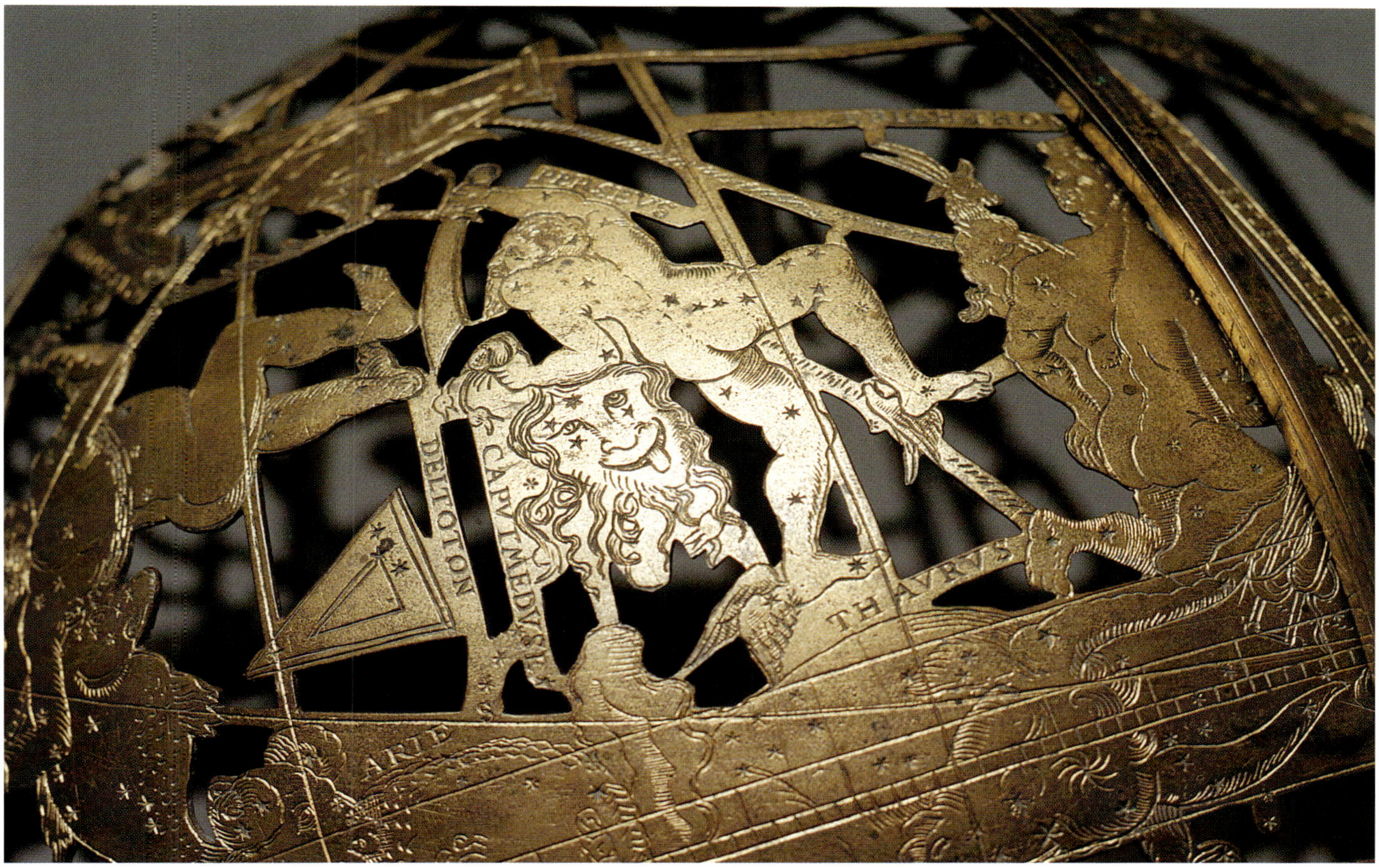

Les globes terrestre et céleste de Guillaume Delisle, 1700 [réédités vers 1708]

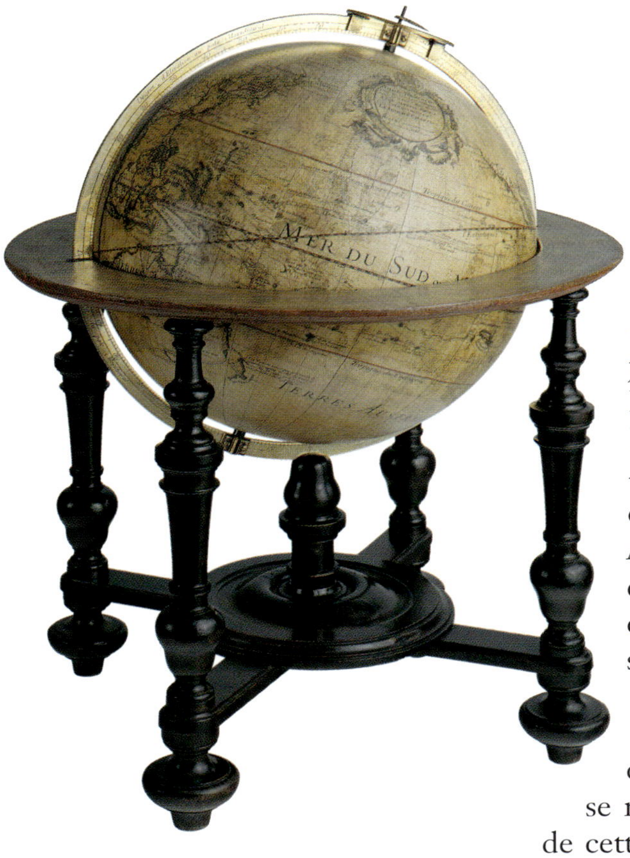

Figure 64. L'approche scientifiquement rigoureuse de Guillaume Delisle quant à la recherche et à l'analyse d'informations géographiques rendit possible, au tournant du XVIIIe siècle, la transformation de la cartographie. Fabriqué en tout début de carrière, ce globe terrestre — et le globe céleste l'accompagnant, tous deux datés de 1700 mais révisés vers 1708 — contribua à la réputation impeccable de Delisle ainsi qu'à l'immense succès de son entreprise cartographique (voir l'agrandissement à la page 112).

Figure 65. Delisle choisit de ne pas ajouter les constellations d'Hevelius sur son globe céleste daté vers 1708. Ce choix éditorial semble cependant avoir été adopté par beaucoup d'autres en France, car les constellations de l'astronome polonais ne firent leur apparition sur les globes français qu'un peu avant le milieu du siècle (voir la page 113).

Diamètre : 31 centimètres
Globe terrestre : Musée Stewart — 1997.24.1 (fig. 64)
Globe céleste : Musée Stewart — 1997.24.2 (fig. 65)

Précoce, on mentionne généralement que Guillaume Delisle (1675-1726) dessina et dressa — en accord avec l'histoire ancienne — ses premières cartes géographiques dès l'âge de huit ou neuf ans. Fils aîné de Claude Delisle — célèbre à Paris pour ses connaissances en histoire et en géographie et précepteur de jeunes seigneurs, dont le duc Philippe d'Orléans, futur régent de France —, Guillaume vint à une époque où, ainsi que le formula Bernard Le Bovier de Fontenelle, « le Zele de la Religion », « l'amour des Richesses » et « l'astronomie, beaucoup plus parfaite que jamais » ouvrirent l'horizon des connaissances scientifiques. Autrement dit, selon Fontenelle, le vénérable secrétaire perpétuel de l'Académie royale des sciences, tout semblait en faveur d'un changement de la Géographie. C'est précisément à cette tâche que se consacra Guillaume Delisle.

Élève de Jean-Dominique Cassini, directeur de l'Observatoire de Paris, Delisle produisit vers 1700 un globe terrestre de 31 centimètres de diamètre — et son compagnon céleste — sur lequel se retrouva un grand nombre de modifications géographiques, tirées de cette rigueur scientifique dont Fontenelle vanta tant les mérites chez l'émule du savant italien. Signalons en premier lieu la mer Méditerranée qui, exagérément étirée depuis Ptolémée, est raccourcie de 15 degrés afin de prendre la dimension (environ 42 degrés de longitude) qu'on lui connaît aujourd'hui ; l'Asie est contractée de 500 lieues et l'Asie mineure de presque la moitié des dimensions ordinairement dessinées ; Delisle encourage une ouverture d'esprit par rapport à la représentation de la Californie, se gardant de lui donner une représentation complètement insulaire ou péninsulaire ; la Nouvelle-Hollande (l'Australie) est rapprochée du cap de Bonne-Espérance par 15 degrés et les océans Atlantique et Indien ont diminué de superficie alors que celle de la mer du Sud (l'océan Pacifique) est augmentée et se voit enrichie de plusieurs îles. Finalement, les terres imaginaires sont bannies, faisant place à des espaces vierges lorsque manquent les informations probantes (fig. 66). Ces innovations majeures furent reprises dans une mappemonde et sur quatre cartes des quatre parties de la Terre, toutes publiées en 1700.

Le globe terrestre de Delisle pourrait avoir joué un rôle important pour la diffusion de cette cartographie résolument nouvelle. Une analyse cartographique et historique attentive permet en effet de conjecturer que la réalisation des fuseaux du globe fut antérieure aux cinq cartes mentionnées ci-haut. Un premier argument en faveur d'une telle

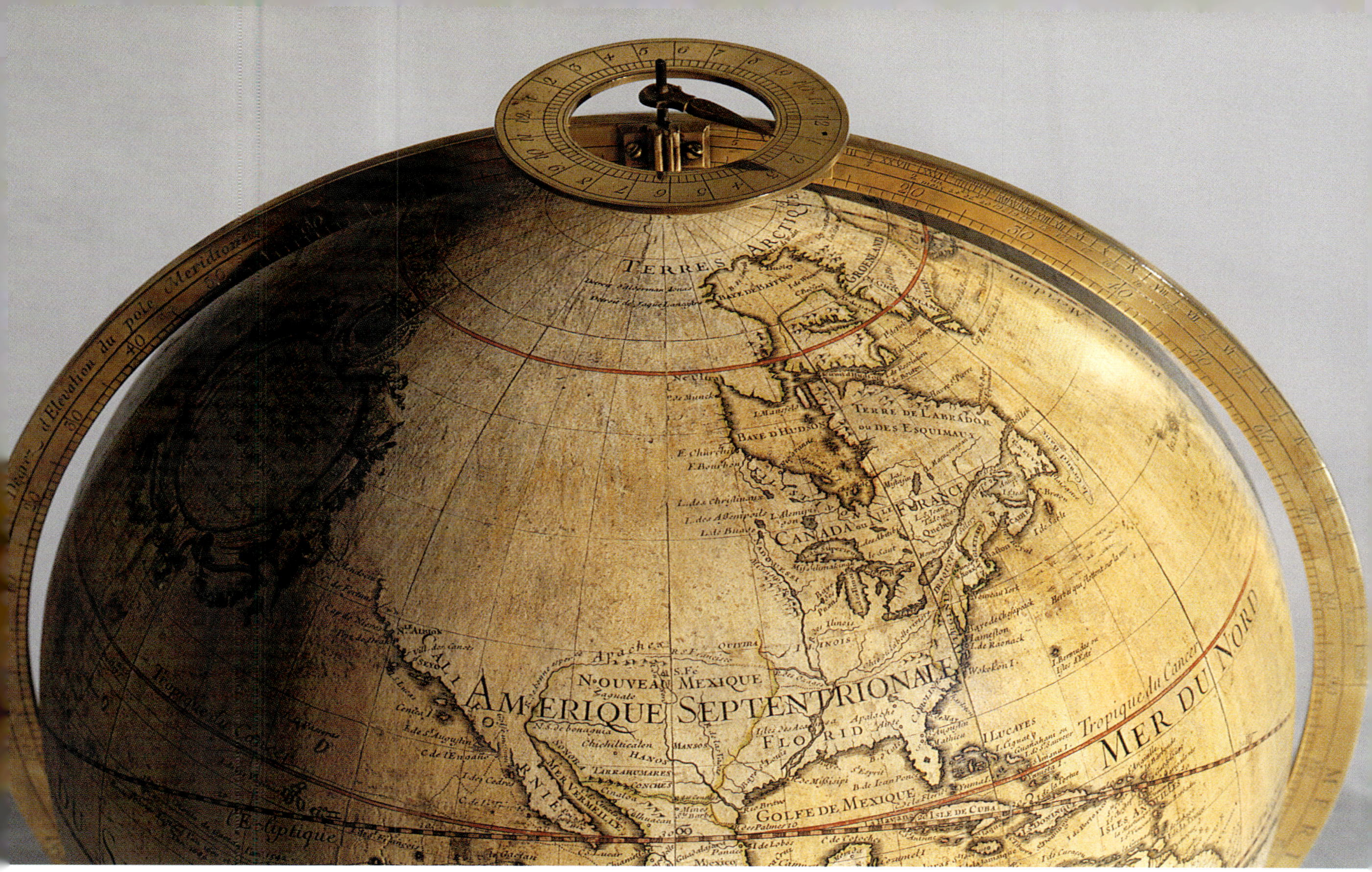

hypothèse se trouverait dans le positionnement de l'embouchure du fleuve Mississippi, située sur le globe terrestre plusieurs degrés à l'ouest de son véritable emplacement géographique (fig. 67). Ce tracé géographique particulier — bien qu'observé sur la mappemonde de 1700 de Delisle — fut retrouvé en outre sur une nouvelle version (considérée maintenant comme le premier état) de la carte intitulée *L'Amérique septentrionale* (Schwartz et Taliaferro 1984). Or il s'agirait d'une carte vraisemblablement imprimée avant que ne revienne en France, durant l'été de 1700, Pierre Le Moyne d'Iberville, de retour d'un second voyage dans ladite région. Cette carte fut apparemment corrigée par Delisle dans le courant de la même année.

Un second élément de démonstration, possiblement le plus probant d'entre tous, se trouverait dans la toponymie antique du fleuve Missouri, nommé sur le globe « rivière des Ozages » (fig. 68) (comme, d'ailleurs, sur la carte manuscrite de Claude Delisle datée de 1696 et conservée aux Archives nationales de France) plutôt que rivière Pekitanonie, tel qu'imprimé sur les cartes de 1700 et ultérieurement. Finalement, un dernier élément de preuve possible réside dans la façon de représenter l'Amérique du Sud : sur le premier état du globe terrestre, à l'instar une fois de plus du premier état de la mappemonde de 1700, la pointe du continent méridional est fortement recourbée vers l'ouest.

Le globe terrestre a pu ainsi servir, suivant cette conjecture, de modèle aux autres cartes de 1700. Selon un certain abbé Dubois, qui en fit une déclaration solennelle en 1705, le globe s'avérerait même de con-

Figure 66. Contrairement à plusieurs cartographes contemporains, Delisle préféra laisser de grands espaces vierges sur ses globes et ses cartes plutôt que d'inventer de toute pièce une géographie ou encore se baser sur des observations d'une provenance à son propre avis douteuse. Sur ce globe daté vers 1708, le nord-ouest de l'Amérique du Nord, habité depuis longtemps par les autochtones mais très imparfaitement connu des Européens, propose un bel exemple d'un tel vide cartographique.

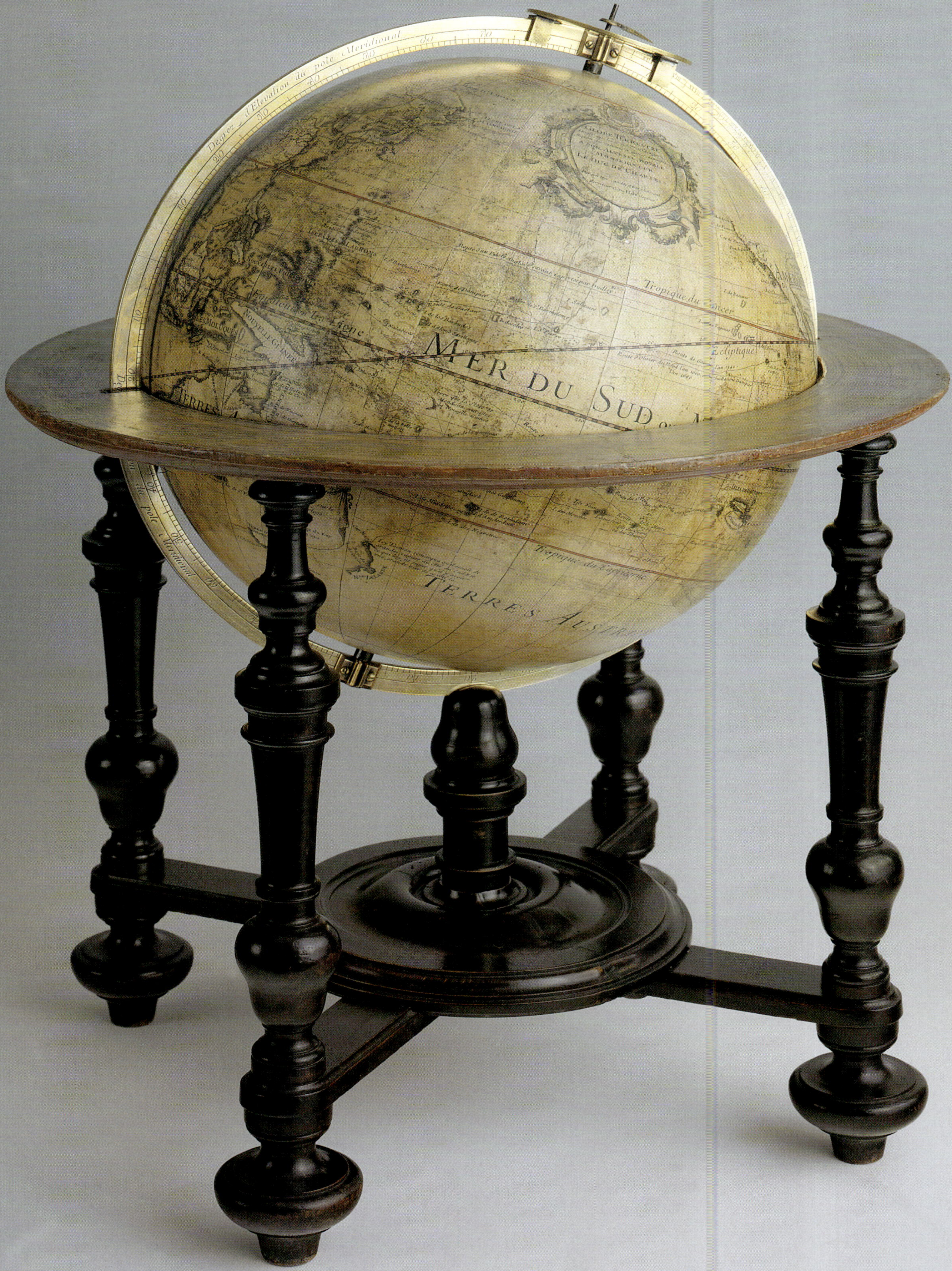
Degrez d'Elevation du pole Meridional
Tropique du Cancer
Ecliptique
Mer du Sud

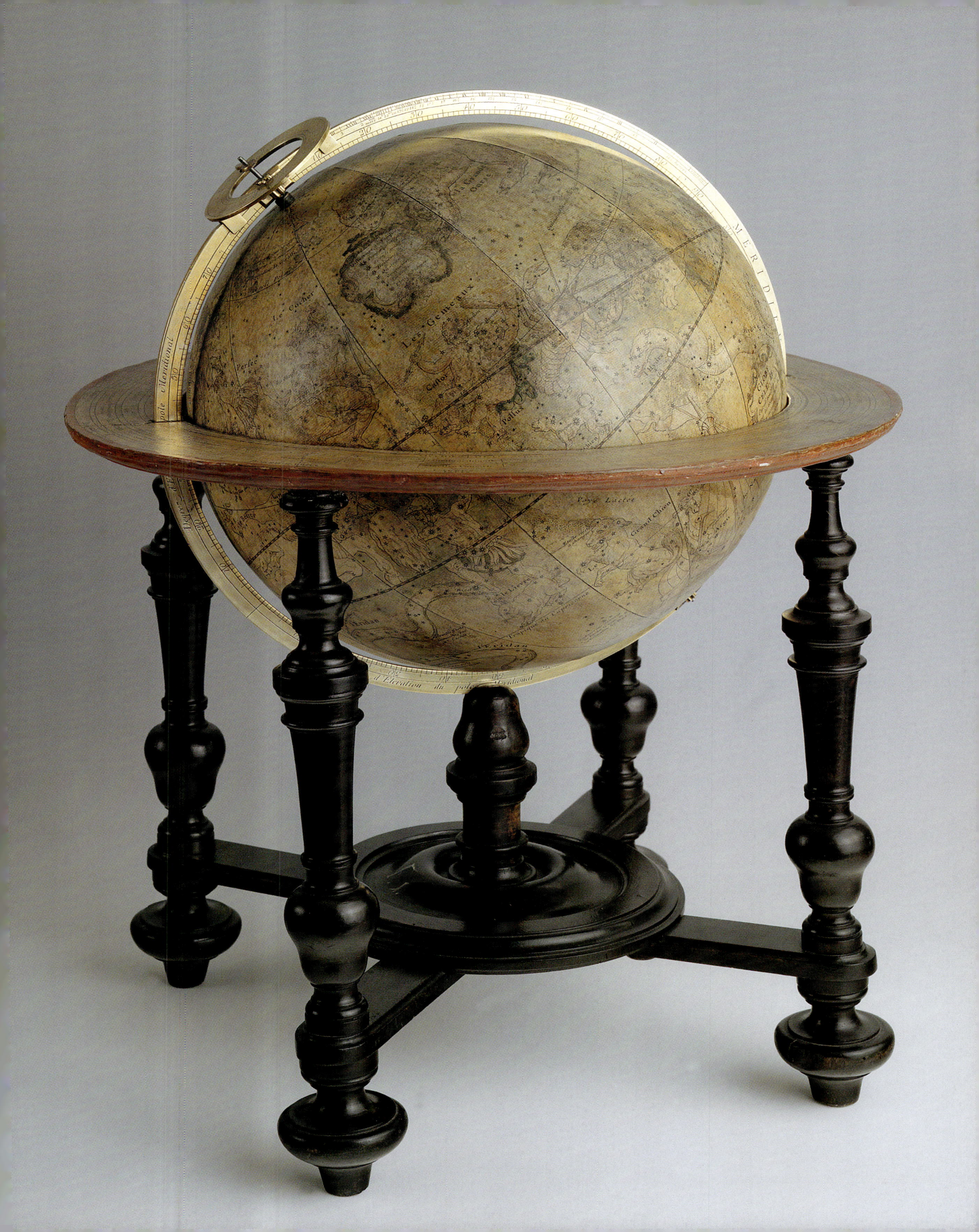

Les Gemeaux
Castor
Pollux
Voye Lactée
Grand Chien

Figure 67. *Ce détail tiré du globe de Delisle daté vers 1708 montre que les régions orientales et méridionales du continent nord-américain sont assez bien déterminées. En ce qui concerne l'ouest, après avoir longuement analysé les faits disponibles, Delisle décida de ne point représenter la Californie comme une île, et ce, au contraire de la plupart des cartographes de l'époque. Dans le doute, il dessina la région ni rattachée ni détachée complètement du continent, encourageant ainsi une ouverture d'esprit face à ce problème géographique.*

Figure 68. *Sur le globe de Delisle, on note que l'embouchure du Mississippi se situe plusieurs degrés à l'ouest de son véritable emplacement, une erreur qu'il corrigea rapidement sur ses cartes publiées en 1700. De plus, le toponyme de « R. des Ozages », aujourd'hui le fleuve Missouri, porte sur ces mêmes cartes le nom de rivière Pekitanonie. Deux aspects importants de la cartographie de Delisle qui suggèrent que le globe, gravé en 1700, le fut quelque temps avant ses cartes identiquement datées.*

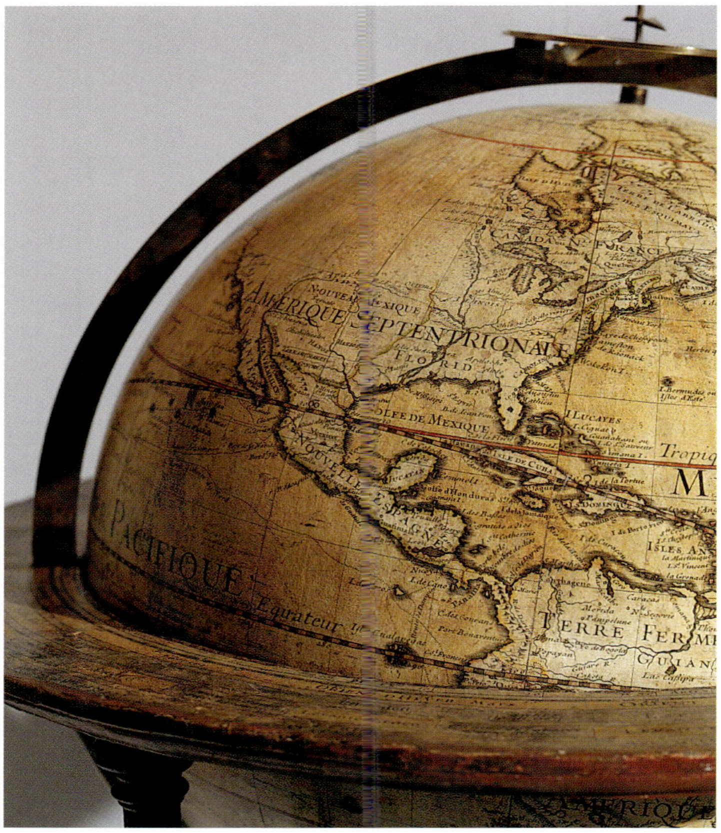

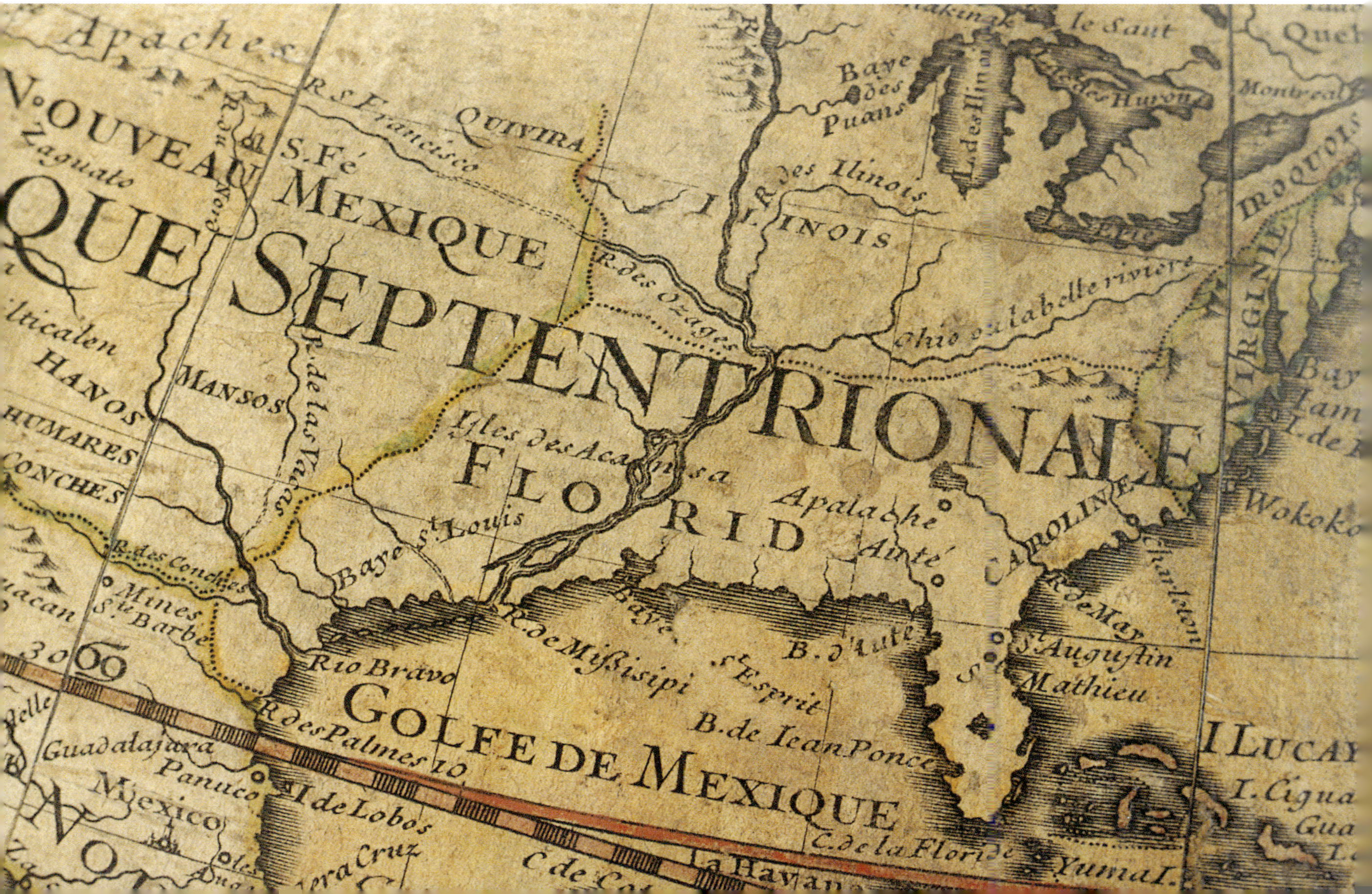

ception bien antérieure, soit vers 1689-1690. Cette dernière affirmation nous fait entrer dans un débat qui n'est pas encore résolu : puisqu'en 1689 Guillaume était âgé de quinze ans, ne serait-ce pas plutôt son père, Claude, le principal instigateur des transformations cartographiques précédemment soulignées ? Lors de l'accession de Guillaume à l'Académie royale des sciences en 1702, le *Journal de Trévoux* ne signala-t-il pas que le fils fut l'auteur, « conjointement avec monsieur son père », de plusieurs ouvrages ? À la lumière des recherches historiques actuelles, d'aucuns prétendent que les premiers travaux cartographiques doivent être attribués autant à Claude qu'à son fils Guillaume.

Le globe terrestre et les différents états de la carte de *L'Amérique septentrionale* qui l'accompagnaient servirent en quelque sorte (conjointement avec la carte manuscrite de 1696) de croquis à la *Carte du Canada ou de la Nouvelle France* de 1703, une des plus influentes en ce début de siècle. Cette dernière, de toutes les cartes publiées en Europe, résumait le mieux les explorations françaises du XVIIe siècle. Selon Conrad E. Heidenreich, mis à part l'introduction inopportune de la *Rivière longue* du baron de Lahontan sur la *Carte du Canada*, Delisle fit montre d'une grande originalité cartographique, basée sur sept années de minutieuses recherches originales tirées d'une surprenante variété de sources. En effet, au contraire de nombreux contemporains, il ne copia que rarement le matériel cartographique déjà imprimé. La mer de l'Ouest fictive, que son père introduisit sur sa carte manuscrite de 1696, mais sur aucune autre carte imprimée ni sur le globe terrestre, fut reprise par un des plus farouches concurrents de Guillaume, Jean-Baptiste Nolin. Ce plagiat flagrant fut reconnu par une commission après un procès qui dura six ans. Ses compétences exceptionnelles firent de Guillaume Delisle le tout premier *premier géographe du Roi* en 1718.

Le globe terrestre conservé au Musée Stewart fut construit vers 1708, bien que l'inscription du cartouche indique le contraire : « À Paris Chez l'Auteur sur le Quai de l'Horloge [...] 1700 ». L'espace après le mot Horloge est causé par le retrait sur la plaque de cuivre de la phrase « a la Courone de Diamans », partie intégrante de l'adresse de Delisle durant les années 1707-1708. L'édition originale de ce globe se reconnaît facilement à l'adresse qui, comme sur ses premières cartes, est identifiée à la « rue des Canettes » et à la forme en croissant de l'Amérique du Sud. Même révisé, ce globe terrestre n'atteint jamais l'exactitude des cartes de Delisle. En effet, lors de sa réédition vers 1708 (celle conservée au Musée Stewart), le cartographe du « Quai de l'Horloge » ne prit pas la peine de redessiner sur son globe la véritable localisation géographique de l'embouchure du Mississippi, chose pourtant qu'il s'empressa très tôt de faire pour ses cartes. Cette édition du globe terrestre semblerait avoir été la dernière.

Tout bien considéré, et particulièrement à l'époque de sa première édition, l'examen du globe terrestre de Delisle nous permet de mieux comprendre pourquoi Fontenelle eut raison d'affirmer dans son *Éloge de M. Delisle* que « l'ouverture du siècle présent se fit donc, à l'égard de la géographie, par une Terre presque nouvelle que M. Delisle présenta ».

Peut-être moins original que le globe terrestre, le globe céleste de Delisle n'en demeure pas moins un complément digne de mention. Bien qu'il s'agisse également d'un globe réédité vers 1708 — l'adresse peut être lue ainsi : « À Paris Chez l'Auteur sur le Quai de l'Horloge a la Courone de Diamans [...] 1700 » (fig. 69) —, les nouvelles constellations attribuées à Johannes Hevelius et représentées dans son ouvrage intitulé *Firmamentum Sobiescianum, sive Uranographia* (1687) sont totalement absentes. Delisle se démarqua, à ce titre, de la plupart de ses contemporains outre-France, et particulièrement de Gerard Valk, qui fit de son globe céleste (23 cm) de 1701 un éloge à l'astronomie d'Hevelius.

L'inscription du cartouche ne laisse toutefois aucun doute sur sa foi en l'exactitude scientifique du tracé astronomique puisque le positionnement des étoiles fut « Calculé pou[r] [l'a]n 1700. Sur les obser[va]tions les plus recentes ». Le contraire eût été surprenant venant de l'élève de Cassini. C'est plutôt au niveau de l'interprétation des constellations que le globe de Delisle diffère de ceux de ses contemporains. Il se situerait, en effet, à cheval entre la tradition et la modernité suggérée par Hevelius. On note ainsi que les constellations « Leo Minor », « Lynx » et « Canes Venatici » d'Hevelius sont dépeintes par Delisle à l'aide d'un texte qui affirme que « Quelques uns forment de ces Etoiles la Constellation du Jourdain ».

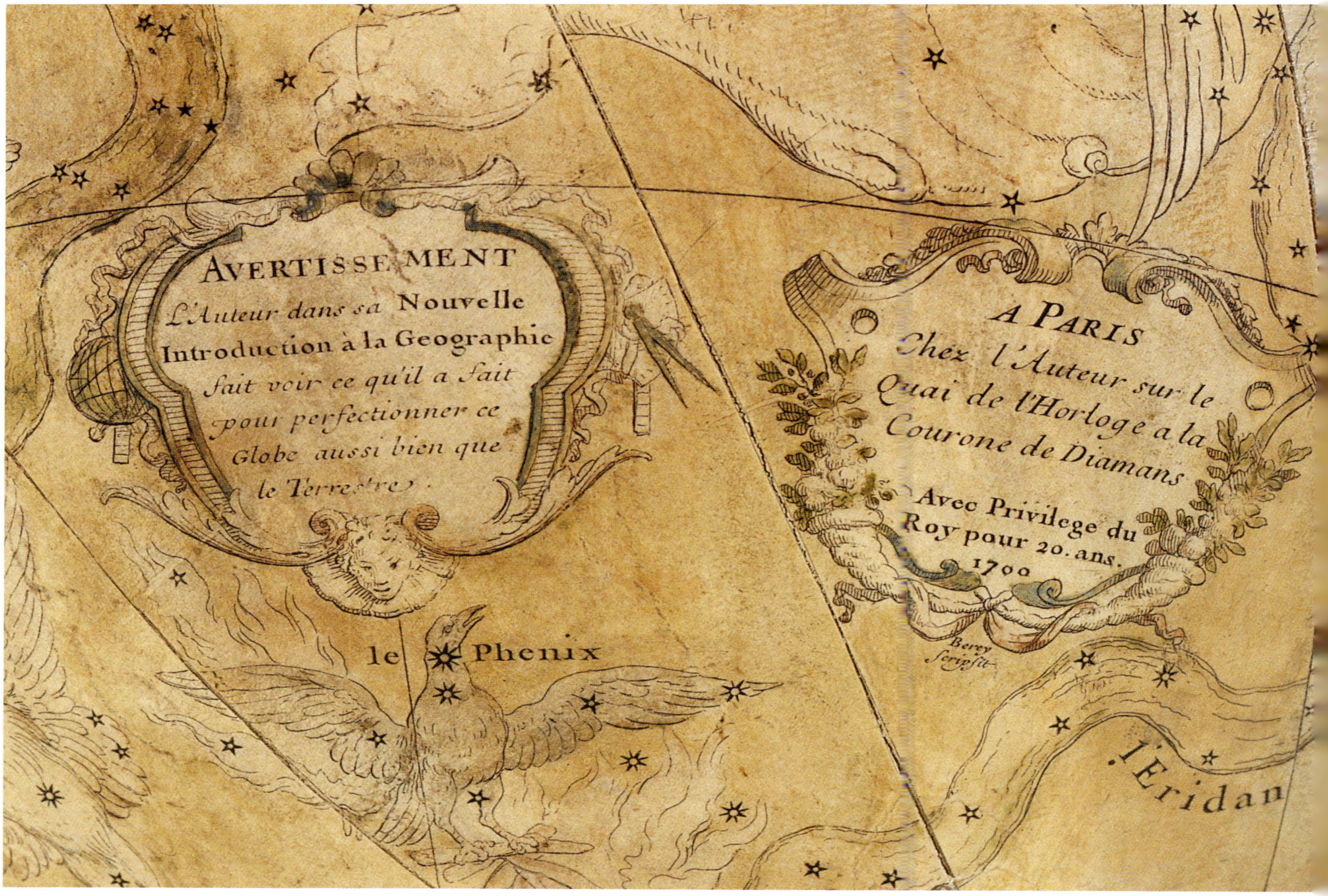

Figure 69. L'édition originale de ce globe datée de 1700 aurait été publiée de la « Rue des Canettes », où Delisle installa son atelier jusqu'en 1707.

Pareillement, l'inscription « les 17 Etoiles sont conmtes par quelques uns sous le nom du Sceptre » supplée à la plus contemporaine constellation « Lacerta » d'Hevelius, justement créée en guise de remplacement audit Sceptre de Augustin Royer. Delisle n'osa pas plus, d'ailleurs, se compromettre avec, par exemple, la constellation « Lilium » dessinée en 1674 par l'astronome jésuite français Ignace-Gaston Pardies. Delisle n'inscrivit à sa place qu'un laconique : « la Fleur de Lys selon quelques uns ».

Depuis le jugement sévère au XIXe siècle de l'astronome Jean-Baptiste Joseph Delambre à l'endroit de Jean-Dominique Cassini, d'aucuns perçoivent ce dernier comme un astronome qui accepta mal les nouvelles théories, surtout celles venant de l'étranger. Cette affirmation, souvent critiquée et remise en cause, prend pourtant tout son sens lorsque vient le temps d'analyser les travaux de l'élève Delisle. Avant de formuler ou d'utiliser une nouvelle assertion géographique ou astronomique, Delisle voulait s'assurer de la véracité de l'information. Il faut croire que, dans le cas des constellations d'Hevelius — comme des constellations que ce dernier tentait de rajeunir —, Delisle préféra user de prudence et laisser à leur place un court texte afin d'éviter toute controverse possible. Usant de la même méthodologie, il plaça des zones vierges sur son globe terrestre en guise de remparts scientifiques symboliques ; de cette façon, il se prémunissait de possibles erreurs causées par l'utilisation de travaux publiés mais non rigoureusement vérifiés. Il serait donc raisonnable de supposer que l'omission des constellations d'Hevelius fut un choix éditorial et point un manque de connaissances académiques.

Qu'il s'agisse de son globe terrestre ou céleste, Delisle prouva hors de tout doute, dès 1700, qu'il appartenait au panthéon des hommes de science de son époque.

Principales références bibliographiques

Broc 1970 ; Delanglez 1943 ; Fontenelle 1740 ; Heidenreich 1981 ; Lagarde 1989 ; Polk 1991, p. 313-317 ; Schwartz et Taliaferro 1984 ; Tooley 1967, p. 3-6.

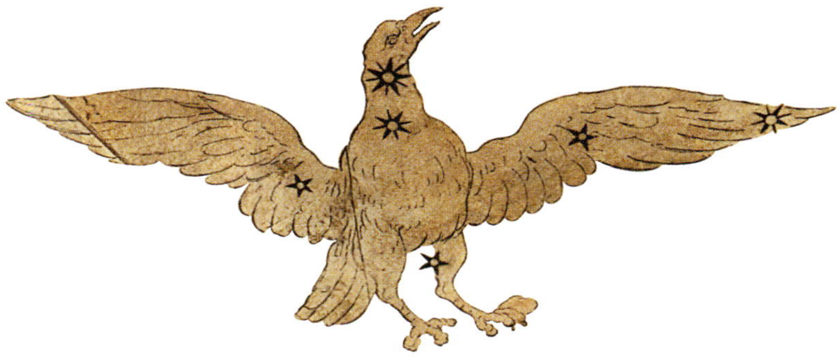

Le globe céleste de l'abbé Jean-Antoine Nollet, vers 1728

Diamètre : 32,5 centimètres
Musée Stewart — 2000.2 (fig. 70)

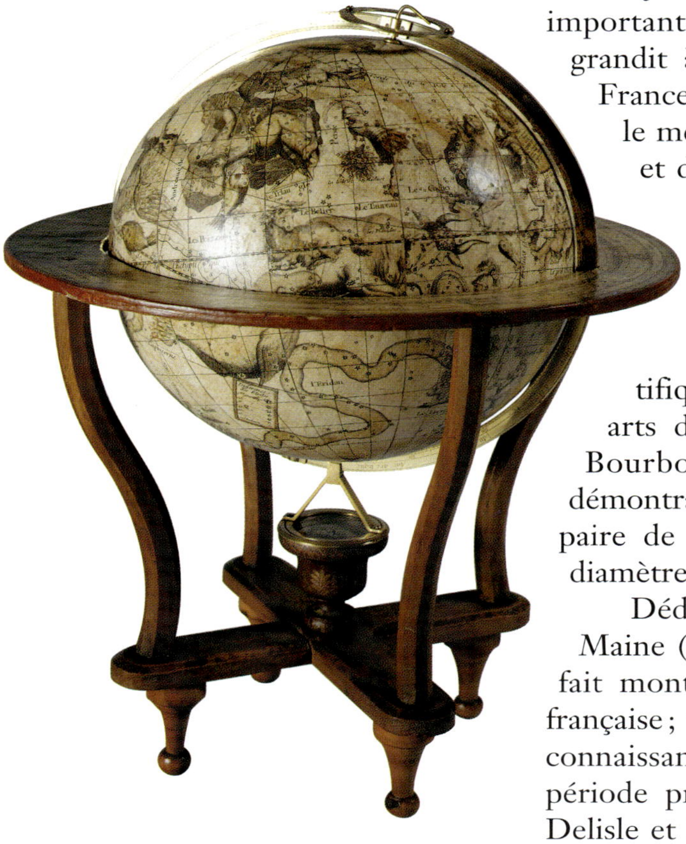

Figure 70. Jean-Antoine Nollet devint, au XVIIIe siècle, l'un des plus importants vulgarisateurs scientifiques d'Europe. La fabrication d'une paire de globes terrestre et céleste vers 1728 fut l'élément catalyseur qui lança véritablement sa carrière. Ce globe céleste, résolument français, témoigne de l'œuvre tout entière de cet abbé dédié à l'enseignement des sciences (voir l'agrandissement à la page suivante).

L'abbé Jean-Antoine Nollet (1700-1770) fut, sans contredit, un des plus importants vulgarisateurs scientifiques européens du XVIIIe siècle. Il grandit à une époque remarquable où le prestige scientifique de la France tendait vers son apogée. Enfant des Lumières, Nollet sut tirer le meilleur de sa situation ecclésiastique, de ses habiletés manuelles et de son esprit vif et entrepreneur.

Disciple de René-Antoine Ferchault de Réaumur et de Charles-François de Cisternay Dufay, Nollet se fit connaître des plus grands noms de la philosophie naturelle de ce début de siècle, dont Jean-Théophiles Désagulier d'Angleterre et Willem Jacob 's Gravesande de Hollande. Sa carrière scientifique débuta vraiment lorsqu'il joignit, dès 1728, la Société des arts de Paris — créée et soutenue financièrement par Louis de Bourbon-Condé, comte de Clermont — au sein de laquelle il démontra ses brillants talents d'artisan en confectionnant vers 1728 une paire de globes terrestre et céleste d'un pied français (32,5 cm) de diamètre.

Dédié à Anne-Louise Bénédicte de Bourbon-Condé, duchesse du Maine (et tante du comte de Clermont), le globe terrestre de Nollet fait montre d'un tracé géographique issu de la plus pure tradition française ; une étude cartographique permet même de constater que les connaissances géographiques ont été assimilées avec rigueur pour la période précédant 1725. Situé temporellement entre les ouvrages de Delisle et Bion d'une part et des Hardy, Desnos et Robert de Vaugondy d'autre part, il est possible d'affirmer que le globe terrestre de l'abbé Nollet fut vraiment, pour l'époque, une œuvre nouvelle, un apport noté à la science et, dans sa version originale, aux arts (comme en témoigne la magnifique paire conservée au musée J. Paul Getty de Californie).

Le globe céleste de l'abbé Nollet partage tout aussi bien que son partenaire terrestre la tradition scientifique française. Bien que soit inscrite à deux endroits la date de 1730 — *Globe Céleste calculé pour l'année 1730* [...] et *Par son tres humble et tres Obeissant Serviteur Nollet de la Société des Arts 1730* (fig. 71) —, il faudrait plutôt considérer vers 1728 (date indiquée sur le globe terrestre) l'année probable de publication. (Il était encore assez fréquent d'arrondir à la plus proche dizaine supérieure le calcul de la position des étoiles des globes célestes complétant une paire. Et puisque l'on débutait généralement une paire de globes par le globe terrestre, 1728 serait une bonne approximation pour ce globe céleste.) En ce qui concerne le dessin des constellations, l'influence du globe céleste de Guillaume Delisle serait envisageable (fig. 72). Qui plus est, Nollet suit ses prédécesseurs français en omettant complètement les constellations associées à Hevelius. Les fuseaux sur lesquels furent gravées les constellations sont au

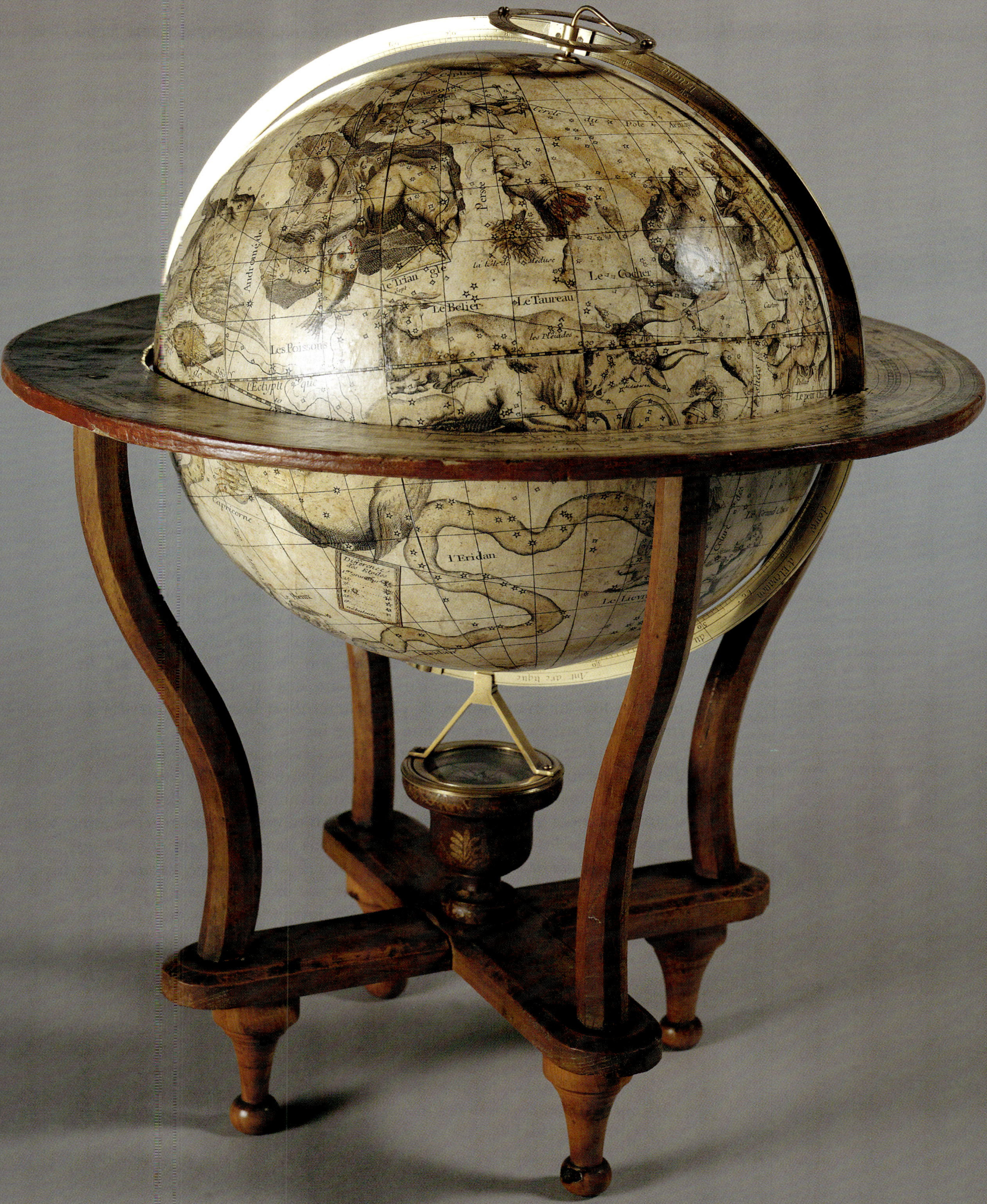
Les Poissons
Le Belier
Le Taureau
Le Cocher
l'Eridan

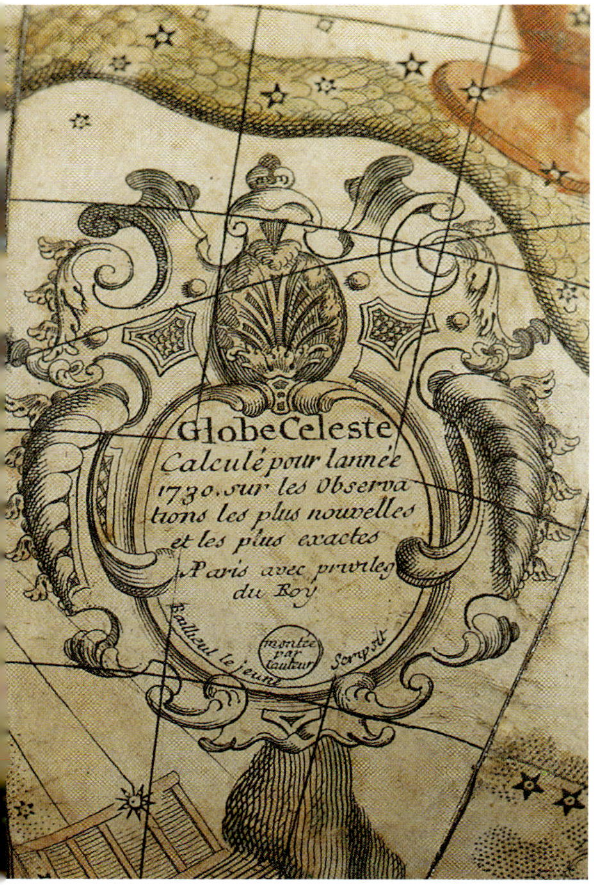

Figure 71. Le texte du cartouche souligne « montée par l'auteur ». Il ne faut pas prendre cette expression au pied de la lettre. Celle-ci indique seulement que Nollet — responsable de l'ensemble du projet — colla lui-même les fuseaux sur la sphère. Quant à la réalisation des gravures, des eaux fortes et de l'impression des fuseaux, elle est l'œuvre de spécialistes membres de guildes professionnelles. Il en va de même pour la fonte et la gravure du méridien de laiton.

nombre de 24, des pôles Nord et Sud à l'équateur écliptique. Cette façon de faire, c'est-à-dire sans l'utilisation de calottes polaires, est une pratique introduite en France par Nicolas Bion vers 1710.

Le support dans lequel est déposé le globe céleste est composé de quatre très belles colonnes en noyer recourbées. Le méridien du globe repose quant à lui sur une base triangulaire en laiton, elle-même montée sur une boussole en forme de vase peint de motifs floraux. Ce curieux système de soutien se retrouve aussi sur deux autres exemplaires de globes célestes de l'abbé Nollet, conservés au Conservatoire national des arts et métiers de Paris et à l'Osservatorio astronomico di Roma. En plus du globe, l'anneau du méridien, la table d'horizon et la boussole semblent être d'origine. Ainsi construit, le support tout entier pourrait s'avérer d'époque (si on se fie à la citation présentée ci-dessous), quoique rien ne le prouve formellement.

Les succès de Nollet en tant que vulgarisateur scientifique n'eussent été possibles sans l'étonnant et important arsenal d'instruments scientifiques qui l'accompagnaient à chacune de ses causeries expérimentales. De fabrications simples mais richement décorés, les instruments utilisés par Nollet étaient conçus non pas pour faire de la recherche, mais bien pour expliquer un phénomène particulier de la nature (la pression de l'air, l'inertie, le déplacement du centre de gravité, le principe d'Archimède, le levier, l'électricité statique, etc.). La notoriété de Nollet dans l'art de fabriquer les instruments scientifiques devint tout aussi considérable que celle entourant ses conférences. Pour ne citer qu'un exemple, mentionnons qu'en 1739, Nollet vendit à Voltaire un cabinet de physique évalué à 10 000 livres, somme colossale pour l'époque ; Voltaire, après avoir payé la note, écrivit à un de ses correspondants : « L'abbé Nollet me ruine. » Malgré tout, le grand philosophe savait reconnaître la valeur d'un artisan des sciences quand il en croisait un sur son chemin. De Nollet, il dit encore : « c'est un philosophe, c'est un homme d'un vray mérite qui seul peut me fournir mon cabinet de physique et il est beaucoup plus aisé de trouver de l'argent qu'un homme comme luy ».

Les globes que l'abbé Nollet construisit dès son admission à la Société des arts servirent à lancer sa carrière ultérieure de vulgarisateur et de fabricant d'instruments scientifiques. Pourtant, au cours des quelque quarante années qui suivirent, les globes devinrent au mieux un accessoire attrayant pour les mieux nantis. En effet, déjà dans son premier ouvrage intitulé *Programme ou idée générale d'un cours de physique expérimentale avec un Catalogue raisonné des instrumens qui servent aux expériences* (1738), les globes ne jouent aucun rôle d'importance lorsqu'il est question d'expliquer la physique ayant trait à l'astronomie. Nollet en fait par contre la promotion dans son catalogue d'instruments se retrouvant à la fin de l'ouvrage, ce qui montre qu'il peut encore les exécuter ou, plutôt, les faire exécuter. Sous la rubrique « Instrumens de cosmographie », on retrouve plusieurs entrées se rapportant aux globes, parmi lesquelles on compte :

- 309. Deux globes célestes & terrestres d'un pied de diamétre, dressés sur les observations les plus nouvelles, enluminés & vernis, montés sur des pieds à quatre colonnes, avec des méridiens & horizons d'une espèce de carton préparé & très-solide.

• 312. Les mêmes Globes Terrestres & Célestes que ci dessus, enluminés & vernis, montés sur des pieds à colonnes, vernis citron & argent, avec Méridiens, Cercles Horaires & Boussoles de cuivre, gravés & polis.

• 313. Les mêmes Globes vernis, polis, avec Méridiens, Cercles Horaires, Boussoles de cuivre sur des pieds tournans d'une nouvelle construction, vernis & dorés. Le Globe Céleste est bleu tout d'une teinte; on n'apperçoit les figures des constellations que comme des ombres, les principaux cercles de la Sphére sont marqués en argent, comme sur le Globe Terrestre; les Etoiles sont relevées en or, chacune dans la grandeur qui lui convient; de maniére qu'au premier coup d'œil on apperçoit sans confusion l'état naturel du Ciel.

Il continua à en fabriquer plusieurs années (en plus des planétaires, des sphères armillaires et même des globes de poche), en sous-traitance, comme en témoigne sa correspondance avec Étienne-François Dutour. Dans une lettre datée du 2 septembre 1747, Nollet écrit à son fidèle collaborateur :

> J'ay oublié dans ma dernière lettre de vous répondre sur l'article des globes [...]. Je suis présentement fort à partie de vous [les] trouvez [...] ayant un ouvrier qui réussit très bien pour monter les globes. Il y en a de trois prix, quoyque de même grandeur, cela dépend de la façon dont ils sont traités; ceux que je vous conseille de prendre, sont montés sur des pieds à 4 colonnes de bois vernis proprement, et la boule qui a un pied de hauteur a un méridien et cercle horaire de cuivre poli et gradué; reposant sur une boussole qui est placée dans le milieu du pied. Ces globes vous coûteront la paire 120# [livres]. Vous en pouriez avoir de même grandeur, pour 80# [livres] les deux, mais les méridiens ne sont que d'une espèce de carton fort; point de boussole, et le pied d'une seule tige à patte; il y en a d'autres présentés plus magnifiquement que les premiers, et dont le vernis, est poli avec beaucoup de soin; ils valent 250# [livres]*.

Cet extrait montre d'abord que Nollet ne fabriquait pas lui-même ses globes et, ensuite, qu'il pouvait en fournir sous trois formes différentes, plus ou moins semblables à celles décrites dans son catalogue d'instruments ajouté au *Programme*. La paire la plus dispendieuse pourrait être associée à celle conservée au musée Getty; celle à 120 livres tournois, montée sur quatre colonnes et boussole, ressemble fort à l'exemplaire dont il est présentement question (fig. 73).

Dans une de ses plus importantes œuvres, *Leçons de physique expérimentale* (1743-1764), Nollet expose en six volumes l'éventail complet des sciences physiques; les instruments scientifiques sont au cœur des explications des divers concepts et lois de la nature. La leçon XVIII, consacrée à l'astronomie, utilise presque strictement le planétaire (qu'il avoue imiter des *orreries* anglais) comme outil de vulgarisation. Il s'en sert pour discourir sur les notions d'astronomie générale (définitions du zodiaque, des planètes, de l'écliptique, etc.), sur les systèmes de Ptolémée, Brahé et Copernic et plus particulièrement sur les phénomènes naturels tels les éclipses, les saisons, le cycle lunaire, les comètes et *tutti quanti*. Jamais il ne mentionne ni ne fait usage d'un globe terrestre ou céleste. L'année de son décès, Nollet publie un ouvrage attendu par plusieurs depuis des décennies, *L'Art des expériences ou avis aux amateurs de la*

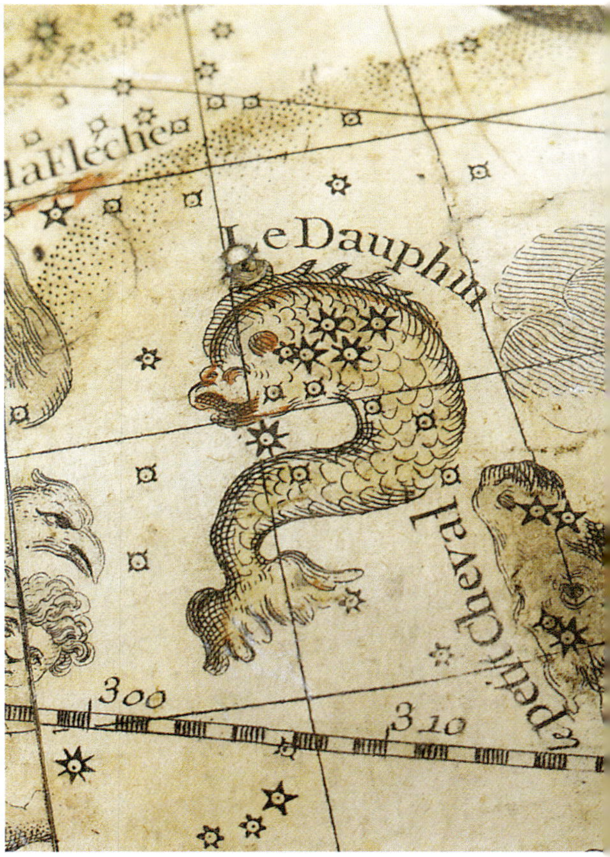

Figure 72. La constellation du Dauphin est aussi l'une des 48 dites de Ptolémée. Considéré de tout temps comme la plus remarquable des créatures marines, le dauphin illustre aujourd'hui une toute petite constellation, bien qu'elle pût inclure à l'origine les étoiles qu'Hipparque utilisa pour former la nouvelle constellation du Petit Cheval (« Equuleus »). L'appellation et la représentation visuelle de cette constellation ne furent, au sein de la littérature astronomique riche et séculaire, presque jamais modifiées.

* National Museum of American History, Washington, D.C., Smithsonian Institution Libraries, MSS 1061B (Dibner Collection MS. 170.)

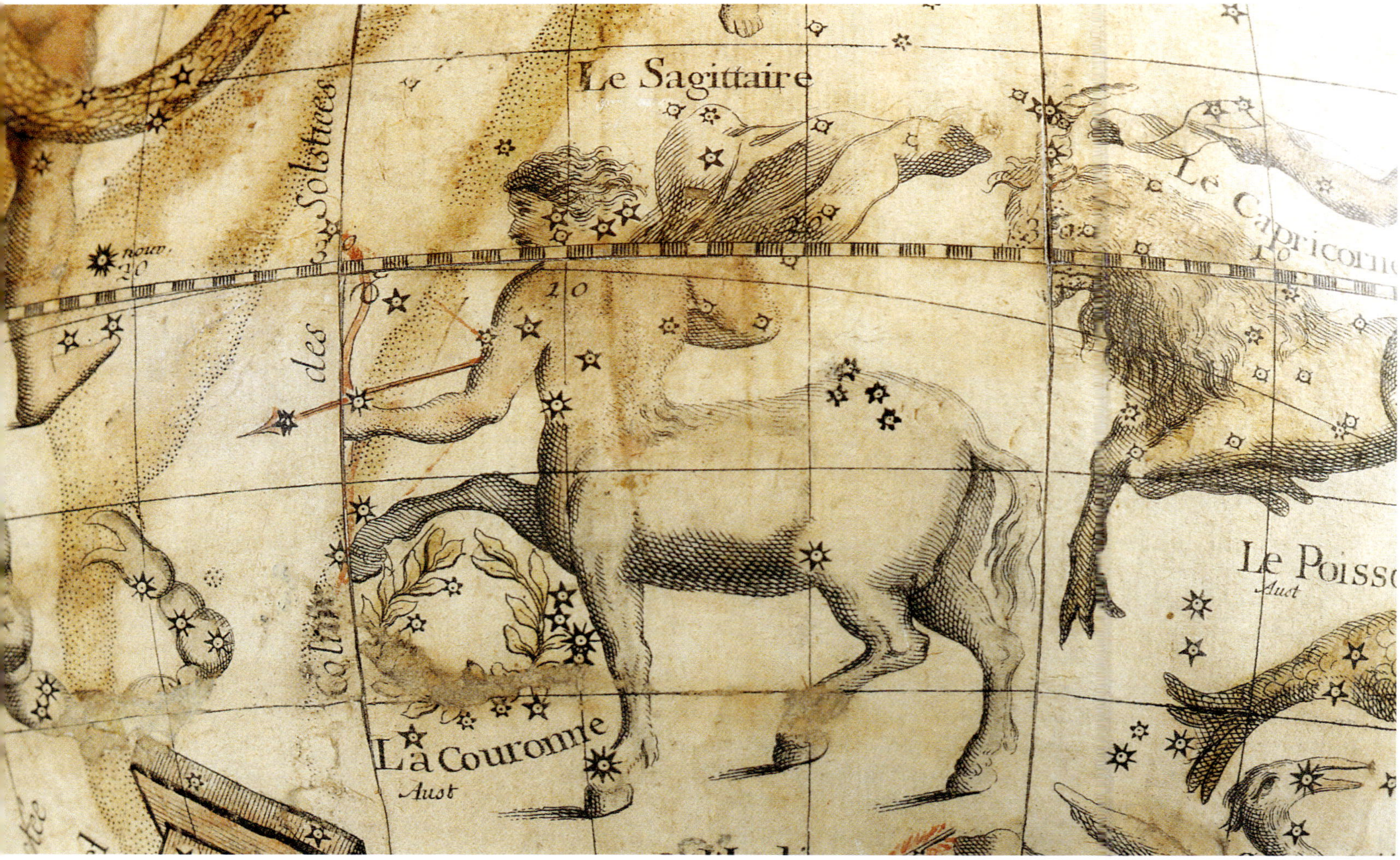

Figure 73. Le Sagittaire est un des douze signes du zodiaque, tous distribués sur un grand cercle (la ligne double hachurée au-dessus des épaules du centaure) que l'on nomme l'écliptique. Celui-ci donne la position apparente du Soleil sur la voûte céleste au cours de la révolution annuelle de la Terre. Le Sagittaire fait partie des constellations dites de Ptolémée.

physique sur le choix, la construction et l'usage des instrumens; sur la préparation et l'emploi des drogues qui servent aux expériences (1770), dans lequel il explique de la façon la plus détaillée possible la fabrication des instruments scientifiques utilisés lors de ses causeries expérimentales. Là encore, aucune mention sur la fabrication des globes.

À la lumière de cette analyse, nous pourrions conclure que la place réservée aux globes dans l'œuvre complète de l'abbé Nollet ne fut, étonnamment, que très modeste, compte tenu du fait qu'ils furent à l'origine de cette carrière exceptionnelle presque exclusivement vouée à la diffusion des sciences. Le globe céleste récemment acquis par le Musée Stewart se trouve à être le sixième recensé dans les collections mondiales (quant aux globes terrestres, ils seraient au nombre de cinq). Il s'ajoute et vient compléter de belle façon la collection d'instruments scientifiques fabriqués « à la manière de l'abbé Nollet » conservée au Musée Stewart, la plus importante du genre connue jusqu'à maintenant.

Principales références bibliographiques

Dekker 1999, p. 436-438; Gauvin 1998; Ronfort 1989; Stevenson 1921, II, p. 157-159.

Les globes de Didier Robert de Vaugondy

Une paire de globes terrestre (1773) et céleste (1764)

Diamètre : 45,5 centimètres
Globe terrestre : Musée Stewart — 1993.25.1 (fig. 74)
Globe céleste : Musée Stewart — 1993.25.2 (fig. 75)

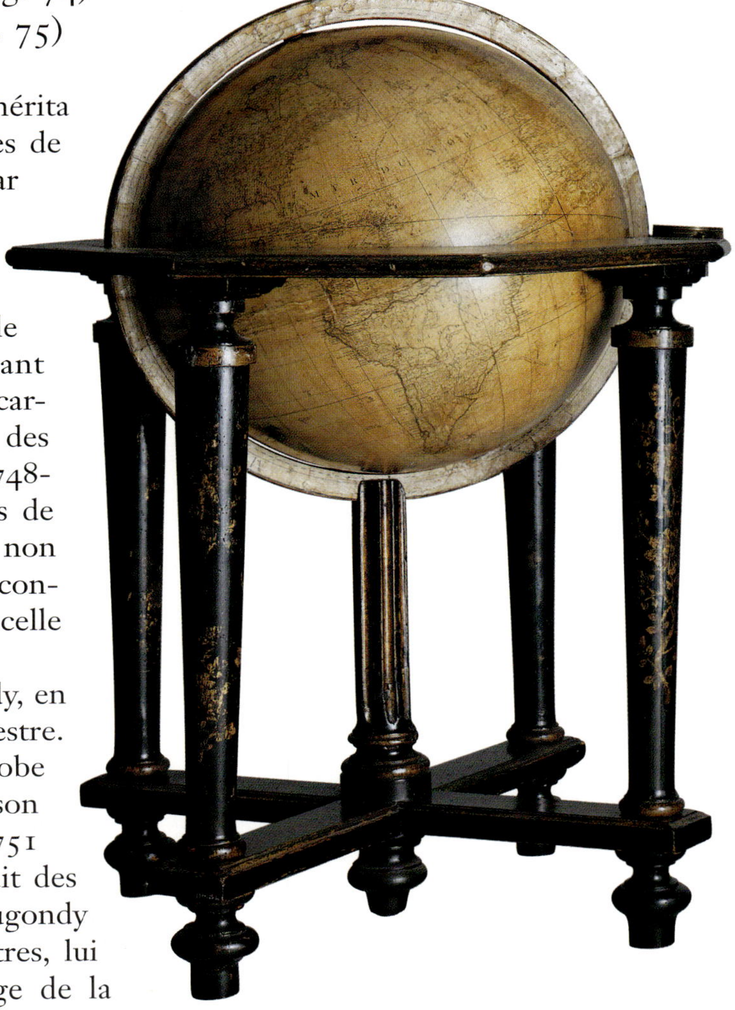

Figure 74. *Au milieu du* XVIII*e* *siècle, Robert de Vaugondy était sans conteste le plus important faiseur de globes en France. C'est en partie grâce à cette production de globes qu'il reçut son titre de* géographe ordinaire du Roi. *Publié pour la première fois en 1751, ce globe terrestre fit l'objet d'une commande officielle de Sa Majesté le roi (voir l'agrandissement à la page suivante).*

Gilles Robert Vaugondy, alors professeur en mathématiques, hérita d'une des plus prestigieuses et des plus importantes entreprises de cartographie de Paris, celle de Nicolas Sanson et fils. Secondé par son propre fils Didier Robert de Vaugondy (1723-1786) (le père signait habituellement « M[onsieur]. Robert », le patronyme maternel, cependant que le fils lui préféra Vaugondy, joignant les deux noms de famille avec la particule « de » à saveur plutôt aristocratique), Gilles s'occupa durant presque quatre décennies de rééditer et de mettre à jour la cartographie des Sanson sans toutefois faillir au devoir d'élaborer des œuvres originales, tels l'*Atlas portatif universel et militaire* (1748-1749) et le considérable *Atlas universel* (1757). Si les habiletés de cartographe du père lui permirent de recevoir dès 1734 le titre non rétribué de *géographe ordinaire du Roi*, le fils obtint cette reconnaissance royale en 1750 pour un autre type de cartographie, celle des globes

La première œuvre reconnue de Didier Robert de Vaugondy, en date de 1745, fut l'élaboration des fuseaux d'un petit globe terrestre. S'il s'en servit cinq années plus tard lors de la confection d'un globe de 15 centimètres, en guise d'*opus magnum* pour l'obtention de son titre de géographe ordinaire du Roi, ce n'est vraiment qu'en 1751 qu'il put mettre tout son savoir-faire à profit. En effet, satisfait des premiers travaux du cartographe, Louis XV jugea Robert de Vaugondy apte à la construction d'une paire de globes de 45,5 centimètres, lui ordonnant de surcroît « qu'ils fussent construits pour l'usage de la Marine ». La taille des globes, « agréée par le Roi », ne pouvait être plus volumineuse, car ils « auroient été embarrassans dans les Vaisseaux ». Pourtant, on doutait de l'utilité réelle des globes à bord des navires comme aide à la navigation, surtout au milieu du XVIIIe siècle. Ils auraient plutôt été fabriqués afin de décorer la cabine des capitaines des grands vaisseaux, comme le laissent déjà entendre quelques auteurs du XVIIe siècle[1]. Vendue entre 460 livres et 1000 livres la paire, tout dépendant du support désiré, il aurait été en outre très coûteux d'équiper ainsi la flotte entière de Sa Majesté.

Une réédition du globe terrestre de 1751 vit le jour en 1764 et une autre, en 1773. Notons qu'à la différence des fuseaux imprimés en 1745 — sur lesquels l'écliptique intercepte le méridien de Paris, configuration

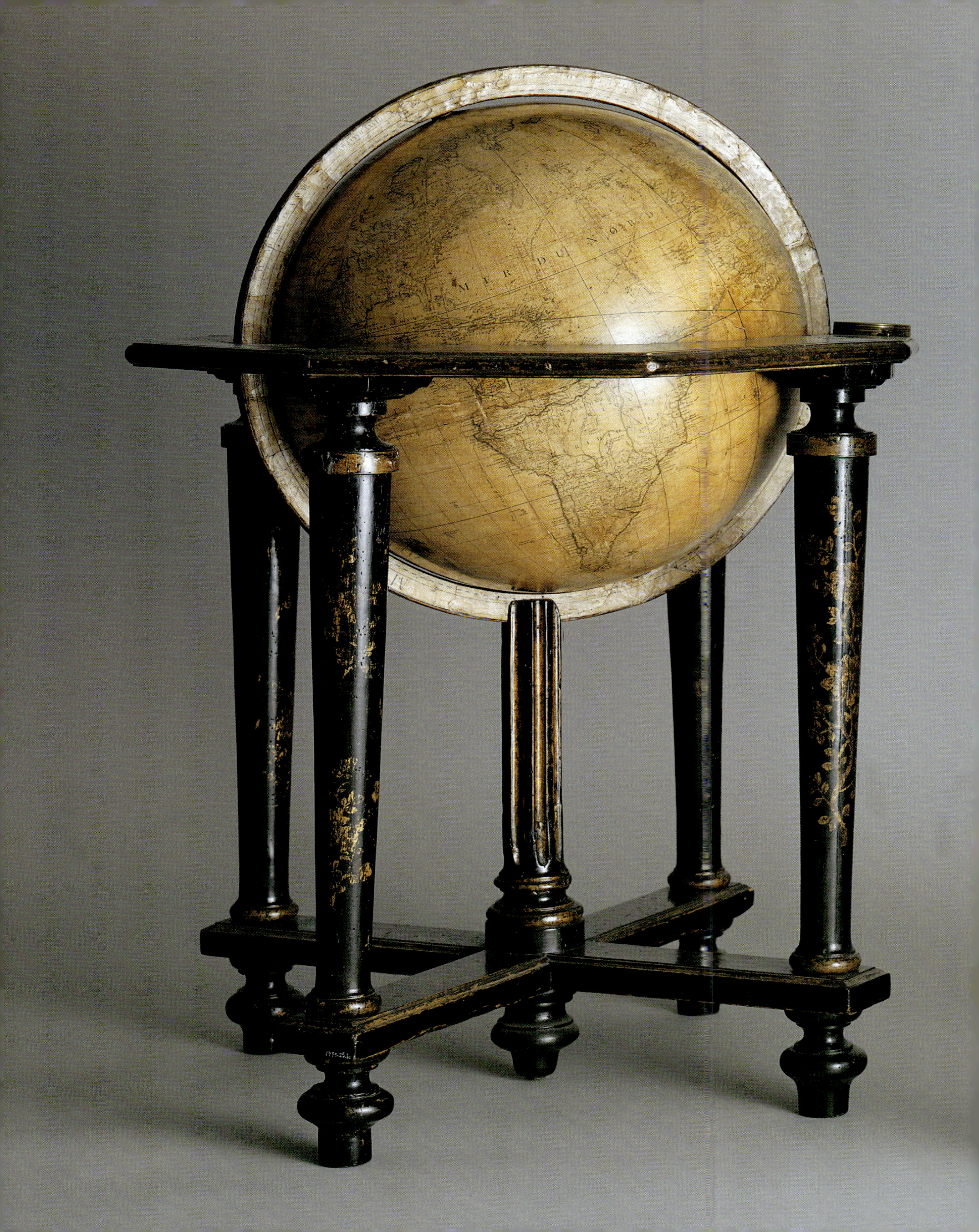
MER DU NORD

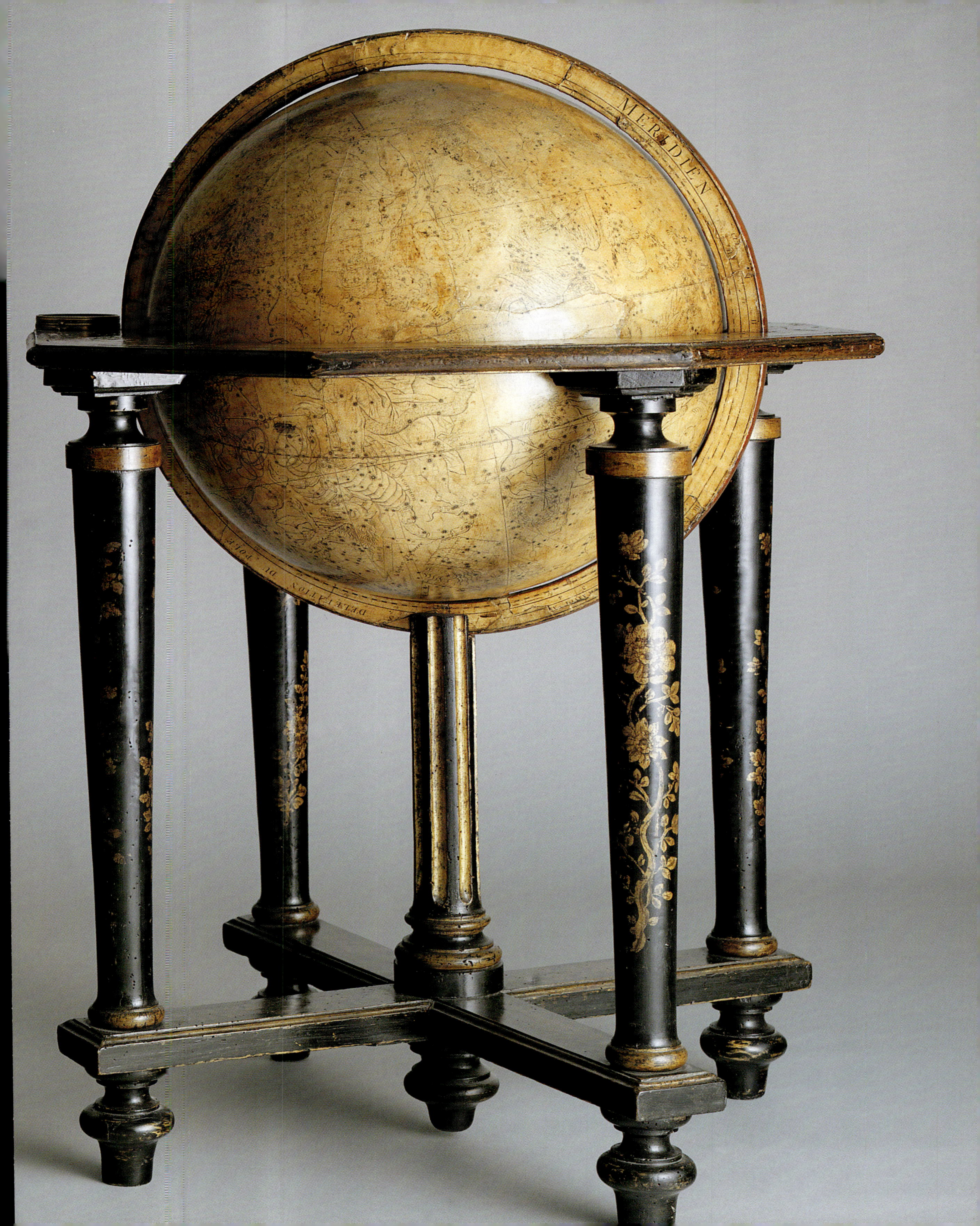
MERIDIEN

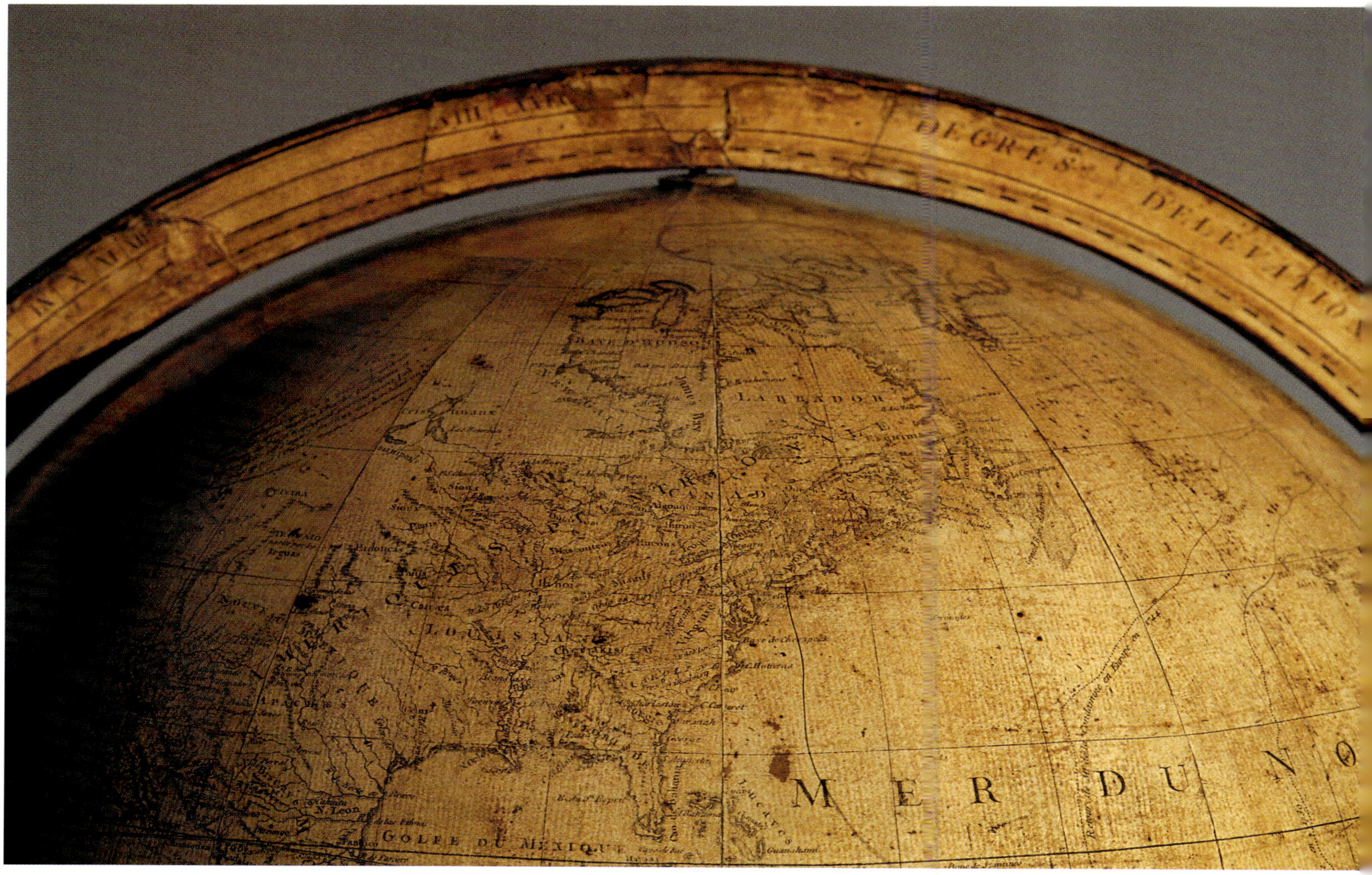

Figure 76. Ce tracé géographique de la Nouvelle-France, tiré du globe de 1773 de Robert de Vaugondy, reflète assez bien les informations alors à la disposition des cartographes européens. Le Nord-Ouest canadien, par contre, laisse un grand vide, ayant pour seul élément la citation d'un traité du XVIIe *siècle mentionnant une mer de l'Ouest. Celle-ci fut probablement une façon pour Vaugondy de justifier son incrédulité face à la soi-disant cartographie attribuée à l'amiral de Fonte (fig. 79).*

Page précédente
Figure 75. Le meuble-support de ce globe céleste de 1764 de Robert de Vaugondy est une œuvre de G. Anceau, membre de la Jurande des menuisiers ébénistes. Leur style en chinoiserie, alors en vogue, avait même gagné la faveur de Mme de Pompadour. Ces globes constituent un bel exemple de l'art décoratif mis au service de la science.

singulière conçue dans le but premier de ne point occulter les Antilles, où la canne à sucre produite représentait à l'époque un cinquième des revenus du commerce international de la France —, les globes terrestres publiés en 1751, 1764 et 1773 par Robert de Vaugondy sont conformes à la tradition cartographique en ce qui a trait à la représentation de l'écliptique, c'est-à-dire interceptant le méridien d'origine de l'île de Fer. Sur cette édition de 1773 conservée au Musée Stewart, la Nouvelle-Zélande, la côte orientale de la Nouvelle-Hollande de même que le détroit de l'Endeavour correspondent en tous points aux observations issues du premier voyage de Cook dans la région en 1770, tel que mentionné sur le globe même. Fait étonnant par contre, l'archipel des îles de la Société (repéré par Cook lors dudit premier voyage) ainsi que les îles découvertes par Kerguelen en 1772 ne figurent pas sur cette édition. Qui plus est, les cartouches ne font pas mention du titre de Censeur royal qu'acquit Robert de Vaugondy en 1773. Peut-il alors s'agir d'un globe dont la cartographie aurait été élaborée entre 1770 et 1772 mais dont la fabrication eut lieu plus tard, c'est-à-dire au début de l'année 1773, avant sa nomination au poste de Censeur royal ?

Au contraire du second globe terrestre de Robert de Vaugondy présenté dans ce chapitre, celui-ci laisse un blanc complet à l'égard de l'étendue de l'Amérique du Nord-Ouest, éliminant toute allusion à la géographie apocryphe de l'amiral portugais Bartholomew de Fonte (fig. 76). En lieu et place d'un tracé géographique, un texte explicatif:

> L'on prétend quil y a vers cet endroit une Mer, que Martin Chacke Portugais et Jean de Fuca Espagnol parcoururent l'un en 1567 et l'autre en 1592 en cherchant un passage à l'Ouest. Bergeron Traité des Tartares.

L'auteur de ce texte serait selon toute vraisemblance Pierre Bergeron, qui publia en 1634 un ouvrage dont une réédition, sous un titre légèrement différent, parut à La Haye chez J. Neaulme en 1735. Cette dernière, intitulée *Voyages faits principalement en Asie dans les XIIe, XIIIe, XIVe et XVe siècles [...] accompagnés de l'histoire des Sarasins et des Tartares et précédez d'une introduction concernant les voyages et les nouvelles découvertes des principaux voyageurs* — dont le « Traité des Tartares, de leur origine [...] mœurs, religion, guerres, conquêtes, empire [...] » fait partie —, fut probablement celle que Robert de Vaugondy utilisa pour la citation de son globe. C'est dans le chapitre XXI du « Traité des Tartares » que se retrouvent les informations auparavant citées. Notons aussi au passage que le chapitre XXII, « Globes nouveaux fort exacts », fait état des globes terrestre et céleste (52,5 cm) de Arnold Floris van Langren, datés de 1630, dont la qualité exceptionnelle fait dire à Bergeron que « jusqu'ici on n'avoit point vû de Globes si complets & si bien rectifiez ».

La principale question reste à savoir pourquoi Robert de Vaugondy utilisa une référence si ancienne pour une réédition de son globe. D'abord, nous remarquons que le fuseau où est inscrite la citation correspond à la section droite du cartouche précisant la date de 1773. Le fuseau semble bel et bien avoir été changé, traitement pouvant se deviner lorsque l'on constate que la lettre « A » du toponyme associé au lac Assinipoils est absente. Il est donc aisé d'ajouter une citation et de modifier la date de façon simultanée. Une explication plausible à l'ajout d'une citation extraite du traité de Bergeron réside dans le fait que pendant plus de vingt ans, Robert de Vaugondy utilisa la mer de l'Ouest — concept mis de l'avant par Claude Delisle à la fin du siècle précédent — à titre de contre-argument à la relation apocryphe de l'amiral de Fonte défendue par plusieurs cartographes de renom, dont Philippe Buache et Joseph-Nicolas Delisle. Sur une mappemonde que Robert de Vaugondy publia en 1775, il réitéra derechef sa foi en ce concept géographique par un laconique « l'on place en cet endroit la Mer de l'Ouest ». Quoique les deux hypothèses cartographiques fussent à cette époque également douteuses, car insuffisament fondées sur des observations précises, Robert de Vaugondy préférait, tant qu'à prendre parti, l'explication de la mer de l'Ouest au réseau hydrographique de l'amiral de Fonte. La citation tirée de l'ouvrage de Bergeron, antérieure à la soi-disant relation du Portugais et supposément datée vers 1640, étayait judicieusement la position scientifique du géographe ordinaire du Roi.

En ce qui concerne le globe céleste, il s'agit d'une nouvelle édition du globe de 1751 « augmentée des Constellations de M^r^. Delacaille [...] 1764 ». L'abbé Nicolas Louis de Lacaille se rendit célèbre par la publication d'un catalogue de 9800 étoiles exclusives à l'hémisphère Sud ainsi que par l'élaboration de 14 nouvelles constellations — toutes situées

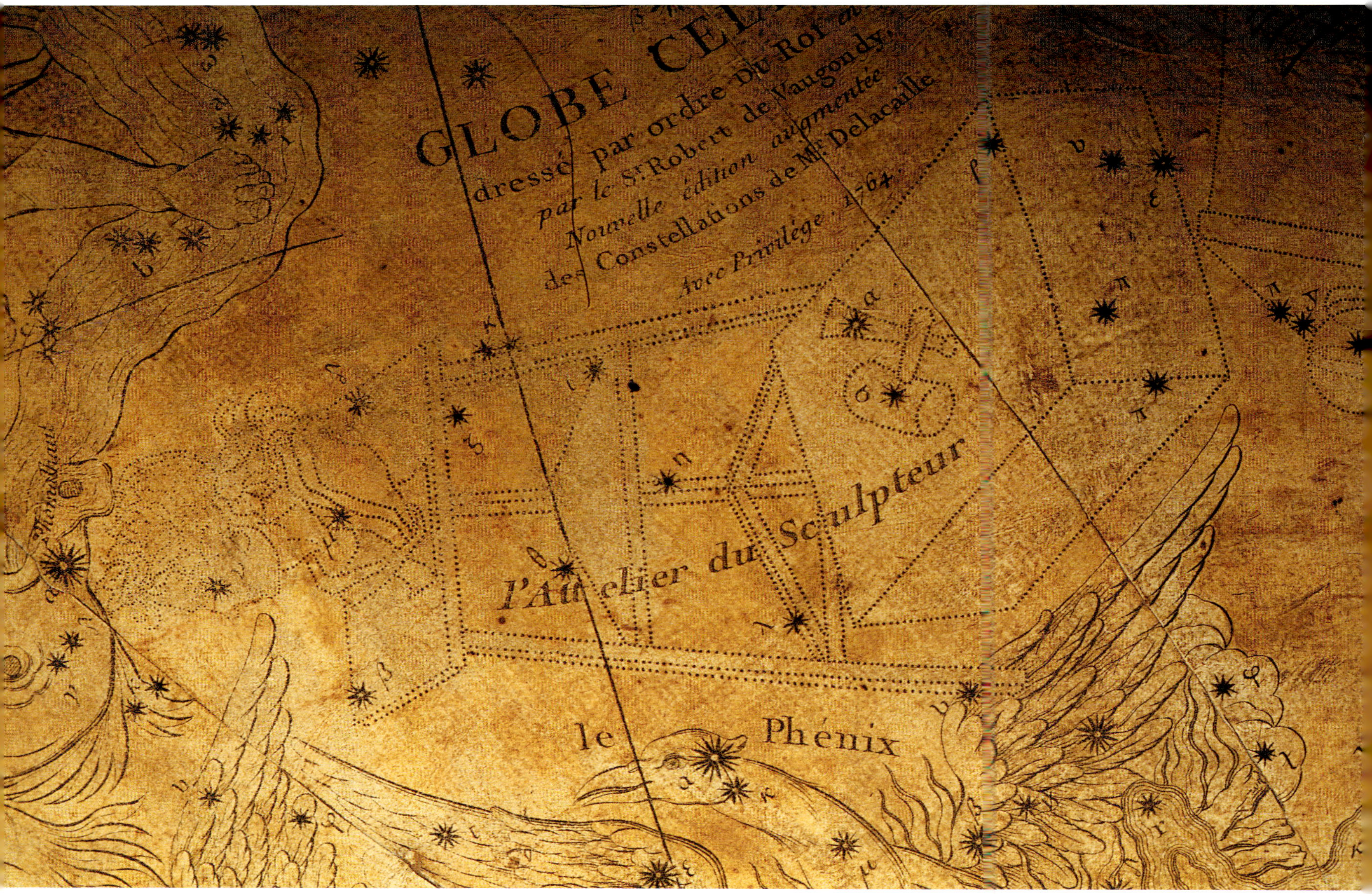

Figure 77. Sur son globe céleste de 1764, Robert de Vaugondy choisit de tracer en pointillés les quatorze constellations élaborées au milieu du XVIIIe *siècle par l'abbé Lacaille (tel « l'Atelier du Sculpteur ») ; il fit de même pour celles inventées par Jacob Bartsch (1624) et Johannes Hevelius (1687). Cela lui permit de distinguer les constellations classiques des constellations dites « modernes ».*

entre le pôle austral et le tropique du Capricorne — représentant les principaux instruments des arts et des sciences du Siècle des lumières. On y retrouve, par exemple, l'« Octans » (l'Octant) dont se servaient les navigateurs, le « Telescopium » (le Télescope) dessiné à partir d'un modèle utilisé par les Cassini à l'Observatoire de Paris, le « Sculptor » (l'Atelier du Sculpteur) avec buste et outils de travail et l'« Antlia » (la Machine Pneumatique), basé sur le modèle de la pompe française de Denis Papin modifiée plus tard par l'abbé Nollet. Toutes ces nouvelles constellations s'inspirèrent fortement des activités artistiques et scientifiques de la France.

Il est intéressant de noter que les constellations dites classiques, principalement celles de Ptolémée mais aussi celles dont l'origine remonte au tournant du XVIIe siècle, sont dessinées à l'aide de lignes pleines alors que les plus récentes sont représentées par des pointillés (fig. 77). Par les plus récentes, nous entendons les deux constellations de Jacob Bartsch datées de 1624, les sept constellations de Johannes Hevelius datées de 1687 et finalement les 14 constellations de l'abbé Lacaille datées du milieu du siècle. Robert de Vaugondy publia aussi en 1763 deux cartes, *Hémisphère céleste arctique ou septentrional* et *Hémisphère céleste antarctique ou austral*, dans lesquelles le souci du détail calligraphique et artistique n'est pas tant exceptionnel que sur son globe céleste. Puisque celui-ci fut dessiné et gravé par Gobin, duquel Robert de Vaugondy fit l'éloge dans son ouvrage *Usage des globes* (1751), les hémisphères auraient donc été dessinés par un autre artiste, voire Robert de Vaugondy lui-même. De plus, à propos de ces hémisphères plans, il mentionne à plusieurs reprises les différentes parties des constellations, telles la tête et la queue de la « Giraffe » et le corps, la poupe et la voilure du « Navire », alors qu'il omet complètement cette façon de procéder sur le globe. Le point de vue des constellations, à savoir si elles sont vues de face ou de dos, puise sa source chez Johann Bayer. Mais alors que ce dernier construisit ses cartes en fonction d'une perspective géocentrique, Robert de Vaugondy préféra, pour le globe, s'en tenir à la tradition et dépeindre le firmament de l'extérieur, c'est-à-dire de façon exocentrique. Cette inversion occasionna par contre une confusion d'interprétation. C'est pourquoi sur l'hémisphère austral il renomma la jambe droite du Bouvier « la Jambe gauche », et la jambe gauche « la Jambe droite ». Sur les globes, ces distinctions ne sont pas mentionnées.

La réédition en 1764 du globe céleste ne fut pas seulement « augmentée des Constellations de M^r^. Delacaille [...] », mais aussi de celles d'Hevelius manquantes sur l'édition originale de 1751. Autre détail d'intérêt, la réédition de 1764 dépeint la constellation du « Réene », située entre « Ursa Minor », « Cassiopeia », « Cepheus » et « la Giraffe ». Elle fait référence à l'expédition française envoyée en Laponie qui avait comme objet de déterminer la forme de la Terre. L'usage important du renne lors de cette expédition dans le Grand Nord valut à cette bête docile une place au ciel. On retrouva cette constellation sur quelques globes célestes français des XVIIIe et XIXe siècles, quoiqu'elle fût lentement éliminée avec le temps.

Bien que Robert de Vaugondy devînt un géographe célèbre, dont le nom peut être associé aux éditions et rééditions de quelques-uns des ouvrages fondateurs du Siècle des lumières, soit l'*Histoire naturelle* de Georges-Louis Leclerc, comte de Buffon, *De l'esprit des lois* de Charles Louis de Secondat, baron de La Brède et de Montesquieu, et enfin l'*Encyclopédie* de Diderot et d'Alembert, il mourut dans la pauvreté la plus extrême. C'est Charles-François Delamarche, son second successeur, qui sut le mieux profiter pécuniairement de l'expérience et des connaissances acquises par les Vaugondy père et fils.

1. « [Le globe] n'est aucunement commode pour l'usage commun de la Marine. Car s'il est petit, il est impossible de s'en servir, veu que la pointe du compas sur un tel globe, tiendroit plus de place que l'estime d'un cinglage particulier : S'il est suffisamment grand, il occupera tout la Chambre du Capitaine et seroit bien difficile de l'avoir à toute heure en main, [quand] le Pilote en a besoin. Pour cet effet on s'en sert rarement, et ne me souviens point en avoir veu sur Mer autre part que dans la Galerie de nostre Vaisseau Amiral. » (Georges Fournier, *Hydrographie contenant la theorie et la pratique de toutes les parties de la navigation* [Paris, 1643].)

Un globe terrestre, 1754 [réédité vers 1773]

Diamètre : 22 centimètres
Musée Stewart — 1978.56.1 (fig. 78)

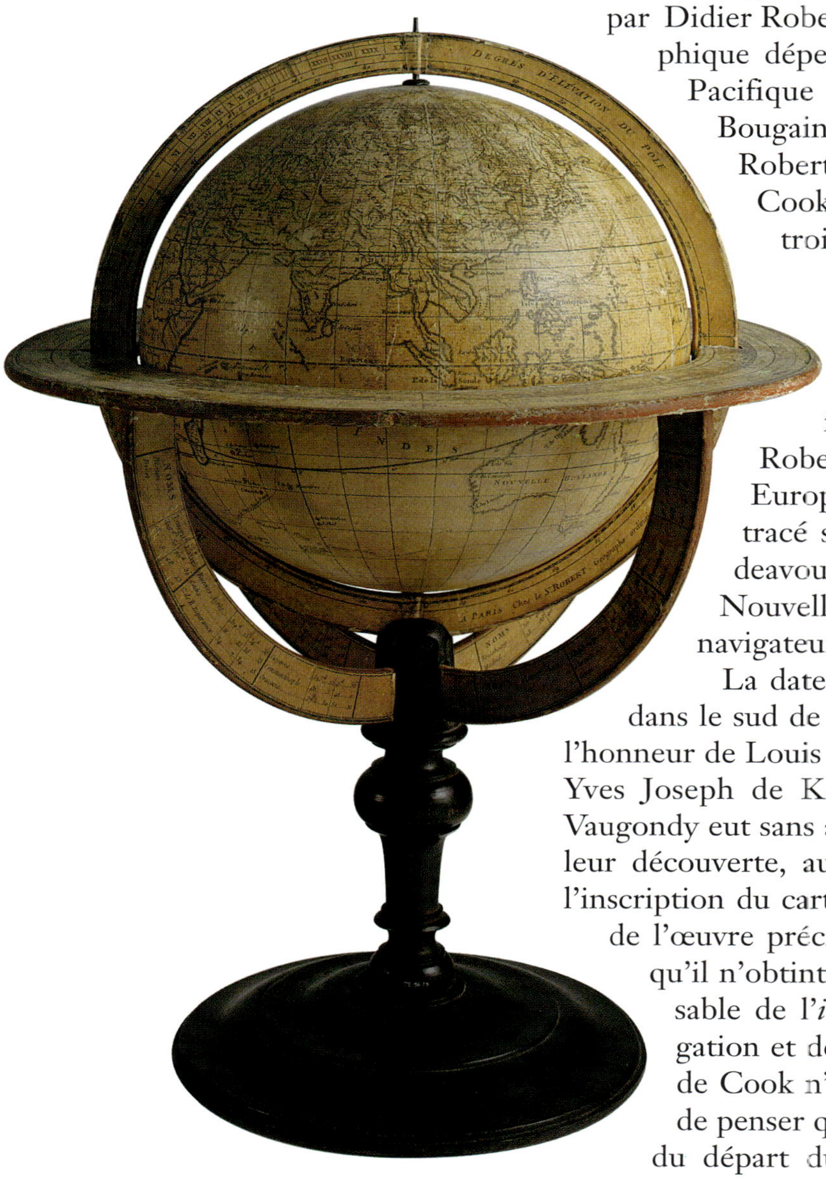

Figure 78. Ce globe, contrairement à ce qu'en indique le méridien, n'est pas daté de 1754. En effet, l'ajout dans le Pacifique Nord du titre Censeur royal, que Robert de Vaugondy n'obtint qu'en 1773, permet d'affirmer qu'il s'agit d'une version révisée du globe.

La date de 1754 indiquée sur le méridien de ce globe terrestre fabriqué par Didier Robert de Vaugondy ne correspond pas au tracé géographique dépeint. En plus de mentionner les explorations dans le Pacifique de Samuel Wallis et de Louis Antoine, comte de Bougainville — dans la deuxième moitié des années 1760 —, Robert de Vaugondy fait part des explorations de James Cook effectuées lors de son premier voyage (1768-1771) de trois au cours duquel il tomba, entre autres, sur l'archipel des îles de la Société (près de Hawaï), détermina la forme insulaire de la Nouvelle-Zélande et fit une description détaillée des côtes orientales de la Nouvelle-Hollande (l'Australie). Bien que toutes ces informations soient clairement inscrites sur le globe, Robert de Vaugondy ne dessina pas le retour de Cook en Europe, qu'il effectua en passant par Batavia (Jakarta). Le tracé s'arrête en effet un peu à l'ouest du détroit de l'Endeavour (détroit de Torres) entre la Nouvelle-Hollande et la Nouvelle-Guinée, ainsi nommé selon le navire qui y mena le navigateur anglais.

La date la plus récente sur le globe, 1772, se trouve inscrite dans le sud de la mer des Indes et désigne le Cap Saint Louis — en l'honneur de Louis XV —, c'est-à-dire les îles Kerguelen découvertes par Yves Joseph de Kerguelen de Trémarec en février 1772. Robert de Vaugondy eut sans aucun doute connaissance de ces îles l'année même de leur découverte, au retour de l'explorateur. Autre détail d'importance, l'inscription du cartouche collé dans le Pacifique Nord et citant l'auteur de l'œuvre précise que Robert de Vaugondy est Censeur royal, titre qu'il n'obtint qu'en 1773. Cette fonction le rendit dès lors responsable de l'*imprimatur* de livres traitant de géographie, de navigation et de voyages d'exploration. Les autres circumnavigations de Cook n'étant pas représentées sur le globe, il est raisonnable de penser que ce dernier a été fabriqué entre 1773 et 1776, année du départ du troisième voyage de Cook, si important pour la cartographie de l'Amérique du Nord.

C'est lors de cet ultime voyage (1776-1779) que le navigateur de Sa Majesté George III longea la côte ouest de l'Amérique du Nord et parvint à l'océan Arctique par le détroit de Béring. Cette exploration permit de mettre fin à la plupart des spéculations quant à l'existence d'un passage du Nord-Ouest, attribuées à l'amiral Bartholomew de Fonte et défendues par quelques cartographes français durant la seconde moitié du XVIIIe siècle, les plus importants étant certes Joseph-Nicolas Delisle, frère cadet de Guillaume, et Philippe Buache. Sur ce globe terrestre de Robert de Vaugondy, on peut distinguer nettement le réseau de lacs et de rivières incorporés à la relation apocryphe qu'aurait faite, vers 1640, cet amiral portugais travaillant soi-disant à la solde de l'Espagne (fig. 79). Quoique Robert de Vaugondy critiquât vivement cette cartographie fictive — ce qui l'entraîna d'ailleurs sur le terrain glissant de la controverse face aux deux cartographes ci-haut mentionnés —, il put expérimenter et mettre en valeur, grâce à celle-ci, une des premières fonctions de la carte, l'*Anschauung*, c'est-à-dire l'interprétation d'idées (dans ce cas-ci géographiques) conceptuellement abstraites à l'aide d'une représentation visuelle, issue de données empiriques vérifiables ou non. Hormis ce jeu de l'esprit géographique — unique sur les globes de la collection du Musée Stewart —, le tracé géographique nord-américain de ce globe terrestre présente des caractéristiques tout à fait régulières pour l'époque (fig. 80).

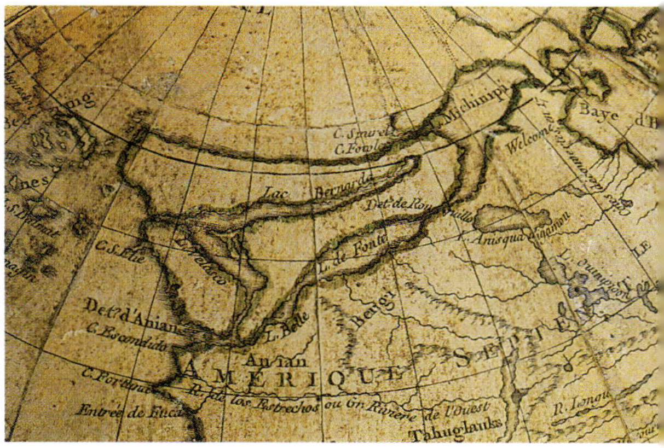

Figure 79. Cette portion du globe terrestre de 1773 de Robert de Vaugondy montre un réseau de lacs et de rivières formant un passage dit du Nord-Ouest, connectant la baie d'Hudson à l'océan Pacifique, juste au nord de l'actuelle île de Vancouver. Bien que l'amiral de Fonte, à l'origine de ce tracé géographique, n'ait jamais existé, ses explorations fictives furent défendues avec véhémence par plusieurs cartographes de renom. C'est en examinant attentivement la côte nord-ouest de l'Amérique du Nord, lors de son troisième voyage autour du monde, que James Cook put démentir l'existence d'un tel passage.

Principales références bibliographiques pour les globes de Robert de Vaugondy

Bergeron 1735, p. 125-132 ; Destombes 1977 ; Lagarde 1989 ; Pedley 1987 ; Pedley 1992, p. 39-49 et 109 ; Warner 1979, p. 210-211.

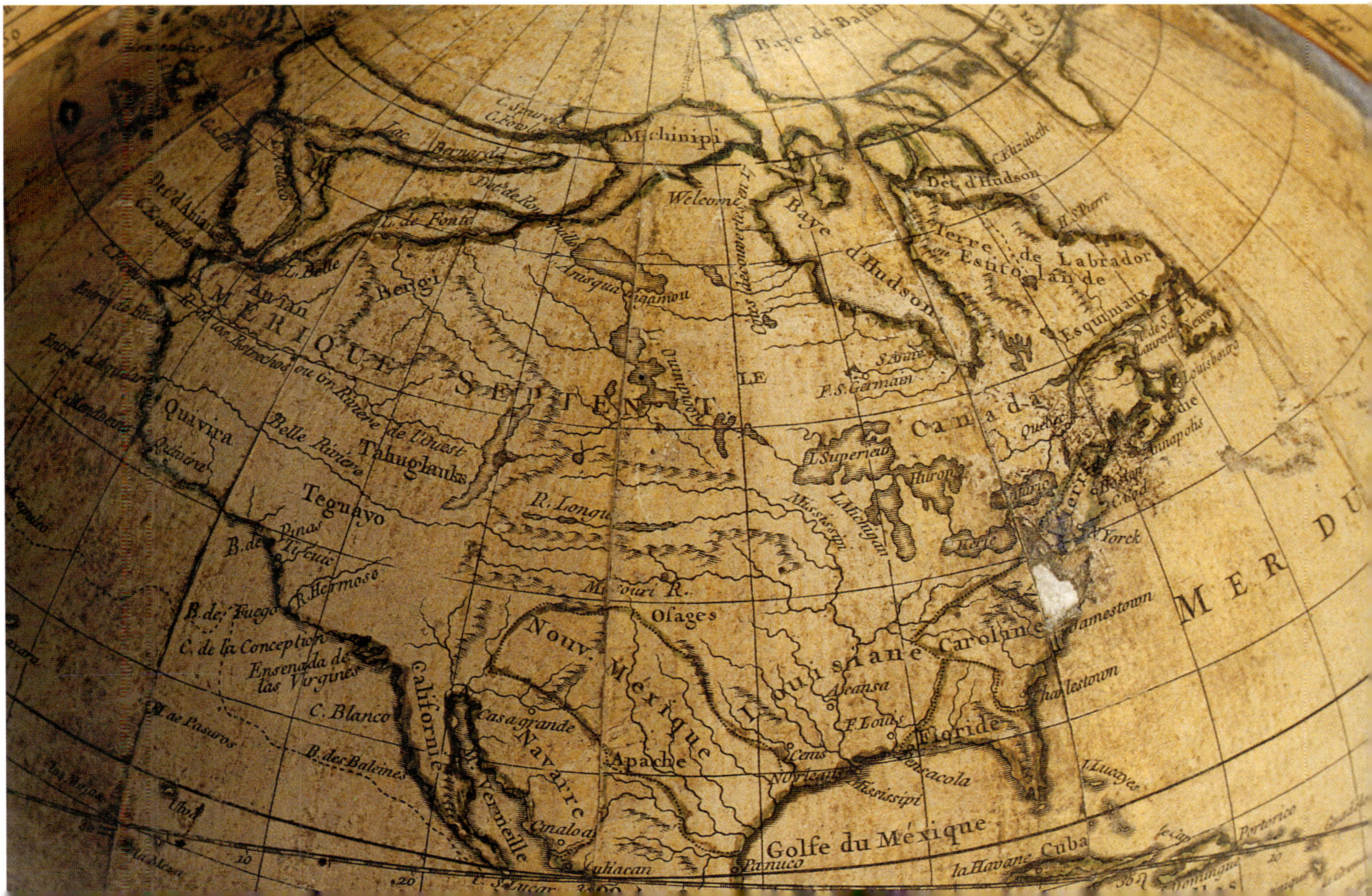

Figure 80. Mis à part les « découvertes » attribuées à de Fonte, le tracé géographique de ce globe daté vers 1773 est une compilation cartographique élémentaire qui démontre une incompréhension partielle du réseau de rivières associé à l'intérieur et à l'ouest du continent. Toutefois, par l'utilisation de la cartographie, Robert de Vaugondy sut diffuser à la fois des faits vérifiés et des hypothèses, transformant ainsi en représentations visuellement concrètes des concepts géographiquement abstraits.

Le globe terrestre en verre de Ursin Barbay, 1799

Diamètre : 22 centimètres
Musée Stewart — 1993.48.1 (fig. 81)

Ce globe terrestre signé Ursin Barbay d'Andely (actif au tournant du XIXe siècle) est d'un style peu ordinaire. Son attrait principal ne réside pas cependant dans la qualité de ses cartes géographiques — car elles consistent simplement en une petite carte française imprimée dont les continents ont été découpés et ensuite collés sur le globe —, mais dans le fait qu'il fut fabriqué de verre. Ce matériau peu commun à la fabrication des globes présente à première vue plus d'inconvénients que d'avantages ; fragiles, de confection ardue et assurément coûteux pour l'époque — ils auraient d'ailleurs été un produit inhabituel pour les commerces de luxe —, les globes en verre ne furent jamais largement distribués. Cela suffit à expliquer leur faible nombre aujourd'hui. Quelques fabricants de globes anglais et français (dont Didier Robert de Vaugondy, qui en produisit une unique paire) se sont pourtant donné la peine d'en produire à partir de 1750, mais c'est Ursin Barbay qui en renouvela complètement le style vers la fin du siècle.

L'édition datée du 7 prairial an VII (28 mai 1799) du *Journal de Paris* publie un article écrit par Barbay dans lequel on retrouve une description du globe terrestre ici-même présenté : « Ce globe est en verre couleur d'eau ; les parties terrestres sont collées dessus, enluminées et vernies ; les mers restent en verre, leurs noms y sont gravés, ainsi que les voyages du capitaine Cook. » À la page 31 de son ouvrage intitulé *Traité élémentaire sur l'astronomie, la géographie et la géométrie, sphères et globes de verre* (1817),

Figure 81. Coûteux, fragile et difficile à travailler, le verre fut un matériau inhabituel à la fabrication des globes, ce qui en expliquerait leur faible distribution. Ce globe de verre, produit en 1799 par Ursin Barbay, est d'une manipulation capricieuse, suggérant qu'il fut créé davantage comme un objet d'art — ou encore de curiosité — qu'à titre d'instrument scientifique.

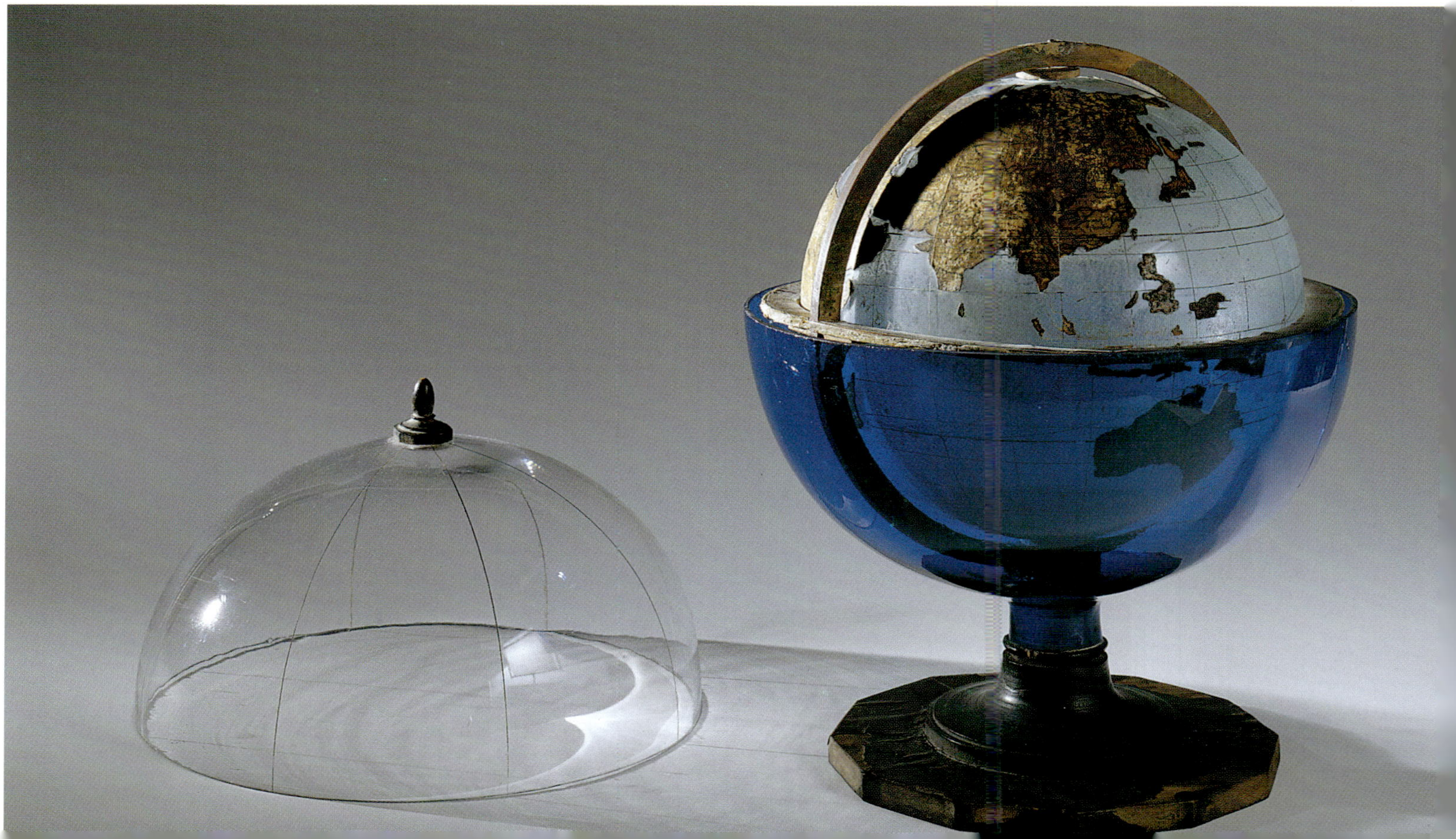

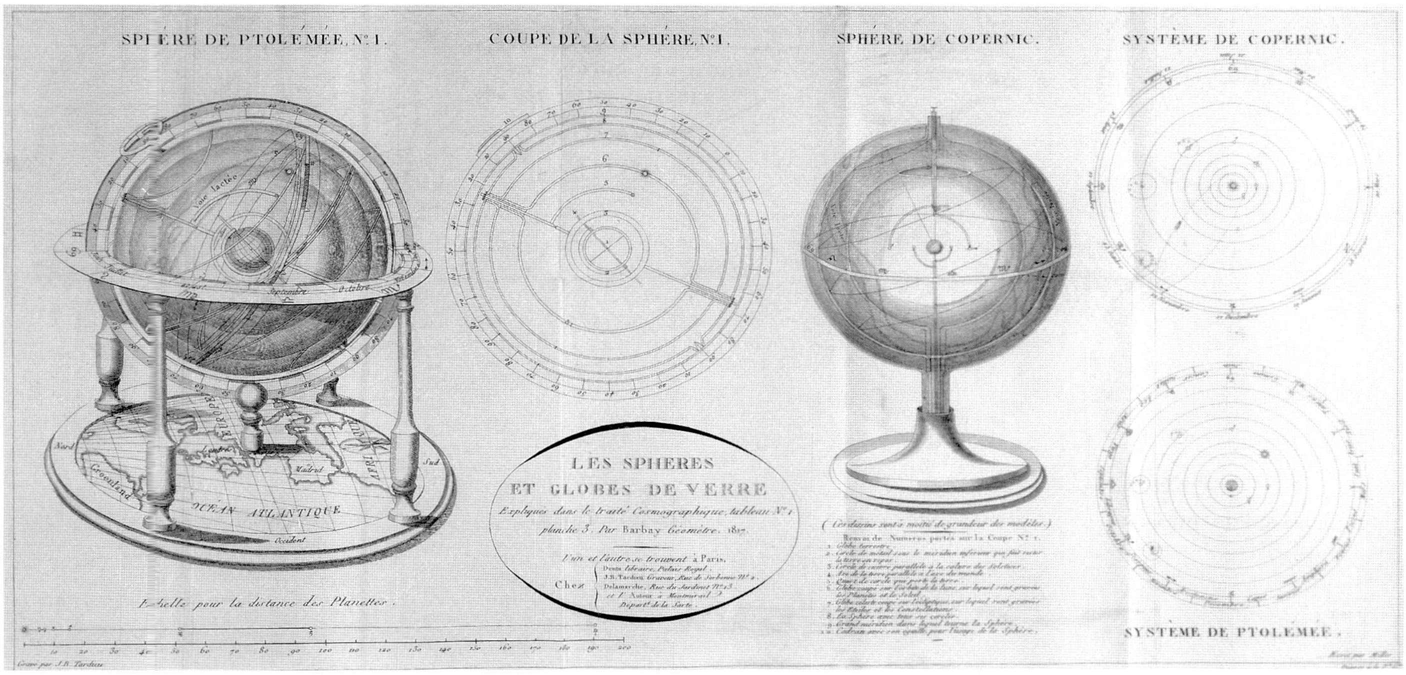

Figure 82. *Si l'on doit en croire ce traité publié en 1817, Barbay aurait exercé son métier sans jamais pouvoir transmettre ses connaissances à un apprenti car, précise-t-il à propos du traité, « nous y avons réfléchi pendant dix-huit ans de solitude ». En plus des globes terrestres et célestes, Barbay construisit de magnifiques sphères armillaires ainsi que des sphères universelles, composées de quatre sphères de verre séparées et imbriquées les unes dans les autres. (Voir Barbay 1817.)*

Barbay fournit une précision supplémentaire à propos du globe terrestre annoncé dans le *Journal de Paris* : « monté dans une coupole de verre bleu, [ce globe] a été donné par l'auteur à M. de Boisguilbert, qui l'a mis dans sa bibliothèque à Pintherville [Normandie] ». Barbay, à l'instar de Delamarche avant lui, croyait que ses sphères en verre pouvaient servir aux démonstrations astronomiques et à l'étude de la géographie dans les écoles centrales ; de plus, elles contribueraient à son avis « au perfectionnement de l'art de la verrerie, par la difficulté de les exécuter ». Non seulement objets de curiosité, ces sphères eussent possédé, selon Barbay, des qualités doublement pédagogiques.

Nous connaissons somme toute peu de chose de cet artisan-artiste. Architecte-géomètre et maître verrier à Montmirail, dans le département de la Sarthe, il était en 1766 inspecteur royal avant de se tourner pleinement vers le travail du verre. Sa formation de géomètre lui permit de dresser la carte des terres, forêts et verreries de Montmirail et du Luart en 1784-1785 et, entre 1808 et 1810, celle des propriétés d'un certain M. Dulart. Il est difficile de confirmer ou d'infirmer que Barbay fit d'autres sphères après 1799. Il semble aussi qu'il n'ait pas eu d'apprenti, ce qu'il laisse entendre lorsqu'il écrit à la fin de son *Traité* que celui-ci « est l'étude et la suite nécessaire de la sphère et des globes de verre ; nous y avons réfléchi pendant dix-huit ans de solitude ».

Habile et créatif, Barbay engendra donc un globe et des sphères de conception résolument nouvelle, différents par leur originalité de tout ce qui avait été fait jusque-là (fig. 82). Signé et daté de l'An VII (1799) du calendrier républicain, ce globe — quintessence de cet art difficile qu'est le travail du verre — rend hommage, dans une certaine mesure, à l'époque extraordinaire que fut le Siècle des lumières français.

Principales références bibliographiques

Barbay 1817 ; Turner 1996.

Les globes terrestre (1801) et céleste (vers 1800) de Charles-François Delamarche

Diamètre : 32,5 centimètres
Globe terrestre : Musée Stewart — 1999.8.1 (fig. 83)
Globe céleste : Musée Stewart — 1999.8.2 (fig. 84)

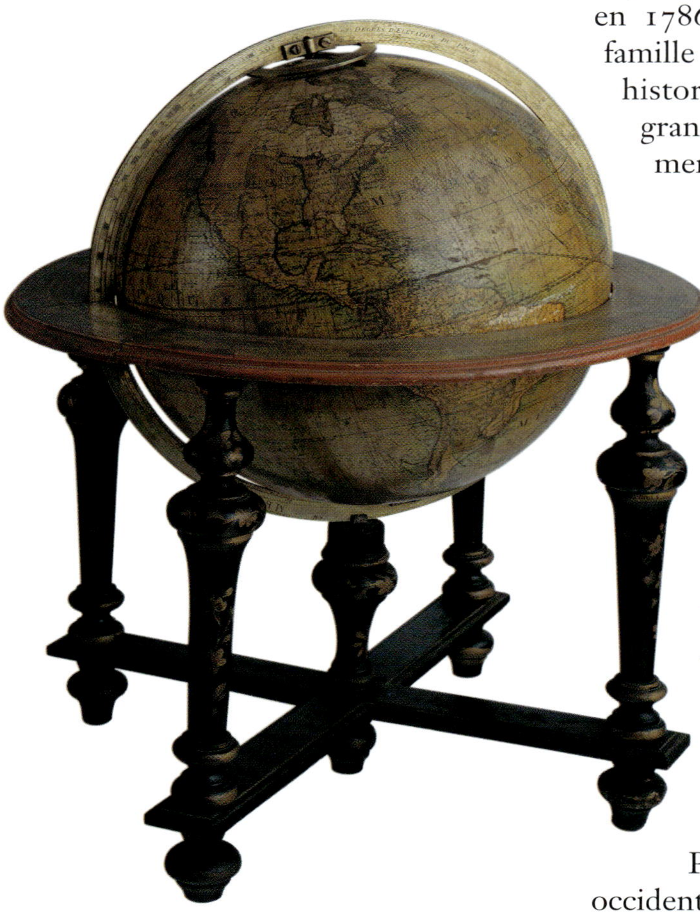

Figure 83. Nonobstant les imprécisions de ce globe terrestre daté de 1801, Charles-François Delamarche sut faire en sorte que sa contribution à la diffusion des connaissances géographiques fût une des plus importantes de la fin du XVIIIe siècle. Son grand succès fut rendu possible grâce à l'acquisition, en 1786, du fonds cartographique complet de la famille Robert (de Vaugondy) (voir l'agrandissement à la page 138).

Charles-François Delamarche (1740-1817), avocat au Parlement, acquit en 1786 le fonds de géographie ayant appartenu préalablement à la famille Robert (de Vaugondy). Dès lors, il sut tirer profit de ce fonds historique des plus remarquables, provenant originellement de la grande famille de cartographes qu'étaient les Sanson. En effet, il est mentionné dans la *Biographie universelle* de France que

> Delamarche exploita ce fonds avec une habileté extraordinaire. Pendant trente ans, il fut en possession presque exclusive de répandre ses globes et ses cartes dans tous les collèges et toutes les maisons d'éducation ; ce qu'il dut au bas prix auquel il parvenait à les livrer. Pour s'établir une réputation personnelle, il mit son nom aux cartes des Robert [de Vaugondy], dont il fit rajeunir ou regraver les cuivres [...].

En 1790 et 1816, il publia deux atlas élémentaires dans lesquels le tracé géographique, au moment où il les fit paraître, ne reflétait aucunement l'état des connaissances d'alors. Ce manque de rigueur scientifique peut aussi se transposer à ses globes, terrestres du moins.

Publié en 1801, ce globe terrestre présente quelques caractéristiques géographiques somme toute embarrassantes pour son temps. Pourtant, l'inscription du cartouche clame que le globe fut « Rédigé astronomiquement, et où se trouvent les trois voyages du Capit. Cook, ses découvertes, et celles de la Peyrouse sur la Nlle. Hollande, la Nlle. Guinée et sur la partie occident ? de l'Amérique Septentrionale ». Certes, les informations que fournit Delamarche au sujet de la région de l'Australie et de la côte ouest du Canada sont à jour. Il utilise, par exemple, le vocable « détroit de Torres » — longtemps appelé détroit de l'Endeavour à la suite du premier voyage de Cook — pour représenter le bras de mer séparant l'Australie de la Nouvelle-Guinée ; il dépeint aussi avec précision l'île de Vancouver, dont l'insularité fut observée par le navigateur du même nom au début des années 1790 — quoique les résultats ne fussent publiés dans un atlas posthume qu'en 1798. Delamarche, sur ce globe, nomme ladite île « I. Quadra », les deux toponymes étant tout à fait courants à l'époque. C'est plutôt par l'examen du Nord-Ouest canadien que le manque de souci académique se dévoile. Force est de constater, en effet, le tracé géographique lacunaire du réseau hydrographique associé au Grand Lac des Esclaves.

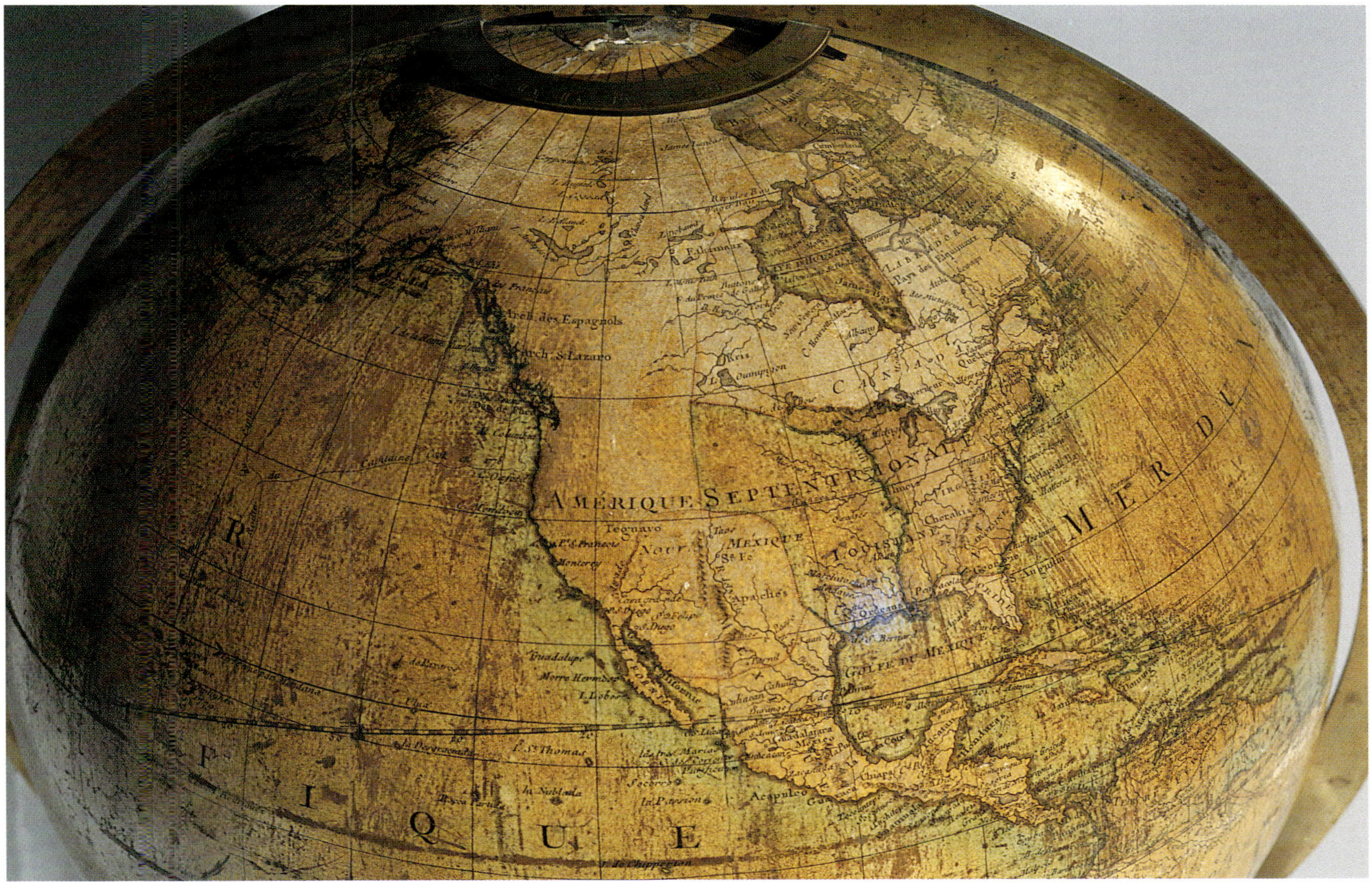

Cette région du globe ne rend absolument pas compte des explorations d'Alexander Mackenzie, faites en 1789 et publiées par l'auteur en 1801 (fig. 85). Et pourtant, le même La Pérouse, mentionné dans le cartouche par Delamarche, publia dans un atlas de 1797 une représentation cartographique exhaustive du réseau hydrographique connectant le fleuve Mackenzie au Grand Lac des Esclaves, et celui-ci au lac Athabasca. Six ans plus tôt, de surcroît, le fleuve Mackenzie pouvait même être reconnu au sein d'un ouvrage allemand publié par Georg Forster. Le successeur de Robert de Vaugondy erra donc en ne faisant état dans cette région que de la cartographie associée au nom de Samuel Hearne. En 1795, dans l'édition posthume de Hearne, on désigne par « Athapuscow Lake » ce qui deviendra plus tard le Grand Lac des Esclaves. Dans l'édition française de 1799, ce même lac est nommé « Lac Athapusco ». Delamarche utilise un autre toponyme pour signaler cette étendue d'eau, soit « Arathapes cow L. ». On retrouve cette désignation, entre autres, sur une carte dite de projection polaire publiée en 1796 par l'Américain Matthew Carey. De toute évidence, le tracé géographique de la région s'inspire davantage de l'expérience anglaise que française, une expérience que, malgré tout, Delamarche ne sut exploiter à sa juste valeur.

Un autre cas de géographie vétuste se présente au cœur du Nouveau Québec, là où est dépeinte une « Mer Nouvelle » se connectant au sud au lac « Atchikou-nipi », à l'est au détroit d'Hudson et à l'ouest à la baie d'Hudson (fig. 86). Cette vaste étendue d'eau fit son apparition sur les cartes anglaises au milieu des années 1700. D'ailleurs, le tracé qui

Figure 85. Le fait que Delamarche ne soit pas un cartographe mais un avocat de formation expliquerait, en partie, les faiblesses de ce globe édité en 1801. Dans le nord du Canada, par exemple, il omit les importantes découvertes d'Alexander Mackenzie (explorateur dont le nom est désormais associé au fleuve Mackenzie), et ce, bien que La Pérouse, qu'il prend la peine de citer sur son globe, ait décrit dès 1797 l'ensemble du bassin hydrographique associé au Grand Lac des Esclaves.

Page 137
Figure 115. Ce globe céleste de Charles-François Delamarche daté vers 1800 montre, près du pôle Nord, la constellation du « Réene », élaborée en souvenir de l'expédition en Laponie qui permit de confirmer la forme aplatie de la Terre aux pôles. Notez de même le support en chinoiserie qui rappelle ceux, plus grands, des globes de Robert de Vaugondy (fig. 74 et 75).

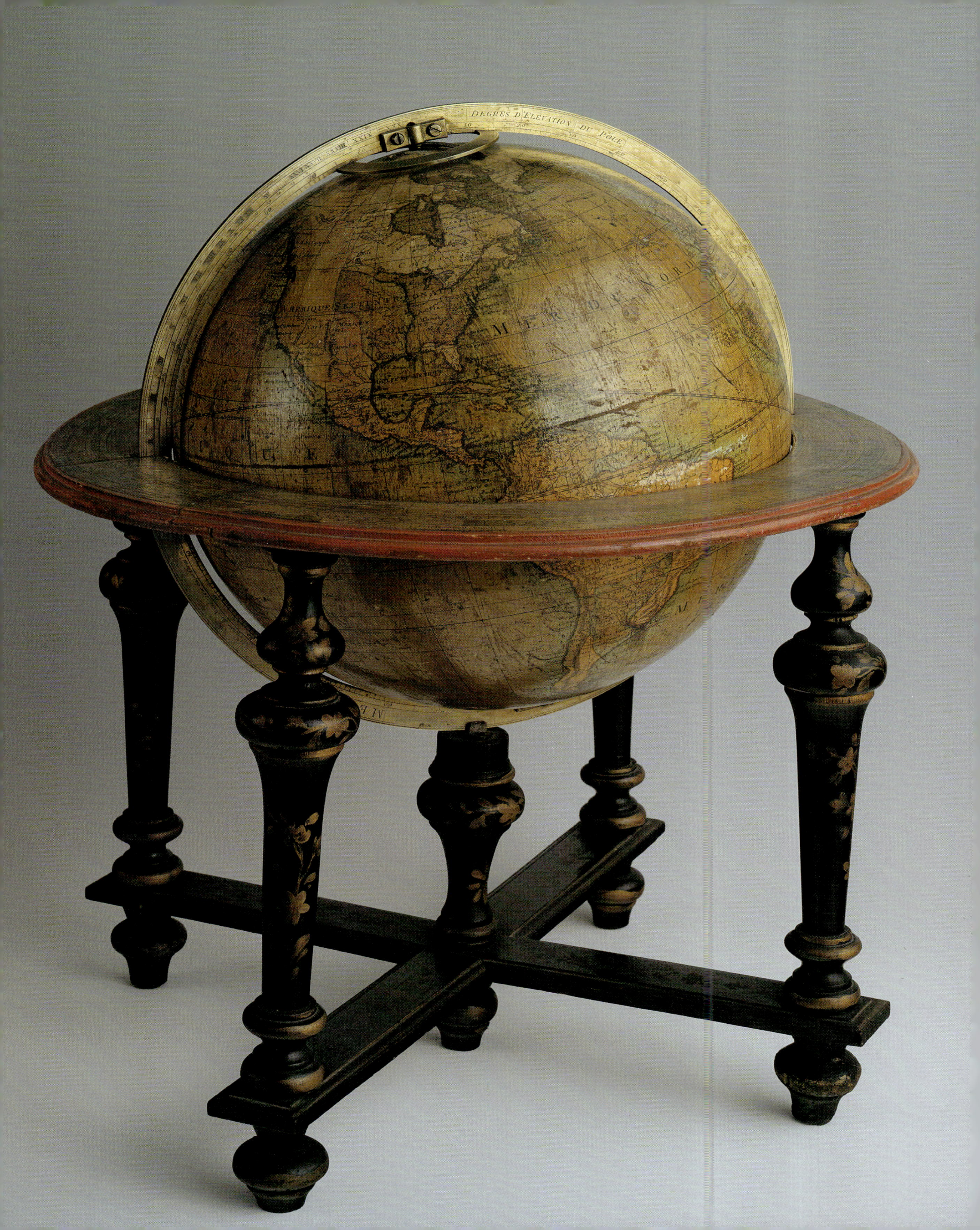
DEGRES D'ELEVATION DU POLE

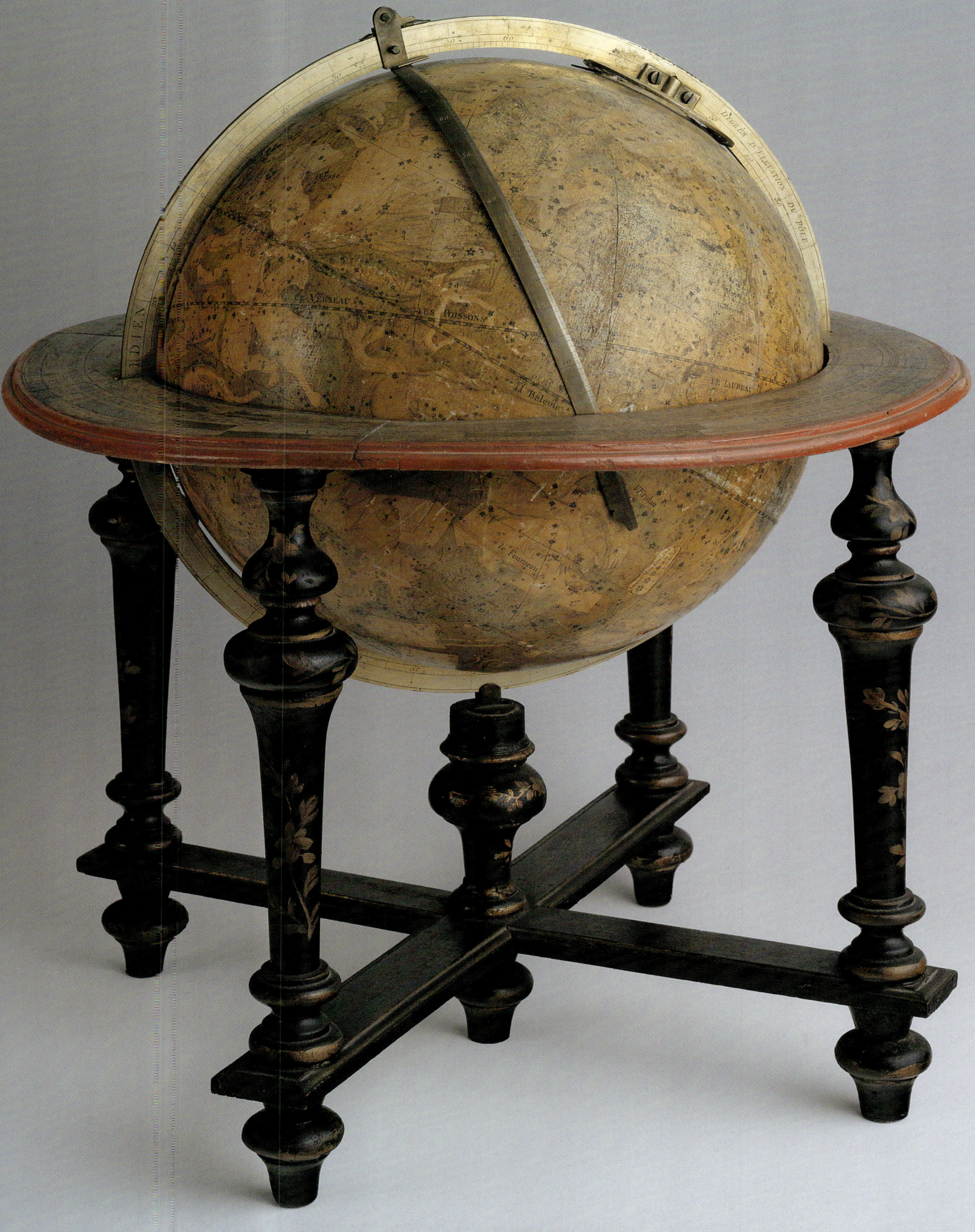
LE VERSEAU
LES POISSONS

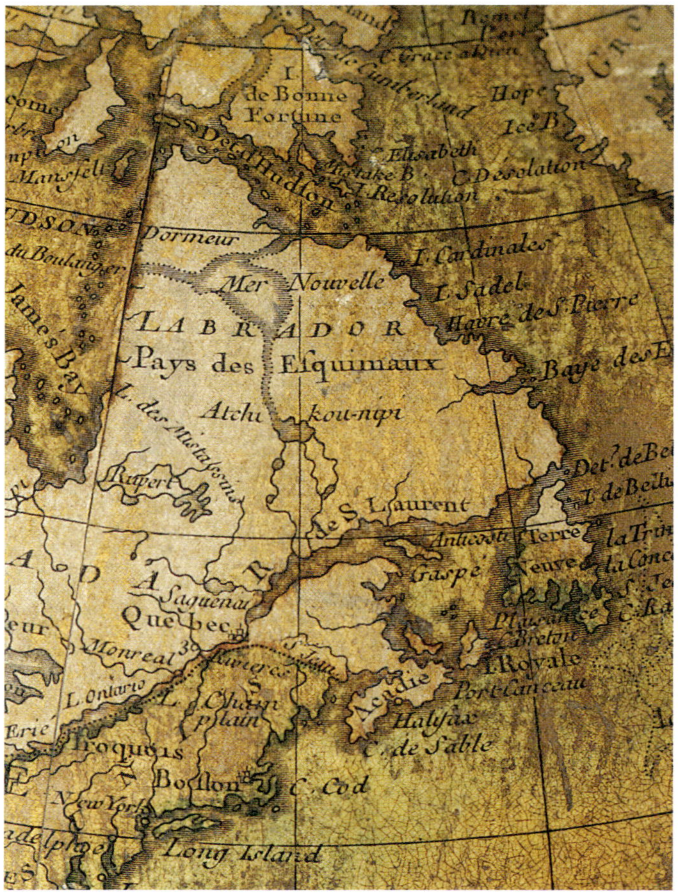

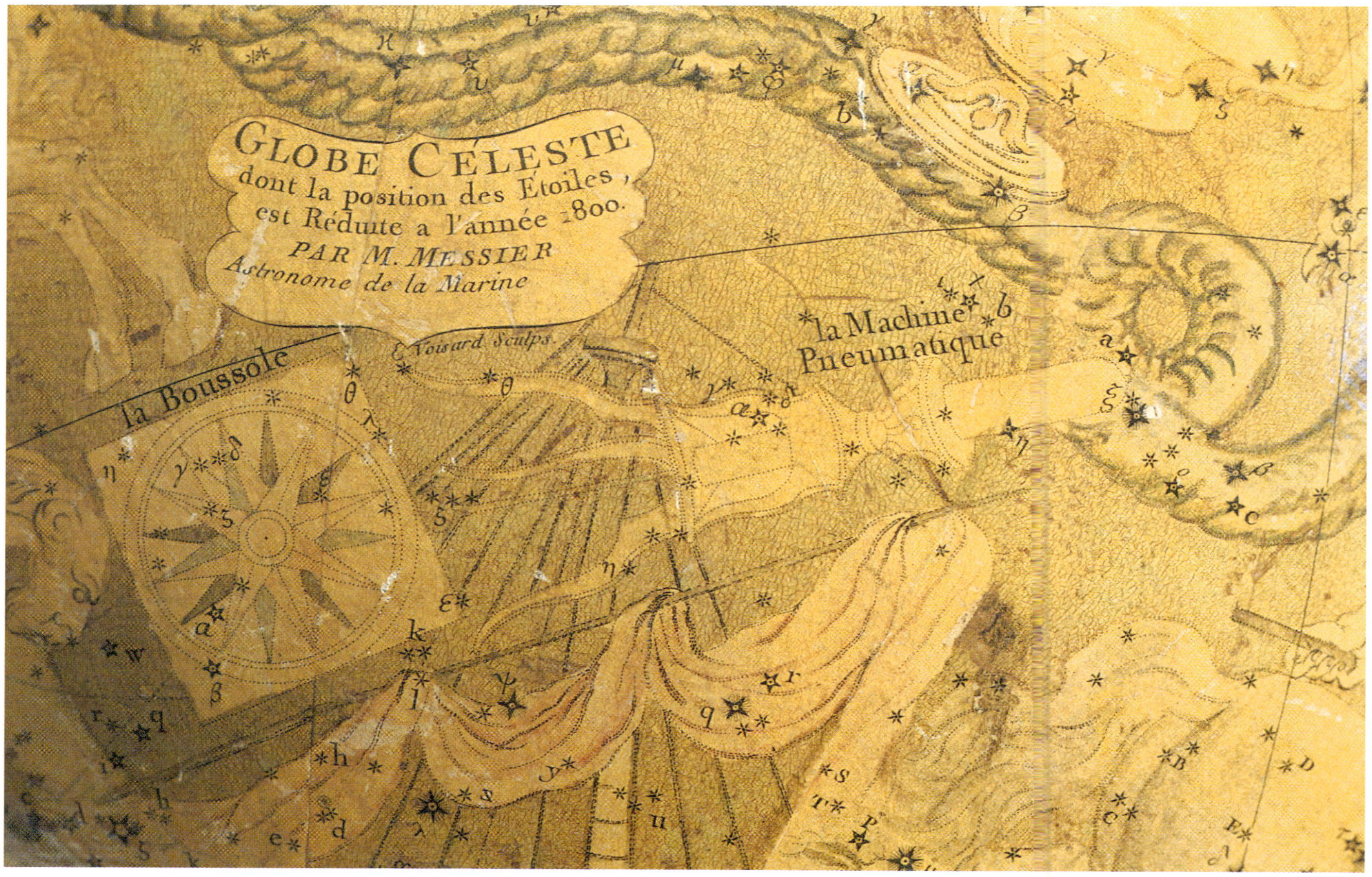

Figure 86. Le nord du Québec actuel se voit pourvu d'une « Mer Nouvelle », située au centre d'un vaste système hydrographique joignant entre autres le détroit d'Hudson à la baie d'Hudson. Cette représentation cartographique tire son origine de cartes anglaises du milieu du XVIII*e* *siècle. En France, on demeure sceptique depuis que Bellin affirma qu'il ne s'agissait pas de cours d'eau, mais plutôt de chaînes de montagnes. En dessinant en pointillés cet élément géographique, Delamarche voulu émettre un certain doute quant à la véracité de cette étendue d'eau.*

Figure 87. Remarquons que la position des étoiles de ce globe céleste de Delamarche fut calculée, pour l'année 1800, par un des plus grands astronomes de l'époque, Charles Messier. Au tournant du XIX*e* *siècle, les constellations de l'abbé Lacaille, étroitement associées à la science et aux arts français, figurent au sein du répertoire ayant été accepté par la communauté scientifique. La Boussole et la Machine Pneumatique en sont deux belles illustrations ; la seconde, d'ailleurs, est basée sur le modèle de la pompe française de Denis Papin et modifiée par l'abbé Nollet au milieu du* XVIII*e* *siècle.*

représente cette mer nouvelle sur le globe de Delamarche montre de belles affinités avec une carte de Wilkes de 1797 intitulée *British Colonies in North America* et publiée dans l'ouvrage *Modern Geography* de John Pinkerton. Peu de cartes françaises présentent cet aspect particulier du nord du Québec. Même qu'à ce sujet, une carte de Bellin maintes fois reproduite précise qu'« Il n'y a point ici de communication [entre le détroit d'Hudson et la baie d'Hudson] comme quelques Auteurs l'ont cru, mais une longue chaine de montagnes ». Quoi qu'il en soit, au tournant du XIXe siècle, la mer Nouvelle relève davantage du ouï-dire que de véritables explorations et observations scientifiques. Bien que Delamarche évoquât un certain doute en usant des pointillés afin de tracer la mer Nouvelle, son choix éditorial, une fois de plus, paraît crédule, voire imperméable, aux plus récentes informations alors disponibles.

Le globe céleste semble, de ce point de vue, plus fidèle aux exigences de la science. Il faut dire que Delamarche se tourna vers un des grands astronomes de son époque, Charles Messier : *Globe céleste dont la position des Étoiles, est Réduite a l'année 1800. Par M. Messier Astronome de la Marine, [...]* (fig. 87). La perspective exocentrique et la position relative (vues de dos et de face) des constellations sont identiques à celles utilisées par Robert de Vaugondy. Deux constellations d'intérêt tout près du pôle : tout d'abord le « Messier Custos Messium », appellation conçue par Joseph Jérôme de Lalande, se retrouvant pour la première fois sur le globe céleste de 1775 de ce dernier en guise de témoignage au travail minutieux de Charles Messier, celui-là même mentionné sur ce globe céleste de Delamarche ; ensuite, la constellation du « Réene », ainsi appelée par Charles Le Monnier en souvenir de l'expédition en Laponie à laquelle il participa et qui permit, en conjonction avec les résultats obtenus à l'Équateur, de déterminer la forme aplatie de la Terre aux pôles, en total accord avec la théorie de Newton. Plusieurs constellations, particulièrement celle du Bouvier, s'inspirent des travaux artistiques de Gobin tirés du globe céleste de Robert de Vaugondy.

Pour la fabrication des globes et des sphères armillaires, qui requièrent une technique et une dextérité considérables, Delamarche se fit aider par Jean-Baptiste Fortin, de qui il acquit le fonds Robert de Vaugondy (Fortin l'ayant lui-même acheté de Robert de Vaugondy en 1778). Or il est très probable que Fortin aida Delamarche à reproduire ses cartes et à fabriquer ses globes, et ce, à l'instar de Robert de Vaugondy qui collabora avec ledit Fortin dans les premiers temps de la vente de son fonds. Notons finalement les supports en chinoiserie rappellant ceux des globes de Robert de Vaugondy, conservés au Musée Stewart et présentés plus tôt dans ce chapitre.

Principales références bibliographiques

Dekker 1999, p. 321-325 ; Kershaw 1993-1998, II, p. 102-118 et IV, p. 117-159 ; Pelletier 1986, p. 47-48.

Trois sphères armillaires et un planétaire du XVIIe au XIXe siècle

Diamètre : 14 centimètres
Musée Stewart — 1979.51.6 (fig. 88)
Diamètre : 9 centimètres
Musée Stewart — 1983.57.1 (fig. 89)
Diamètre : 32 centimètres
Musée Stewart — 1973.9.7 (fig. 90)
Diamètre : 28 centimètres
Musée Stewart — 1989.19.3 (fig. 91)

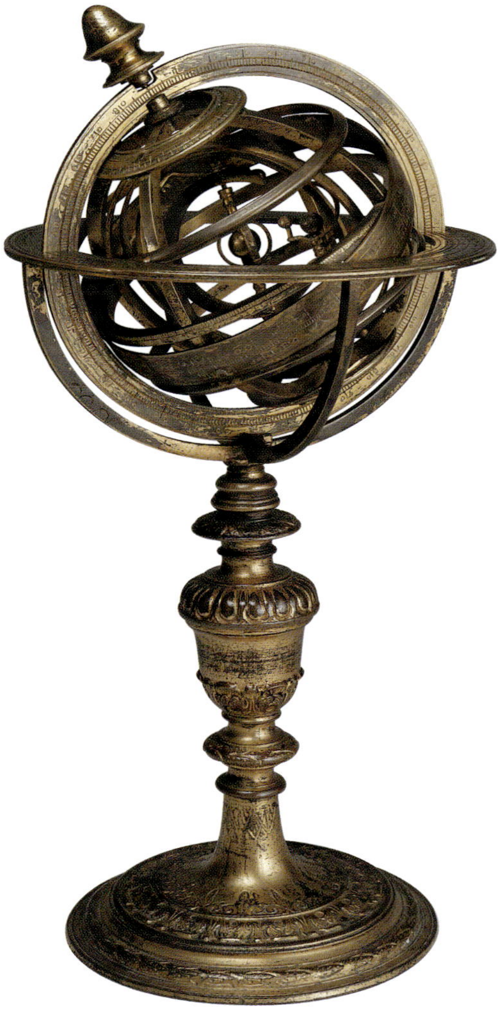

Figure 88. Originellement datée du XVIIe siècle, cette sphère armillaire pourrait être de facture beaucoup plus récente. En effet, la gravure sur la colonne de soutien semble être typique du XIXe siècle, surtout associée aux objets de culte, tels les calices. Nous n'avons pas réussi à déterminer s'il s'agissait d'un faux ou simplement d'un exercice artisanal d'imitation d'un objet ancien (voir l'agrandissement à la page suivante).

Le planétaire ainsi que deux des trois sphères armillaires françaises de la collection sont dits héliocentriques ou coperniciens, c'est-à-dire qu'ils possèdent tous l'astre solaire comme centre de rotation. Le style de la troisième sphère armillaire ne nous permet pas d'en arriver à une conclusion définitive : elle est soit héliocentrique, soit géocentrique, dans quel cas l'on considère la Terre au centre de l'univers.

Outils didactiques, les sphères armillaires ont été conçues, et ce depuis le Ier siècle avant J.-C., afin d'illustrer le système du monde ainsi que les mécanismes de fonctionnement de ce dernier. Les sphères armillaires coperniciennes sont bien entendu le résultat de la graduelle acceptation du modèle héliocentrique de Nicolas Copernic, diffusé principalement par son ouvrage intitulé *De revolutionibus orbium cœlestium* (1543) et grâce aux efforts de célèbres prosélytes tels Johannes Kepler et Galileo Galilei. Les sphères armillaires, qu'elles fussent ptoléméennes ou coperniciennes, permirent et permettent encore aujourd'hui de rendre compte des diverses conceptions de l'univers telles qu'exprimées, étudiées et débattues par plusieurs générations de savants européens.

La sphère armillaire la plus ancienne (fig. 88) décrite dans cette section se révélerait peut-être, contre toute attente, la plus récente. En effet, originellement datée du XVIIe siècle par l'antiquaire qui la vendit au Musée Stewart, cette sphère pourrait s'avérer être du XIXe siècle. C'est ce que croit l'historien de l'art Robert Derome. Ses doutes reposent principalement sur la gravure de certains détails situés dans le premier segment de la colonne de soutien, typiques au style du XIXe siècle et se retrouvant particulièrement sur des objets de culte, tels les calices. Pourtant, certaines caractéristiques de fabrication justifient cette attri-bution d'œuvre plus ancienne : par exemple, bien que le métal soit épais et que le travail artisanal soit, somme toute, de facture grossière, la technique de la dorure au mercure imite les méthodes antiques, ne montrant aucun signe de galvanoplastie moderne. Il pourrait donc s'agir d'une reproduction de qualité d'un artefact ayant déjà existé par le passé. Aucun indice ne permet cependant d'en arriver à une semblable conclusion d'un point de vue strictement scientifique.

La seconde sphère armillaire (fig. 89) fait partie d'un ensemble de quatre instruments scientifiques fabriqués au (début du ?) XVIIIe siècle qui

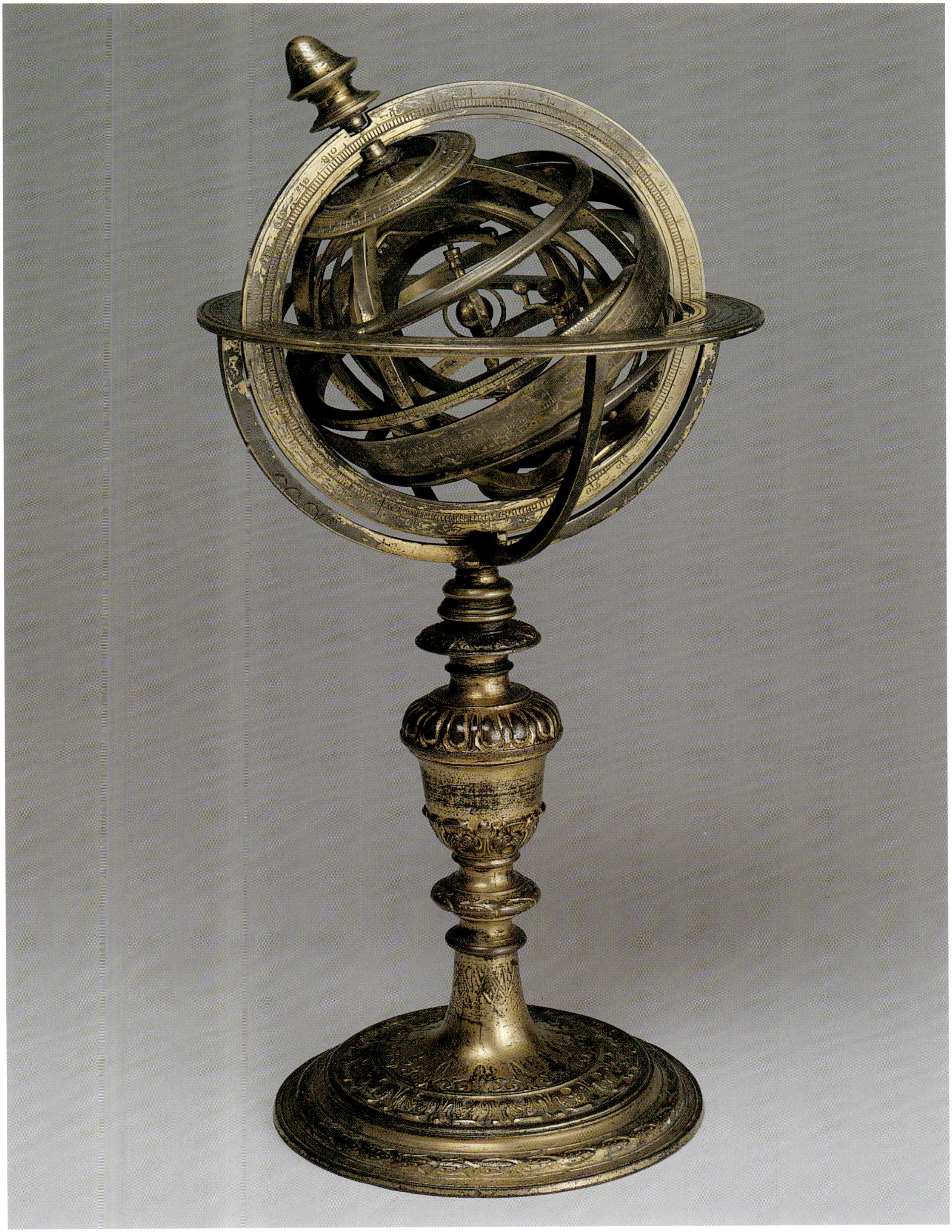

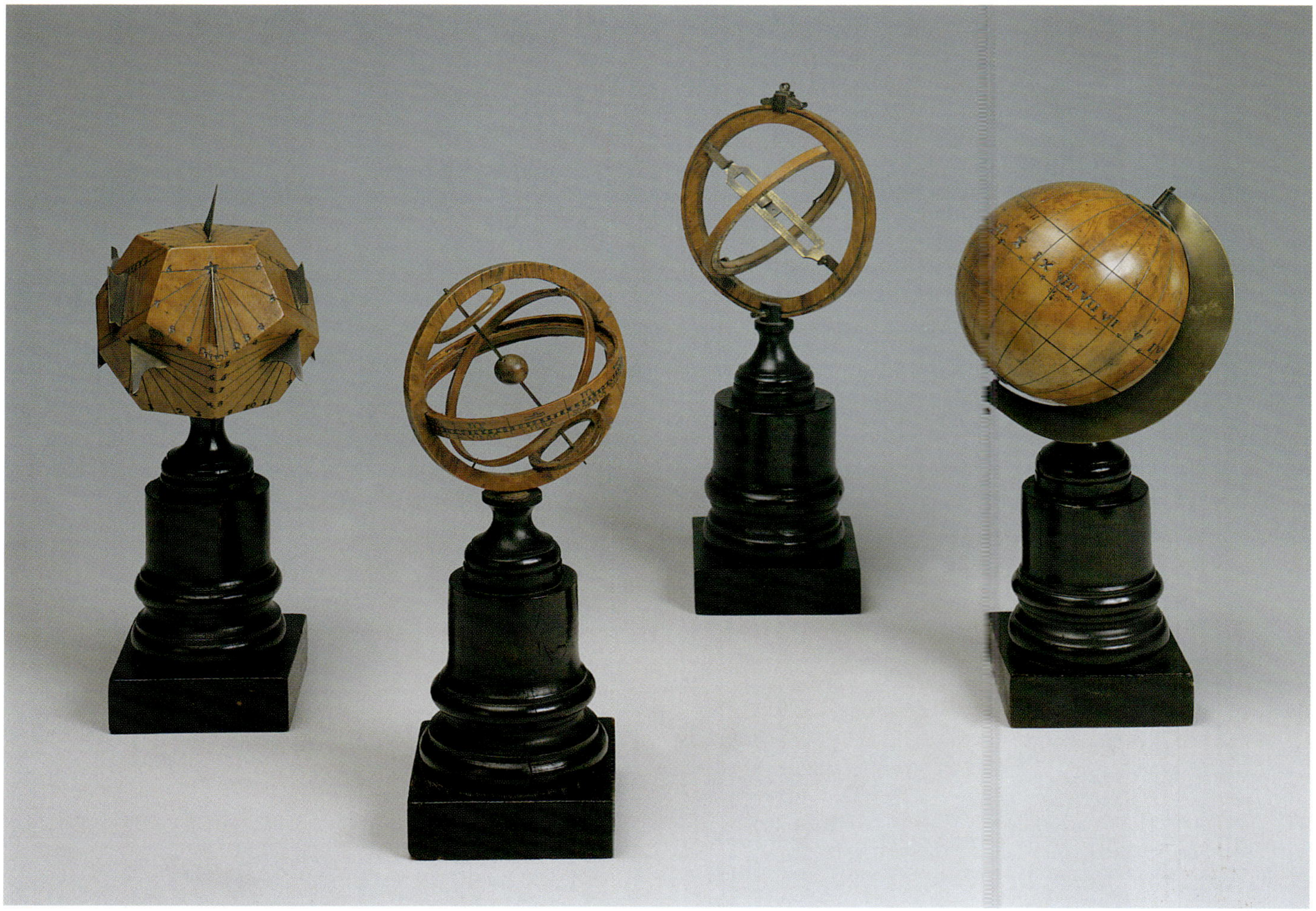

Figure 89. Cette sphère armillaire est accompagnée de trois autres instruments scientifiques, possiblement tous datés du début du XVIIIe siècle. Il s'agit, de gauche à droite, d'un cadran solaire polyédrique, de la sphère armillaire, d'un anneau astronomique et d'un cadran solaire sphérique. Ces trois instruments servant à la mesure du temps, la sphère armillaire devait simplement évoquer les relations intrinsèques entre le Soleil, la Terre et des concepts astronomiques plus abstraits telles la déclinaison, la précession et l'équation du temps.

comprend, outre cette sphère armillaire, un anneau astronomique, un cadran solaire polyédrique et un cadran solaire sphérique, tous montés sur des supports semblables, tournés en loupe d'orme. Ces trois derniers instruments servant à la mesure du temps, la sphère armillaire — incomplète de la sorte, elle pourrait être considérée autant héliocentrique que géocentrique — devait simplement évoquer les relations intrinsèques entre le Soleil, la Terre et des concepts plus abstraits telles la déclinaison, la précession et l'équation du temps.

La troisième sphère armillaire (fig. 90) pourrait être datée, dans un premier temps, de la seconde moitié du XVIIIe siècle. En effet, l'anneau qui devrait représenter la planète Uranus — découverte par Sir William Herschel en 1781 — manque à l'ensemble. Cependant, selon l'analyse faite par Elly Dekker (au sujet d'une sphère identique conservée au National Maritime Museum de Greenwich), le petit globe représentant la Terre semble montrer la Tasmanie (Terre de Van Diemen) sous une forme insulaire, détachée du continent australien. Cet indice cartographique — reconnu par plusieurs faiseurs de globe, dont Delamarche — nous permettrait alors de conclure, dans un second temps, que la sphère armillaire date du tournant du XIXe siecle. Or il nous semble étrange de supposer que l'auteur de cette sphère eût pris la peine d'illustrer la Tasmanie sous la forme d'une île (il faut une loupe pour bien apprécier la teneur de cette information) tout en omettant toute référence à la planète Uranus, découverte scientifique pourtant de bien plus grande importance.

Comparable aux modèles français et italiens de l'époque, sa facture particulière se reflète, entre autres, par l'emploi de papier mâché au lieu de métal (généralement le laiton) lors de la fabrication des colures et des anneaux concentriques. Quoique anonyme — un simple « Monté par l'auteur » fut gravé sur le « Colure des Solstices » —, cette sphère armillaire se rapprocherait sensiblement, à l'instar d'ailleurs du planétaire qui suit, du style popularisé dès les années 1770-1780 par Charles-François Delamarche.

Le planétaire (fig. 91), au premier coup d'œil, semble en effet tout droit tiré d'un catalogue de Delamarche tellement le style, les couleurs et les matériaux employés sont semblables. Certes, l'indication « Monté par l'auteur », imprécise et identique à la sphère armillaire précédente, apposée sur le « Colure des Solstices », n'assure en rien la véracité de cette conjecture, quoiqu'elle demeure des plus raisonnables. Par contre, s'il ne s'agit pas de Delamarche, il ne fait aucun doute que les deux objets identifiés « Monté par l'auteur » sont issus du même fabricant.

En ce qui concerne le planétaire en soi, toutes les planètes, hormis la Terre, sont représentées par un petit disque sur lequel fut imprimé leur nom, le symbole astronomique ainsi que le nombre de jours nécessaires à leur révolution complète autour du Soleil, par exemple : « Mercure ☿ fait sa révolution en 87 jours 23 heures ». Quatre disques symbolisent de façon similaire les plus imposantes planètes télescopiques de la ceinture d'astéroïdes du système solaire, localisée entre les planètes Mars et Jupiter. Nommées Cérès, Pallas, Junon et Vesta — personnages des mythologies grecque et romaine —, elles furent découvertes respectivement en 1801, 1802, 1804 et 1807 (fig. 92). Et puisque le planétaire ne représente point Neptune, détectée par Urbain Le Verrier en 1846, nous pouvons donc assumer que cette pièce fut construire entre 1807 et 1846, ce qui correspond parfaitement d'ailleurs à son style et à sa facture.

Principales références bibliographiques

Dekker 1999, p. 172-173 ; Turner 1992.

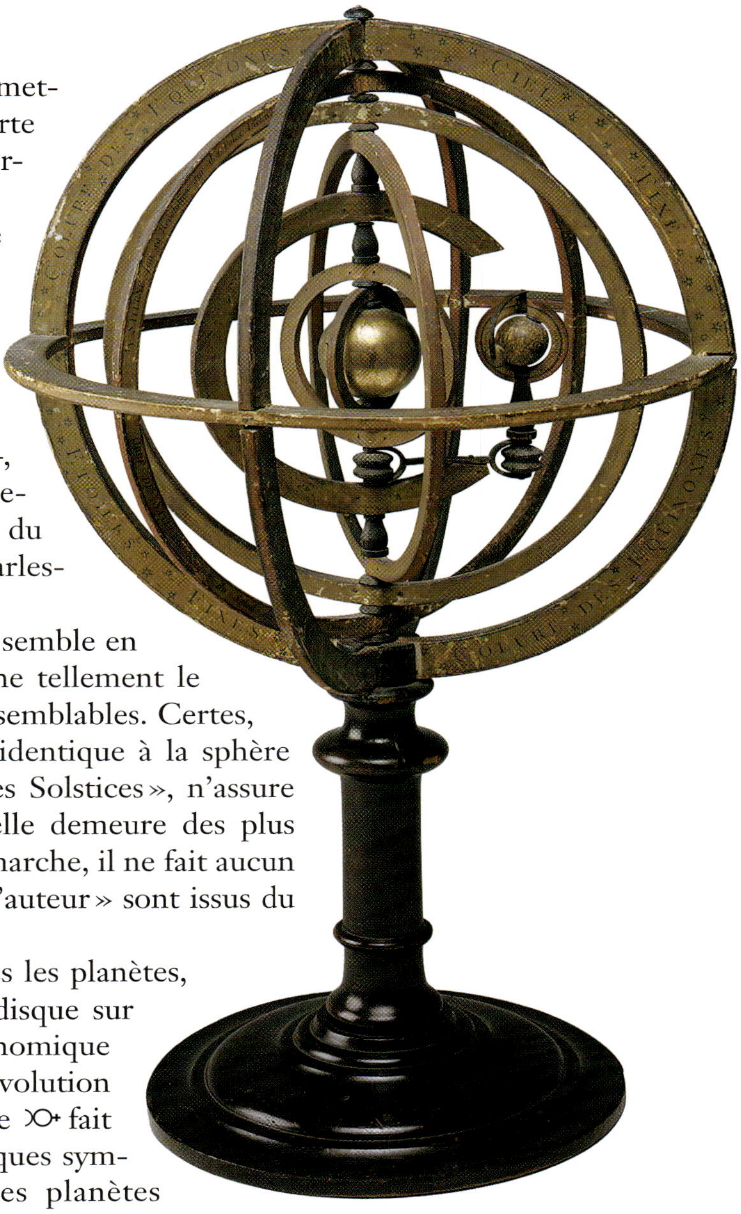

Figure 90. Étant donné qu'il n'y a pas d'anneau qui représente la planète Uranus, on pourrait dire que cette sphère armillaire date d'avant 1781. Par ailleurs, la Tasmanie paraît avoir été tracée comme une île. Puisqu'il fallut attendre le tournant du XIXe siècle pour que cette découverte géographique soit vérifiée, cet objet semblerait daté de cette période.

Page suivante
Figure 91. L'année de fabrication de ce planétaire se situerait entre 1807 et 1846. La première date correspond avec l'année de la décou-verte de la planète télescopique Vesta, ici représentée ; la seconde date correspond avec la découverte de la planète Neptune. Mais puisqu'il n'y a point de petit disque pour représenter cette nouvelle planète, on peut supposer que ce planétaire date d'avant 1846.

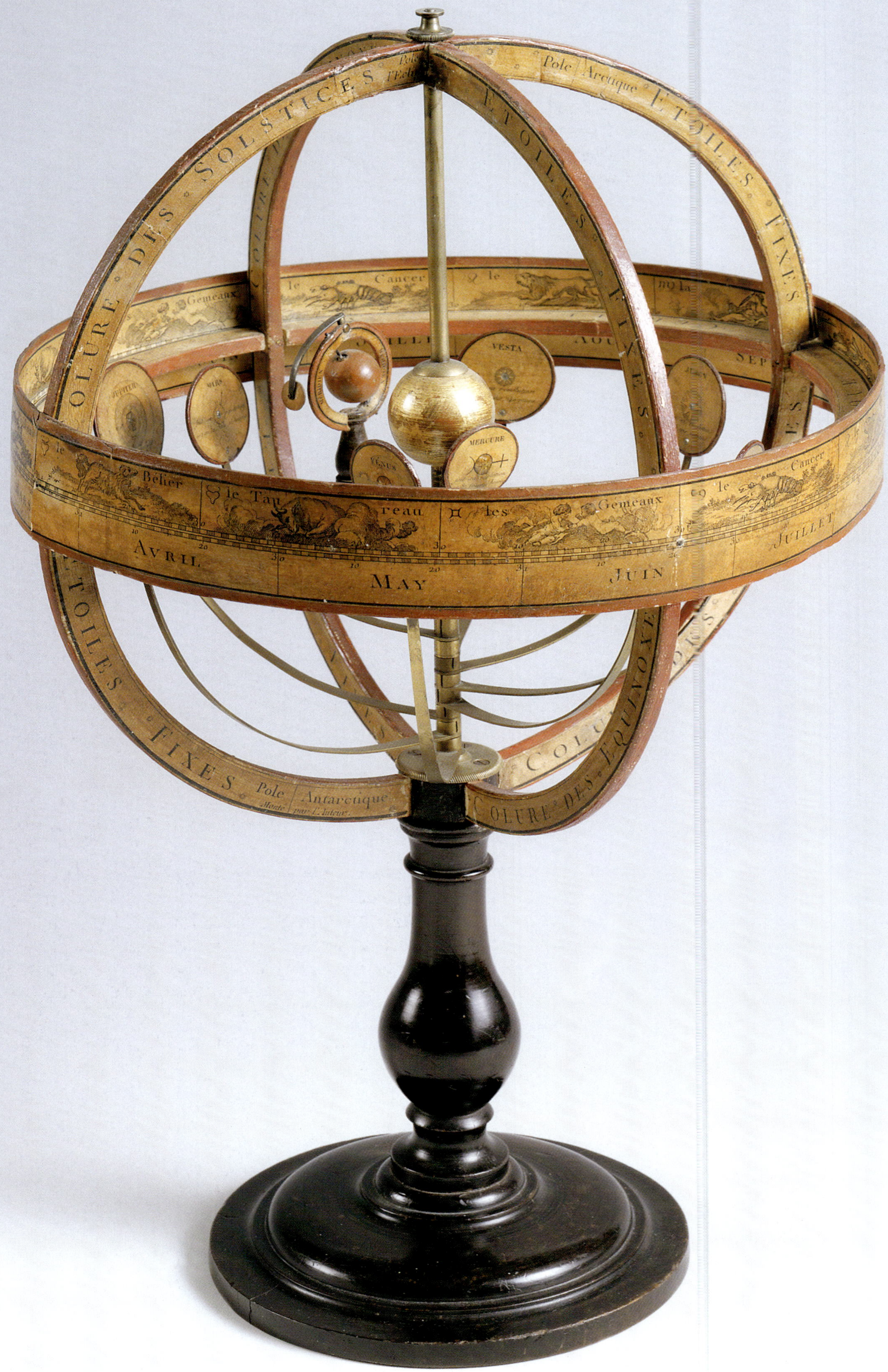
COLURE DES SOLSTICES
Pole Arctique
ETOILES FIXES
le Cancer
VESTA
MERCURE
Belier
le Taureau
les Gemeaux
Cancer
AVRIL
MAY
JUIN
JUILLET
ETOILES FIXES
Pole Antarctique
COLURE DES EQUINOXES

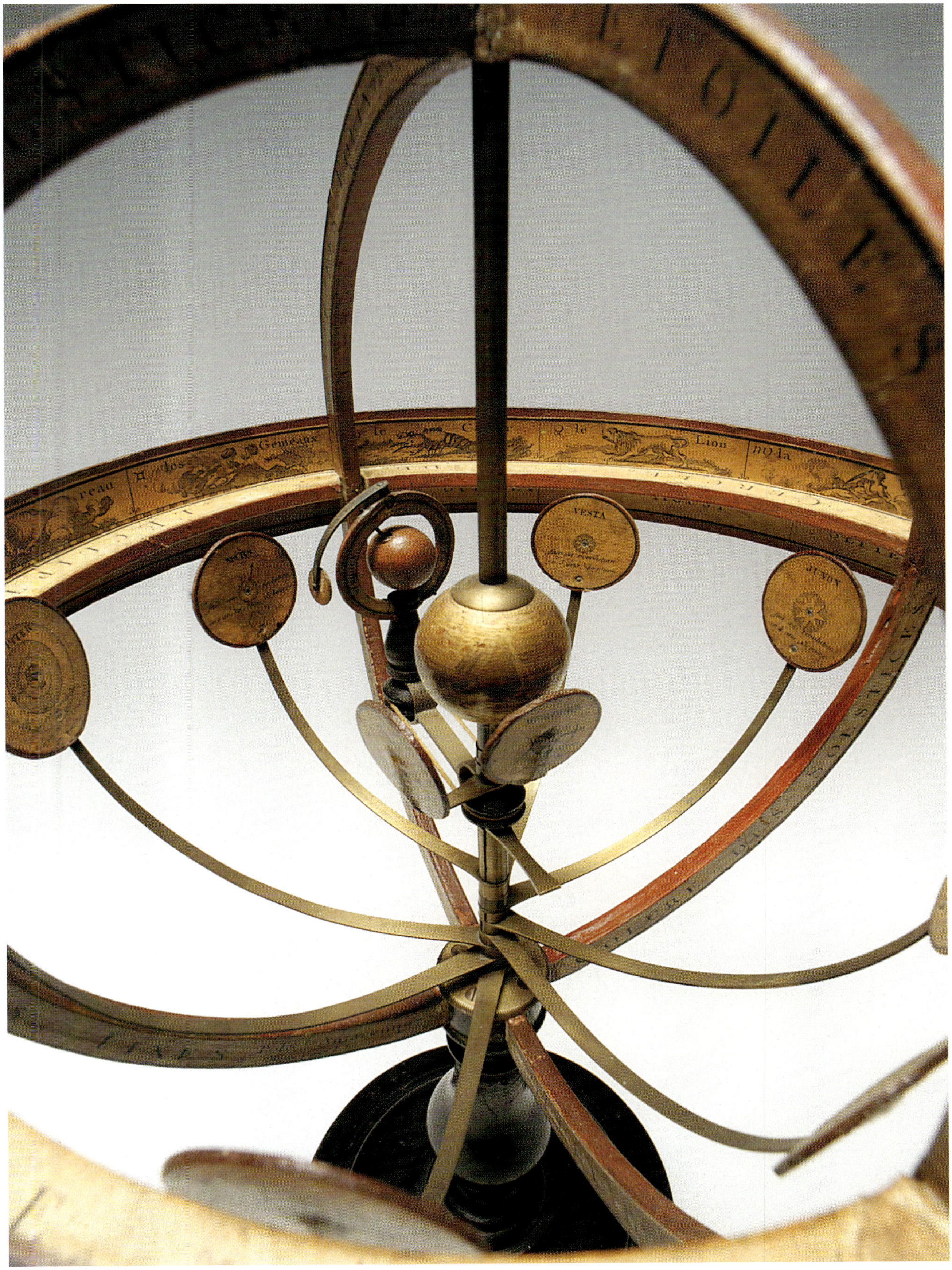

Figure 92. Ce plan rapproché permet de saisir la simplicité du montage de ce planétaire daté vers 1807-1846. Sans métal précieux et sans aucun mouvement mécanique, contrairement aux planétaires anglais, un tel appareil pouvait être vendu pour une fraction du prix qu'il eût dû normalement coûter.

Appendice

Cinq des sept globes de cette section proviennent d'un ensemble contenant plus d'une centaine d'instruments scientifiques ayant appartenu jadis au Séminaire de Montréal, ancien collège classique tenu par l'ordre religieux des Sulpiciens (numéro d'accession 1974.10 au Musée Stewart). À en juger par le nom de certains des fabricants (par exemple Jules Duboscq [1817-1886]), cette collection daterait du milieu du XIXe siècle. Ils eussent été rassemblés dans le but de former un cabinet de philosophie (de physique) destiné avant tout à l'enseignement des sciences.

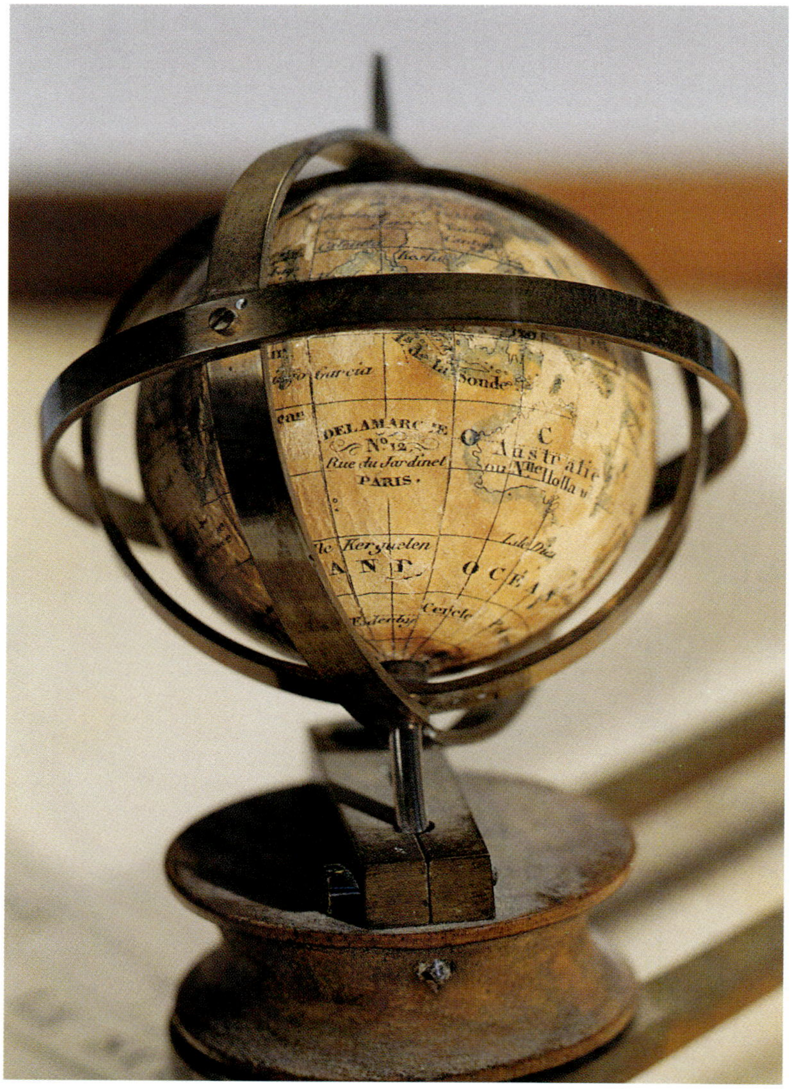

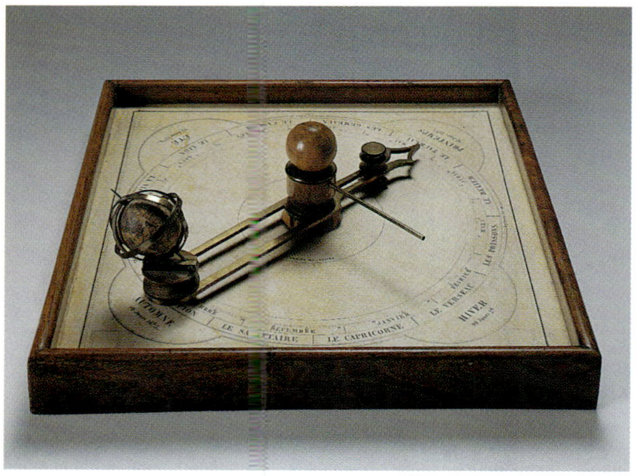

Figure 93. Un planétaire français, Paris, XIXe siècle
Diamètre du globe terrestre : 3,8 centimètres
Musée Stewart — 1974.10.62

Ce planétaire, fabriqué par « Henri Robert, Horloger de la Marine, […], à Paris », devait à l'origine servir à recréer le mouvement rétrograde de Jupiter tel qu'il est observé de la Terre. Le mécanisme prévu à cet effet a été remplacé par un petit globe terrestre qui n'a aucune fonction particulière. Le globe provient de la maison Delamarche, l'adresse du cartouche-titre mentionnent « n° 12 rue du Jardinet ». Il peut donc être daté entre 1835 et 1847. Cette période est contemporaine de celle durant laquelle Robert a exercé son métier d'horloger, lui qui fut un élève du très renommé Abraham Louis Breguet (1747-1823), horloger parisien. (L'instrument complet est représenté ci-dessus ; ci-contre, un détail du globe terrestre.)

Figure 94. Un globe scolaire, XIXe *ou* XXe *siècle*
Diamètre : 23 centimètres
Musée Stewart — 1974.10.67

Ce globe est simplement une sphère noire et solide sur laquelle fut incisée les méridiens et les parallèles. Il a été conçu afin de réaliser des exercices de géographie. À l'aide d'une craie, l'élève devait représenter, dans les bonnes proportions (en fonction de la longitude et de la latitude), la forme des continents et leurs principaux éléments de cartographie. Comme ce globe provient de l'ancienne collection du vieux séminaire de Montréal, il est plus que possible qu'il ait servi à la formation géographique de toute une génération d'écoliers montréalais.

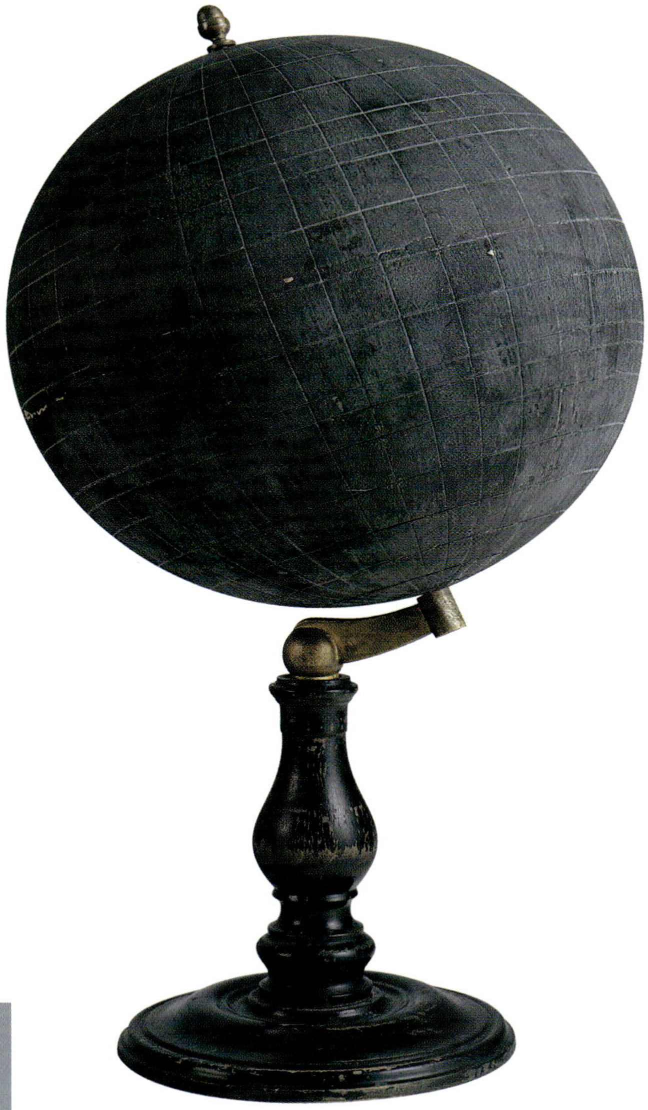

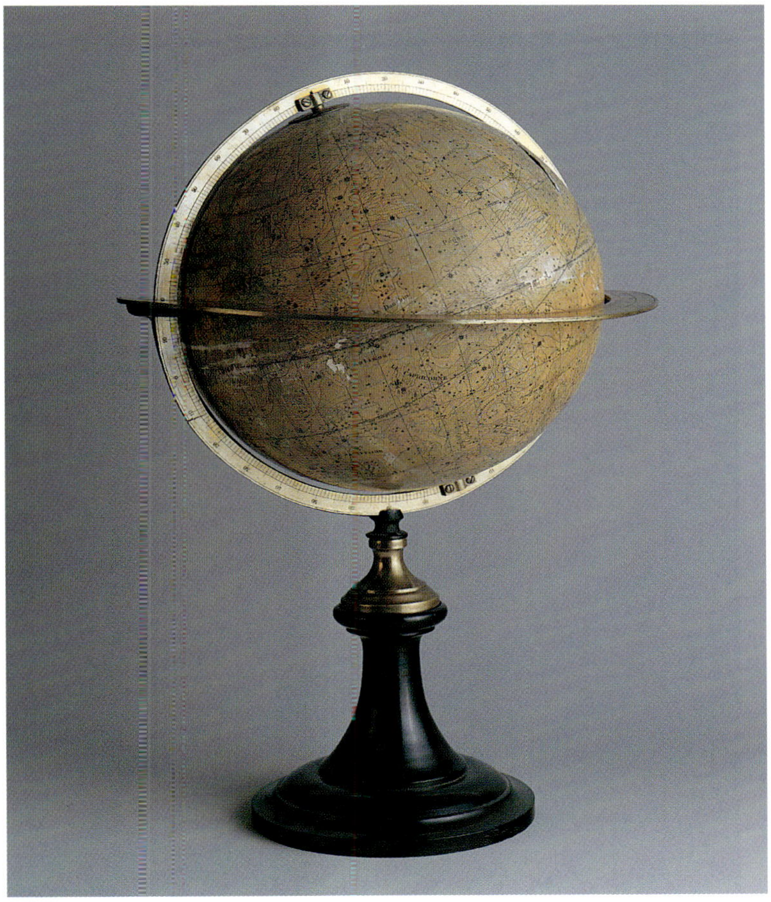

Figure 95. Un globe céleste de A. Delamarche, Paris, vers 1851-1860
Diamètre : 23 centimètres
Musée Stewart — 1974.10.64

Ce globe de A. Delamarche intitulé Globe celeste *est le seul de la collection du Musée Stewart à incorporer la constellation de la machine électrique ou électrostatique,* Die Electrisirmaschine, *élaborée vers 1787 par l'astronome allemand Johann Elert Bode. Inventées au début du* XVIIIe *siècle, de telles machines étaient un symbole probant de l'unification entre science et divertissement populaire. L'adresse ajoutée au cartouche-titre du globe, « Paris Rue Serpente, 25 », est celle de la maison Delamarche à partir de 1851.*

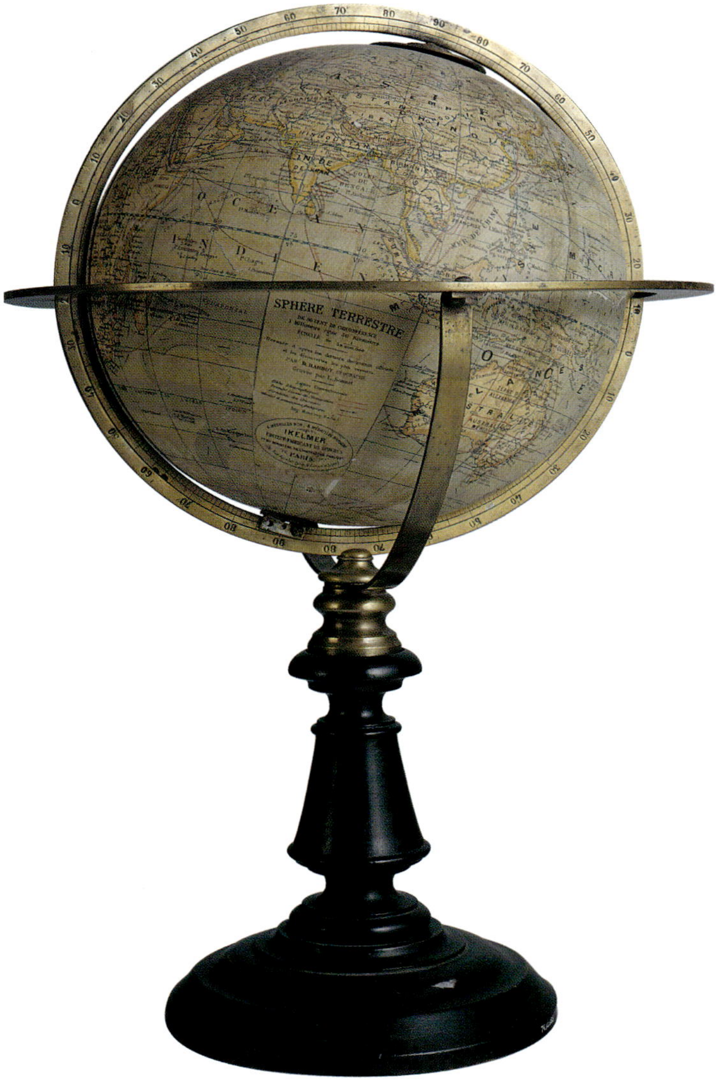

Figure 96. Un globe terrestre français,
Paris, Ikelmer, vers 1900
Diamètre : 25,5 centimètres
Musée Stewart — 1974.10.66

On connaît peu Ikelmer, cet éditeur-fabricant de sphères parisien. Outre les détails cartographiques habituels, on peut voir sur ce globe — intitulé Sphère terrestre de 80 cent[imètres] de circonférence, compilé par R. Barbot, Géographe, et gravé par L. Sonnet *— des éléments de culture technologique, incluant la durée moyenne (en jours) des traversées en bateaux à vapeur sur les grandes lignes de navigation et, à plus d'un endroit, l'emplacement des câbles télégraphiques sous-marins. Comme la France est reliée par câble à l'Amérique dès 1897 et qu'il n'y a aucune indication du câble Vancouver-Nouvelle-Zélande, nous supposons que ce globe a été publié vers 1900.*

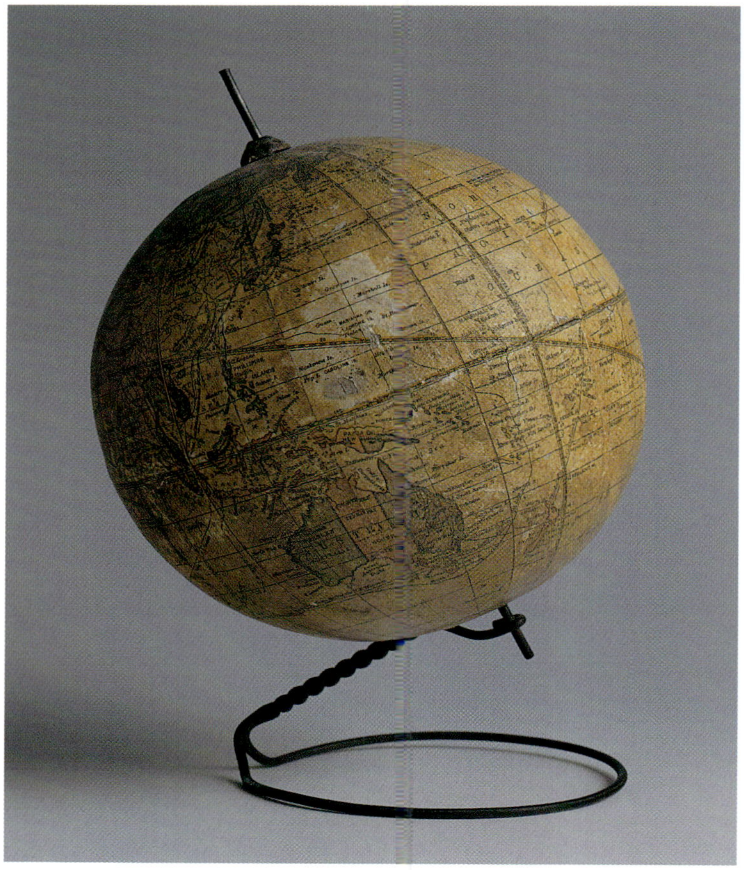

Figure 97. Autour du monde en 76 jours,
1889-1890, États-Unis, vers 1890
Diamètre : 16,3 centimètres
Musée Stewart — 1974.10.15

Ce globe terrestre des États-Unis, non signé et daté vers 1890, présente curieusement le voyage de circumnavigation de la Terre effectué en 76 jours, dans les années 1889-1890, par l'Américaine Elizabeth Bisland. Miss Bisland était à l'époque directrice de la section arts et culture de la revue Cosmopolitan. *C'est l'éditeur de cette revue populaire qui, afin de créer un coup publicitaire, envoya Bisland dans cette folle aventure. Son adversaire était une certaine Nellie Bly (nom de plume de Elizabeth Cochrane, autre journaliste new-yorkaise), qui compléta le voyage en 72 jours. Bisland publia un compte rendu de son voyage portant le sous-titre* A Flying Trip Around the World *(1891). Le parcours qu'elle emprunta fut immortalisé sur ce globe, « Route of Miss E. Bisland around the World », les flèches indiquant le sens de la circumnavigation.*

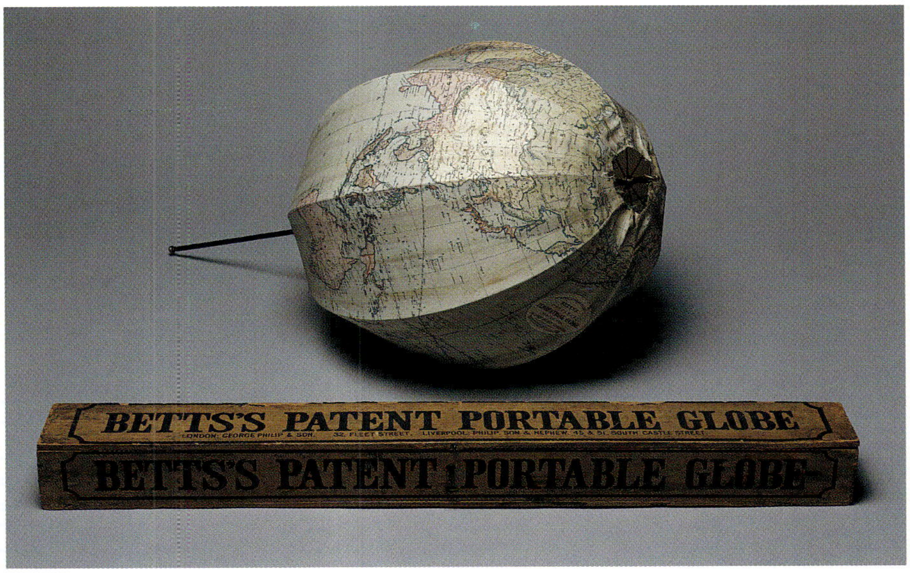

Figure 98. Un globe «parapluie» de John Betts, Londres et Liverpool, vers 1900
Diamètre : 41 centimètres
Musée Stewart — 1983.735

John Betts (actif 1844-1875) a bâti sa renommée en publiant des globes peu dispendieux pour une clientèle essentiellement scolaire. Il n'est pas question de globes majestueux, richement décorés, mais d'un produit de consommation courante, bon marché et facile à se procurer. Fermé, ce globe «parapluie», intitulé Betts's Portable Terrestrial Globe, *fabriqué de lin et publié par George Philip & Son (Londres et Liverpool), longtemps après la mort de Betts, se rangeait aisément dans sa boîte de bois. À cette époque, on ne fait plus que rarement les globes par paire. Les globes célestes sont tombés en désuétude dès lors que le globe terrestre a commencé d'être commercialisé à très grande échelle.*

Figure 99. Un planétaire daté du milieu du XIXe siècle
Diamètre du globe terrestre : 4,2 centimètres
Musée Stewart — 1973.9.23

Cet instrument très rudimentaire permet de recréer le mouvement de révolution de Mercure, de Vénus et de la Terre autour du Soleil. La Lune, quant à elle, tourne autour de la Terre. La toponymie du globe terrestre étant en espagnol, on pourrait attribuer l'origine de ce planétaire à l'Espagne, à moins qu'il n'ait été fabriqué ailleurs pour le marché espagnol. (L'instrument complet est représenté ci-dessous ; à droite, un détail du globe terrestre.)

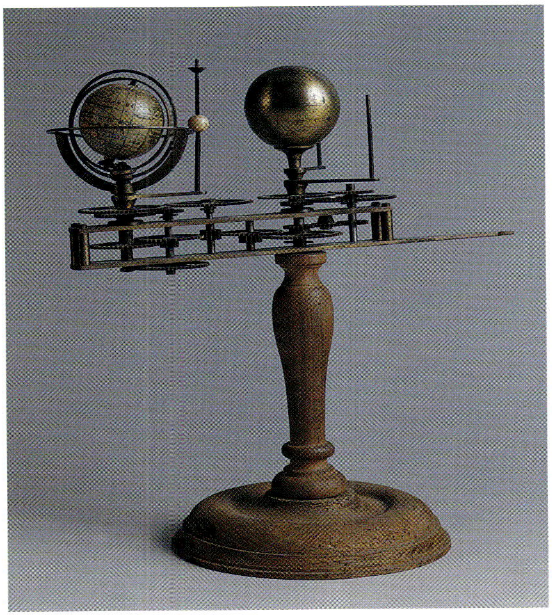

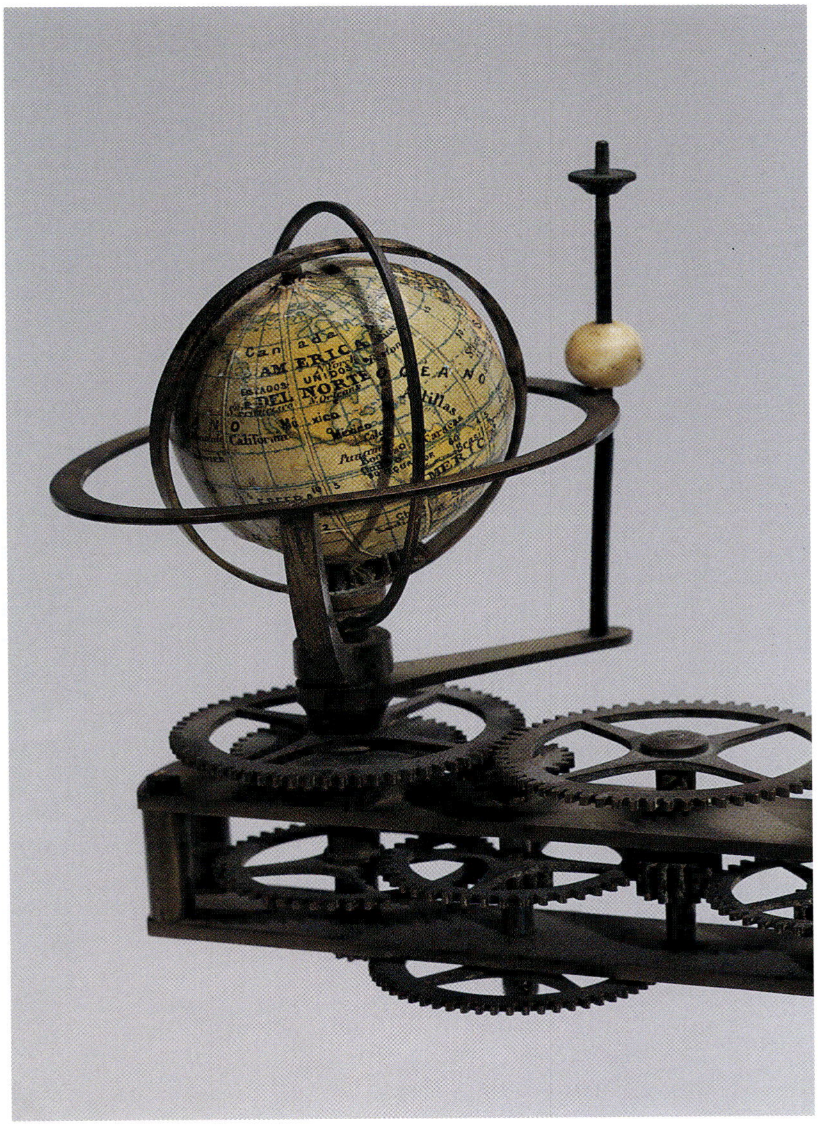

Bibliographie

Allmayer-Beck 1997

Peter E. Allmayer-Beck, *Modelle der Welt : Erd- und Himmelsgloben ; Kulturerbe aus österreichischen Sammlungen*, Vienne, Brandstätter, 1997.

Arminjon et Bilimoff 1998

Catherine Arminjon et Michèle Bilimoff, *L'Art du métal : vocabulaire technique*, Paris, Éditions du patrimoine, 1998.

Baldwin 1995

Robert Baldwin, « P. Giovanni Maria Cassini, C.R.S. (1745-1824 ca.) and His Globes », *Der Globusfreund*, vol. 43/44, 1995, p. 201-218.

Barbay 1817

Ursin Barbay, *Traité élémentaire sur l'astronomie, la géographie et la géométrie, sphères et globes de verre, suivi de tableaux, cartes et dessins nécessaires à l'explication de ce traité [...]*, Paris, J. G. Dentu, 1817.

Bassermann-Jordan 1972

Ernst von Basserman-Jordan, *Montres, horloges et pendules*, traduit de l'allemand par Hans von Bertele, 2e éd. française, Braunschweig, Klinkhardt & Biermann, 1972.

Baudry et Bozo 1984

Marie-Thérèse Baudry et Dominique Bozo, *La sculpture. Méthode et vocabulaire*, 1re éd., Paris, Imprimerie nationale, Inventaire général des monuments et des richesses artistiques de la France (Principes d'analyse scientifique), 1978 ; 2e éd., 1984.

Beck 1993

Lucille Beck, B. Guineau, F. Delamare et Jean-Noël Barrandon, « Le "chappeau de fer dorez" de Charles VI, apport des analyses à la connaissance de la technologie de fabrication », dans *Outils et ateliers d'orfèvres des temps anciens (antiquités nationales, mémoire 2)*, Christiane Eluère (dir.), p. 223-226, Saint-Germain-en-Laye, Société des Amis du Musée des antiquités nationales et du Château de Saint-Germain-en-Laye avec le concours du ministère de la Culture, 1993.

Bénézit et Busse 1999

Emmanuel Bénézit, compilation, Jacques Busse (dir.), *Dictionnaire critique et documentaire des peintres, sculpteurs, dessinateurs et graveurs*, 14 vol., Paris, Gründ, 1999.

Bennett 1997

Jim Bennett, « Le Musée d'histoire des sciences d'Oxford », *Musée des arts et métiers, La revue*, vol. 21, déc. 1997, p. 30-38.

Bertele 1961

H. von Bertele, *Globes and Spheres = Globen und Sphären = Globes et sphères*, Lausanne, 1961.

Bergeron 1735

Pierre Bergeron, *Voyages faits principalement en Asie dans les XIIe, XIIIe, XIVe et XVe siècles [...] accompagnés de l'histoire des Sarasins et des Tartares et précédez d'une introduction concernant les voyages et les nouvelles découvertes des principaux voyageurs*, La Haye, chez J. Neaulme, 1735.

Bion 1728

Nicolas Bion, *L'Usage des globes celeste et terrestre, et des spheres, suivant les differens systemes du monde. Précédé d'un traité de cosmographie*, 5e éd., Paris, Michel Brunet, Étienne Ganeau et Claude Robustel, 1728.

Blaeu 1655

Willem Jansz. Blaeu, *Tweevoudigh Onderwijs van de Hemelsche en Aerdsche Globen, Het een Na de meyning va Ptolemevs met een vasten Aerdkloot, Het ander Na de Natuerlijcke stelling van N. Copernicvs met een loopenden Aerdkloot*, Amsterdam, Joan Blaeu, 1655.

Blaise 1986

Albert Blaise, *Dictionnaire latin-français des auteurs du Moyen-Âge/Lexicon latinitatis medii ævi præsertim ad res ecclesiasticas investigandas pertinens*, Turnhout (Belgique), Brepols, 1986.

Blois 1994

Musée du Château de Blois, *Blois : un amphithéâtre sur la Loire*, Paris, Adam Biro, 1994.

Bobinger 1969

Maximilian Bobinger, *Kunstuhrmacher in Alt-Augsburg. Erster Teil : Johann Reinhold, Georg Roll und ihr Kreis [...]*, Augsbourg, Hans Rösler, 1969.

Bonasera 1967

F. Bonasera, « Terrestrial and Celestial Globes by Vincenzo Coronelli », *Imago Mundi*, vol. 20, 1967, p. 79-80.

Braide 1982

Janet Braide, « The Golden Age of Globes », *Canadian Collector*, vol. 17, n° 1, 1982, p. 27-31.

Bratt 1960

Einar Bratt, « Anders Åkerman : Ein Schwedischer Globenmacher des 18. Jahrhunderts », *Der Globusfreund*, vol. 9, 1960, p. 8-12.

Bratt 1965

Einar Bratt, « Provisorische Liste alter Globen in Schweden », *Der Globusfreund*, vol. 14, 1965, p. 28-35.

Bratt 1968

Einar Bratt, *En Krönika om Svenska Glober : Anders Åkerman och hans efterföljare jämte en inventering av historiska glober i Sverige*. Stockholm, Almqvist & Wiksell, 1968.

Broc 1970
Numa Broc, « Une affaire de plagiat cartographique sous Louis XIV : le procès Delisle-Nolin », *Revue d'histoire des sciences*, vol. 23, 1970, p. 141-153.

Bud et Warner 1998
Robert Bud et Deborah Jean Warner (dir.), *Instruments of Science : An Historical Encyclopedia*, Londres, The Science Museum, New York, The National Museum of American History, avec Garland Publishing, 1998.

Campbell 1976
Tony Campbell, « A Descriptive Census of Willem Blaeu's Sixty-Eight Centimetre Globes », *Imago Mundi*, vol. 28, 1976, p. 21-50.

Christie's 1997
Christie's (South Kensington, Londres), *Globes and Planetaria*, Catalogue de vente, 26 novembre 1997, p. 6-7 et 13-15.

Clair 1999
Jean Clair (dir.), *Cosmos, du Romantisme à l'Avant-garde*, Montréal, Musée des beaux-arts de Montréal, Paris, Gallimard, 1999.

Clutton 1982
Cecil Clutton, G. H. Baillie et Courtenay Ilbert (dir.), *Britten's Old Clocks and Watches and Their Makers : A History of Styles in Clocks and Watches and their Mechanisms, with a List of 25,000 Makers Revised and Extended to 1875*, 9e éd., Londres, Bloomsbury Books, 1982.

Coronelli 1697
Vincenzo Coronelli, *Viaggi del P. Coronelli [...]*, 2 vol., Venise, Gio. Battista Tramontino, 1697.

Coronelli [1693 (1701)] 1969
Vincenzo Coronelli, *Libro dei Globi*, Venise, 1693 (1701), fac-similé, Amsterdam, Theatrum Orbis Terrarum, 1969.

Coronelli 1713
Vincenzo Coronelli, *Epitome cosmografica, o compendiosa introduttione all'astronomia, geografia, & idrografia, per l'uso, e delucidatione de' globi, e tavole geografiche, particolarmente degli stampati, e spiegati nelle publiche lettioni [...]*, Venise, 1713.

Dekker 1999
Elly Dekker (dir.), *Globes at Greenwich*, Oxford, Oxford University Press et National Maritime Museum, 1999.

Dekker et Van der Krogt 1993
Elly Dekker et Peter van der Krogt, *Globes from the Western World*, Londres, Zwemmer, 1993.

Delahaye et Hurtel 1994
Elisabeth Delahaye et Loïc-Pierre Hurtel, « Étude de laboratoire sur des pièces d'orfèvrerie médiévale », dans *Les orfèvres français sous l'Ancien Régime : Actes du colloque, Nantes, 13 et 14 octobre 1989*, Catherine Arminjon et Alain Erlande-Brandenburg (dir.), Paris, Association pour le Développement de l'inventaire général des Pays de la Loire, 1994.

Delanglez 1943
Jean Delanglez, « The Sources of the Delisle Map of America, 1703 », *Mid America*, vol. 25, n° 4, 1943, p. 275-298.

De Maere 1994
Jan de Maere, Marie Wabbes et Jennifer A. Martin (dir.), *Illustrated Dictionary of 17th Century Flemish Painters*, 3 vol., Bruxelles, La Renaissance du Livre, 1994.

Den Hollander 1998
Pieter den Hollander, *De Zaak Goudstikker*, Amsterdam, Meulenhoff, 1998.

Destombes 1977
Marcel Destombes, « De la chronique à l'histoire : le globe terrestre monumental de Bergevin (1784-1795) », *Archives internationales d'histoire des sciences*, vol. 27, n° 100, 1977, p. 113-134.

Develle 1978
E. Develle, *Les horlogers blésois au XVIe et au XVIIe siècle, suivi de peintres en émail de Blois et Chateaudun au XVIIe siècle*, réédition de l'ouvrage paru en 1894 et 1917, 3e éd., Nogent-le-Roi, France, Librairie des Arts et Métiers, 1978.

Dilke et Dilke 1984
O. A. W. Dilke et Margaret S. Dilke, « Famous Mapmakers : Vincenzo Coronelli », *The Map Collector*, vol. 29, 1984, p. 10-12.

Dörflinger 1978
Johannes Dörflinger, « Deutsche Erdgloben an der Wende vom 18. zum 19. Jahrhundert », *Der Globusfreund*, vol. 25/27, 1978, p. 241-258.

Dörflinger 1989
Johannes Dörflinger, « Forschungreisen auf Globen : Das Beispiel James Cook », dans *Die Welt in Händen : Globus und Karte als Modell von Erde und Raum*, Lothar Zögner (dir.), p. 113-117, Berlin, Staatsbibliothek Preußischer Kulturbesitz, 1989.

Dolz 1994
Wolfram Dolz, *Erd- und Himmelsgloben : Sammlungskatalog*, Dresde, Staatlicher Mathematisch-Physikalischer Salon, 1994.

Dubois 1998
Geneviève Dubois, « *L'Astronome* et *Le Géographe* de Vermeer et le modèle cartésien de la caméra obscura », Mémoire de maîtrise, Université de Montréal, 1998.

Edell 1985
Stephen Edell, « Concave Hemispheres of the Starry Orb », *Bulletin of the Scientific Instrument Society*, vol. 7, 1985, p. 6-8.

FamilySearch 1999-
Church of Jesus Christ of the Latter-Day Saints, *FamilySearch Internet Genealogy Service*, Base de données en-ligne, ©1999 Intellectual Reserve. Site consulté en septembre 1999, http://www.familysearch.com

Fastnedge 1955
Ralph Fastnedge, *English Furniture Styles from 1500 to 1830*, Harmondsworth (Angleterre), Penguin Books, 1955.

Fauser 1973
Alois Fauser, *Kulturgeschichte des Globus*, Munich, Vollmer, 1973.

Fontenelle 1740
Bernard Le Bovier de Fontenelle, *Éloges des académiciens avec l'histoire de l'Académie royale des sciences*, 2 vol., La Haye, Isaac van der Kloot, 1740.

Foucart 1978
Jacques Foucart, « Une fausse énigme : le pseudo et le véritable Van de Venne », *Revue de l'art*, vol. 42, 1978, p. 53-62.

Gaffiot 1936
Félix Gaffiot, *Dictionnaire abrégé latin français illustré*, Paris, Libraire Hachette, 1936.

Gaspari 1807
Adam Christian Gaspari, *Lehrbuch der Erdbeschreibung zur Erläuterung des neuen Methodische Schulatlasses*, Weimar, Verlage des Geographischen Instituts, 1807.

Gauvin 1998
Jean-François Gauvin, « Eighteenth-Century Entrepreneur : Abbé Nollet's Instrument-Making Trade Seen Through His Correspondence with Étienne-François Dutour and Jean Jallabert », *Bulletin of the Scientific Instrument Society*, vol. 57, 1998, p. 21-25.

Gibson et Bowen 1758
John Gibson, révisé et corrigé par Eman Bowen, *Atlas Minimus, or a New Set of Pocket Maps of the Several Empires, Kingdoms and States of the Known World [...]*, Londres, J. Newbery, 1758.

Gloag 1949
John Gloag, *Time, Taste and Furniture*, 3e éd., Londres, Richards Press, 1949.

Gloag 1966
John Gloag, *A Social History of Furniture Design from B.C. 1300 to A.D. 1960*, Londres, Cassell, 1966.

Gloag 1972
John Gloag, *Guide to Furniture Styles : English and French, 1450-1850*, Londres, A. and C. Black, 1972.

Gloag 1991
John Gloag, *A Complete Dictionary of Furniture*, éd. révisée, Woodstock (N. Y.), Overlook Press, 1991.

Goiffon 1739
Joseph Goiffon, *Harmonie des deux spheres celeste et terrestre, ou l'art de connoître, la situation, la route, & la distance de toutes les parties de la Terre, par le Soleil & par les étoiles*, Paris, P. G. Le Mercier, 1739.

Guerrier 1988
Alain Guerrier, « Le xvie siècle, une capitale pour le royaume de France », dans *Histoire de Blois et de sa région*, Yves Denis (dir.), Toulouse, Privat, 1988.

Guye et Michel 1970
Samuel Guye et Henri Michel, *Mesures du temps et de l'espace : horloges, montres et instruments anciens*, Paris, Bibliothèque des Arts, 1970.

Harley et Woodward 1987
J. B. Harley et David Woodward (dir.), *The History of Cartography, vol. I : Cartography in Prehistoric, Ancient, and Medieval Europe and the Mediterranean*, Chicago, University of Chicago Press, 1987.

Hayward 1950
J. F. Hayward, « The Celestial Globes of Georg Roll and Johannes Reinhold », *The Connoisseur*, vol. 126, décembre 1950, p. 167-172 et 220.

Heidenreich 1976
Conrad E. Heidenreich, *Explorations and Mapping of Samuel de Champlain, 1603-1632*, Toronto, Cartographica Monograph 17, 1976 (Supplément au journal *The Canadian Cartographer*).

Heidenreich 1981
Conrad E. Heidenreich, « Mapping the Great Lakes : The Period of Imperial Rivalries, 1700-1760 », *Cartographica*, vol. 18, no 3, 1981, p. 74-109.

Helft 1980
Jacques Helft, *Nouveaux poinçons suivis de recherches techniques et historiques sur l'orfèvrerie sous l'Ancien Régime*, Paris, Éditions Berger-Levrault, 1980.

Hire 1704
M. de la Hire, *Description et explication des globes qui sont placés dans les pavillons du château de Marly, par ordre de sa majesté*, Paris, L. V. Thiboust, 1704.

Hofmann 1995
Catherine Hofmann (dir.), *Le Globe & son image*, Paris, Bibliothèque nationale de France, 1995.

Horsky et Skopova 1968
Zdenek Horsky and Otilie Skopova, *Astronomy Gnomonics : A Catalogue of Instruments of the 15th to the 19th Centuries in the Collections of the National Technical Museum, Prague*, Prague, The Museum, 1968.

Hubbard 1994
Jason C. Hubbard, « The Map of Japan Engraved by Christopher Blancus, Rome, 1617 », *Imago Mundi*, vol. 46, 1994, p. 84-99.

Hyde 1970
Ralph Hyde, « Mr. Wyld's Monster Globe », *History Today*, vol. 20, 1970, p. 118-123.

Kershaw 1993-1998
Kenneth A. Kershaw, *Early Printed Maps of Canada*, vol. 2 et 4, Ancaster (Ont.), Kershaw Publishing, 1993-1998.

King 1978
Henry C. King, avec la collaboration de John R. Millburn, *Geared to the Stars : The Evolution of Planetariums, Orreries, and Astronomical Clocks*, Toronto, University of Toronto Press, 1978.

Klöti 1995-
Thomas Klöti, chargé de projet : *The Ryhiner Collection*. Base de données en-ligne, Berne, Librairie municipale et universitaire. Site créé en 1995 ; consulté en septembre 1999. http://www.stub.unibe.ch/stub/ryhiner

Lagarde 1989
Lucie Lagarde, « Le passage du Nord-Ouest et la mer de l'Ouest dans la cartographie française du 18e siècle. Contribution à l'étude de l'œuvre des Delisle et Buache », *Imago Mundi*, vol. 41, 1989, p. 19-43.

Lamb et Collins 1994
Tom Lamb et Jeremy Collins (dir.), *The World in Your Hands: An Exhibition of Globes and Planetaria, from the Collection of Rudolf Schmidt*, Londres, Christie's, Leyde, Musée Boerhaave, 1994.

Leopold 1974
John H. Leopold, *Die große astronomische Tischuhr des Johann Reinhold: Augsburg, 1581 bis 1592*, Lucerne, Fremersdorf, 1974.

Lippincott 1999
Kristen Lippincott, « Globes in Art: Problems of Interpretation and Representation », dans *Globes at Greenwich*, Elly Dekker (dir.), p. 75-86, Oxford, Oxford University Press et National Maritime Museum, 1999.

Martin 1759
Benjamin Martin, *The Young Gentleman and Lady's Philosophy [...] Vol. I, Containing, The Philosophy of the Heavens, and of the Atmosphere [...]*. Londres, W. Owen and by the Author, 1759.

Martin 1762
Benjamin Martin, *The Description and Use of Both the Globes, the Armillary Sphere, and Orrery [...]*, Londres, by the Author, 1762.

Maurice et Mayr 1980
Klaus Maurice et Otto Mayr, *Die Welt als Uhr: Deutsche Uhren und Automaten, 1550-1650*, Munich et Berlin, Deutscher Kunstverlag, 1980.

Maxwell 1997-
Robert L. Maxwell, création et entretien, avec l'aide de Karen Larson. *Latin Place Names Found in the Imprints of Books Printed Before 1801 and Their Vernacular Equivalents in AACR2 Anglo-American Cataloguing Rules*. Base de données sur le web. Commanditée par Harold B. Lee Library, Brigham Young University et Bibliographic Standards Committee, Rare Books and Manuscripts Section, Association of College and Research Libraries. Site créé en 1997; consulté en septembre 1999. http://www.lib.byu.edu/~catalog/people/rlm/latin/names.htm

Morton et Wess 1993
Alan Q. Morton et Jane A. Wess, *Public and Private Science: The King George III Collection*, Oxford, Oxford University Press et Science Museum, 1993.

Moxon 1670
Joseph Moxon, *A Tutor to Astronomie and Geographie; or, an easie and speedy way to know the use of both globes, cœlestial and terrestrial*, 2ᵉ éd., Londres, Joseph Moxon, 1670.

Myers et Halan 1975
R. M. Myers et J. F. Halan, « The Compositional Analysis of French-Canadian Church Silver », *Bulletin de la Galerie nationale du Canada*, vol. 21, 1975, p. 22-35.

Nolte 1922
Friedrich Nolte, *Die Armillarsphäre*, Erlangen, M. Mencke, 1922.

Pedley 1987
Mary Sponberg Pedley, « Globe for a King: The Six Foot Globe by Robert de Vaugondy », *Der Globusfreund*, vol. 35/37, 1987, p. 145-156.

Pedley 1992
Mary Sponberg Pedley, *Bel et Utile: The Work of the Robert de Vaugondy Family of Mapmakers*, Tring (Angleterre), Map Collector Publications, 1992.

Pelletier 1982
Monique Pelletier, « Les globes de Louis XIV: les sources françaises de l'œuvre de Coronelli », *Imago Mundi*, vol. 34, 1982, p. 72-89.

Pelletier 1986
Monique Pelletier, « De l'objet de luxe au produit de consommation courante. L'évolution de l'édition des globes en France aux xviiiᵉ et xixᵉ siècles », *Revue de la Bibliothèque nationale*, vol. 21, automne 1986, p. 41-51.

Pelletier 1998
Monique Pelletier (dir.), *Couleurs de la Terre: des mappemondes médiévales aux images satellitales*, Paris, Seuil et Bibliothèque nationale de France, 1998.

Polk 1991
Dora Beale Polk, *The Island of California: The History of the Myth*, Lincoln, University of Nebraska Press, 1991.

Putman 1999-
Robert Putman, *Antiquarian Maps & Books: The Heavens*, Amsterdam. Site consulté en septembre 1999. http://www.nvva.nl/putman/celest.htm

Ronfort 1989
Jean-Nérée Ronfort, « Science and Luxury: Two Acquisitions by the J. Paul Getty Museum », *The J. Paul Getty Museum Journal*, vol. 17, 1989, p. 47-82.

Roth 1999-
Damien Roth et Sandrine Chapotot (webmestres), Yves Droz et Joseph Flores (fondateurs du musée), Fortunat Mueller-Maerk (collaboration), « Salle des époques, La Renaissance (1500-1589) », *Le Musée de la Montre*, Villers Le Lac, Saut du Doubs (25130 France) et Société fc-net. Site consulté en novembre 1999. http://www.montres.fc-net.fr/renaissa.htm

Russell 1997
Jeffrey B. Russell, *Inventing the Flat Earth: Columbus and Modern Historians*, nouvelle éd., New York, Greenwood, 1997.

Schmidt 1999
Rudolf Schmidt, « Franz Ludwig Güssefeld – Wolf Paulus Jenig and the Industrie-Comptoir Weimar », *Der Globusfreund*, vol. 47/48, 1999, p. 285-291.

Schwartz et Taliaferro 1984
Seymour I. Schwartz et Henry Taliaferro, « A Newly Discovered First State of a Foundation Map, "L'Amerique septentrionale" », *The Map Collector*, vol. 26, 1984, p. 2-6.

Scianna 1995
Nicolangelo Scianna, « Coronelli's Three and a Half Foot Globes », *Der Globusfreund*, vol. 43/44, 1995, p. 171-188.

Shirley 1983
Rodney Shirley, *The Mapping of the World*, Londres, Holland Press, 1983.

Sider 1992
Sandra Sider, Anita Andreasian et Mitchell Codding, *Maps, Charts, Globes : Five Centuries of Exploration ; A New Edition of E. L. Stevenson's Portolan Charts and Catalogue of the 1992 Exhibition*, New York, Hispanic Society of America, 1992.

Smith 1988
David Smith, « The Cary Family », *The Map Collector*, vol. 43, 1988, p. 40-47.

Smith 1991
David Smith, « The Wyld Family Firm », *The Map Collector*, vol. 55, 1991, p. 32-38.

Stevenson 1921
Edward Luther Stevenson, *Terrestrial and Celestial Globes*, 2 vol., New Haven, Yale University Press, 1921.

Tooley 1967
R. V. Tooley, *French Mapping of the Americas : The De l'Isle, Buache, Dezauche Succession, 1700-1830*, Londres, Map Collectors' Circle, n° 33, 1967.

Turner 1987
Anthony Turner, *Early Scientific Instruments : Europe, 1400-1800*, Londres, Sotheby's Publications, 1987.

Turner 1992
Anthony Turner, « Armillary Sphere », *Bulletin of the Scientific Instrument Society*, vol. 35, 1992, p. 18-21.

Turner 1996
Anthony Turner, « Les globes célestes en verre », *Musée des arts et métiers, La revue*, vol. 14, mars 1996, p. 51-57.

Tyacke 1978
Sarah Tyacke, *London Map-Sellers, 1660-1720*, Tring (Angleterre), Map Collector Publications, 1978.

Van der Krogt 1984
Peter van der Krogt, *Old Globes in The Netherlands : A Catalogue of Terrestrial and Celestial Globes Made Prior to 1850 and Preserved in Dutch Collections*, Utrecht, HES, 1984.

Van der Krogt 1985
Peter van der Krogt, « Globes, Made Portable for the Pocket », *Bulletin of the Scientific Instrument Society*, vol. 7, 1985, p. 8-15.

Van der Krogt 1993
Peter van der Krogt, *Globi Neerlandici : The Production of Globes in the Low Countries*, Utrecht, HES, 1993.

Verlet 1982
Pierre Verlet, *Les meubles français du* XVIIIe *siècle*, 2e éd., Paris, Presses universitaires de France, 1982.

Wallis 1969
Helen Wallis, « Biographical Note », dans *Libro dei Globi*, Vincenzo Coronelli, Venise, 1693 [1701], p. v-xxii, fac-similé, Amsterdam, Theatrum Orbis Terrarum, 1969.

Wallis et Pelletier 1980
Helen Wallis et Monique Pelletier, « The Resurrection of Coronelli's Great Globes », *The Map Collector*, vol. 13, 1980, p. 22-26.

Warner 1979
Deborah Jean Warner, *The Sky Explored : Celestial Cartography, 1500-1800*, New York, Alan R. Liss, Amsterdam, Theatrum Orbis Terrarum, 1979.

Warner 1987
Deborah Jean Warner, « The Geography of Heaven and Earth », *Rittenhouse : Journal of the American Scientific Instrument Enterprise*, vol. 2, 1987, p. 14-32, 52-64, 88-104 et 147-152.

Whitfield 1995
Peter Whitfield, *The Mapping of the Heavens*, Londres, The British Library, 1995.

Witt 1974
Mario W. Witt, « Vincenzo Coronelli as Cartographer », *Mariner's Mirror*, vol. 60, 1974, p. 143-152.

Zögner 1989
Lothar Zögner (dir.), *Die Welt in Händen : Globus und Karte als Modell von Erde und Raum*, Berlin, Staatsbibliothek Preußischer Kulturbesitz, 1989.

Index

Table des matières